区域经济一体化与东亚经济合作

张鸿 著

QU YU JING JI
YI TI HUA YU
DONG YA JING JI
HE ZUO

人民出版社

责任编辑:姜　玮

图书在版编目(CIP)数据

区域经济一体化与东亚经济合作/张鸿著.
-北京:人 民 出 版 社,2006.6
ISBN 7-01-005610-2

Ⅰ.区…　Ⅱ.张…　Ⅲ.地区经济-经济合作-研究-东亚
Ⅳ.F114.46

中国版本图书馆 CIP 数据核字(2006)第 058317 号

区域经济一体化与东亚经济合作

QUYU JINGJI YITIHUA YU DONGYA JINGJI HEZUO

张　鸿　著

人民出版社 出版发行
(100706　北京朝阳门内大街 166 号)

北京市双桥印刷厂印刷　新华书店经销

2006 年 6 月第 1 版　2006 年 6 月北京第 1 次印刷
开本:880 毫米×1230 毫米 1/32　印张:9.75
字数:239 千字　印数:0,001-3,000 册

ISBN 7-01-005610-2　定价:22.00 元

邮购地址 100706　北京朝阳门内大街 166 号
人民东方图书销售中心　电话 (010)65250042　65289539

目 录

前言

一、研究背景

20世纪80年代末至90年代初，世界经济出现了两大引人注目的新趋势：一个是全球经济一体化的迅速发展，另一个则是区域双边经贸合作的突飞猛进。一方面，随着全球化的进展，以WTO为中心，维持自由贸易体制，实行着全球性自由贸易；另一方面，随着区域化的发展，出现了区域经济合作体，在维系自由贸易体制的前提下，进行着多边、双边的区域经济合作。而且，后一种趋势明显超过前者。尤其是进入21世纪以来，全球区域经济合作又获得了快速的发展，呈现出一系列值得关注的新特点与新模式。

随着经济全球化步伐的加快，生产要素的跨国流动和优化配置日益增强，各国经济开放和融合的程度也大大提高。经济全球化的本身是一个市场机制自然浸透的过程，在这个过程中，强者为王，败者为寇，因此，经济全球化在引导生产要素逐步从低效率国家和地区转移到高效率的国家和地区，从而提高世界总体的资源利用效率和世界福利的同时，也会使得一部分经济发展水平比较低的发展中国家面临着巨大的压力，甚至面临被边缘化的风险。

面对经济全球化风险，最简单的办法当然是不参加经济全球化。但是，世界经济的发展历史告诉我们，反全球化不仅会降低全球福利，而且对于决意推行这种做法的国家、团体或个人也不是一个好的选择，甚至有可能被世界经济潮流淘汰。因为高效率和竞争力需要开放和互相依靠，而开放和互相依靠为更高的效率和竞争力提供动力。当然，听凭市场机制在全球化进程中不受控制地发挥作用对于一些发展中国家又具有很大的风险。作为一种折中的办法，可以借助于区域经济一体化来化解经济全球化所必然要产生的消极影响，使经济全球化真正成为一种促进各国福利提高的过程。

在这样的背景下，以倡导全球经济一体化、贸易自由化为目标的 GATT/WTO，一改长期以来对区域经济一体化的观望、担忧，而改变为容忍、协调的态度。20 世纪 90 年代以来，在 WTO 的全球贸易自由化目标倡导下，区域经济一体化作为国际多边贸易体制的过渡阶段和补充形式显示出强劲的发展势头。在 WTO 的 140 个成员当中，近 90% 隶属于不同形式的区域经济组织。欧洲从自由贸易区起步，最终于 21 世纪初启动了统一的货币——欧元，从而将世界区域经济一体化推向了高潮。进入 20 世纪 90 年代，在世界区域经济一体化潮流的推动下，北美自由贸易区（NAFTA）、南美洲共同体（MERCOSUR）、东盟自由贸易区（AFTA）等具有代表性的区域经济一体化组织也在不断加强合作，在世界区域经济中的影响力越来越大，NAFTA 和 EU（欧盟）已经成为世界区域经济一体化的典范。

在这一大潮的推动下，亚洲区域合作也进入了一个新的历史发展阶段，各国都在采取积极的措施推动着本国与亚洲国家的区域经济合作。为了适应全球区域一体化这个大趋势，从本世纪初开始，亚洲的一些国家和地区纷纷加快了区域经济合作的谈判进程，正在以积极的姿态融入这个大趋势。2002 年以后，东盟自由贸易区、《日本和新加坡新时代经济合作协议》、《韩国—智利自由贸易协定》、《日本—墨西哥自由贸易协定》相继生效，亚洲区域合作发展正在以前所未有的速度向前迈进。但是，与其他地区的区域经济合作，特别欧盟、北美自由贸易区相比，东亚区域经济合作起步比较晚、层次也比较低，目前还只能说是处于起步阶段。既没有形成一个全区性的经济合作组织，也没有形成一种紧密的制度安排，基本上处于松散组合状态。与东亚区域经济合作一样，我国的区域经济合作也处于一个摸索的发展阶段。因此，探讨世界区域经济一体化的发展趋势，加快东亚的区域经济合作是当前东亚经济发展面临的一项重要课题。在这样大的背景之下，如何加快我国区域经济合作的进程，并以此来推动我国经济持续稳定地向前发展就成为我国加入 WTO 以后面临的一项重要课题。

二、拟解决的课题及本书的分析方法

近几年来，围绕着东亚以及中国的区域经济一体化，包括我国在内的东亚各国已经积累了一定的经验，及时地对这些经验进行总结，可以为东亚以及中国的区域经济一体化的发展提供很好的借鉴，也为本课题的研究奠定了基础。

东亚以及中国经济的迅速发展极大地促进了东亚以及中国经济对外开放的程度。为了促使东亚以及中国经济进一步融入世界经济体系，在世界产业分工中谋求持续稳定地向前发展，东亚各国之间必须加强区域经济合作。本书将以东亚以及中国区域经济合作的现状为基础，通过运用国际贸易、区域经济合作等理论，对包括中国在内的东亚区域经济合作的现状、问题进行系统的总结，并以此为基础提出东亚区域经济合作的课题与发展模式。具体说来，就是要解决以下几个方面的问题：

第一，对 20 世纪 90 年代以来以 FTA 为中心的世界区域经济一体化进行系统的分析。详细剖析区域经济一体化产生的原因、背景，明确经济全球化与区域经济一体化的关系。

第二，从贸易量、消费者剩余、生产者剩余、投资、规模经济等不同的角度，实证分析 FTA 的经济效果。

第三，以欧盟东扩、中国的 FTA 战略为素材，以《日本和新加坡新时代经济伙伴关系协定》、中国—东盟自由贸易区为案例，深入剖析区域经济一体化对区内、区外产生的影响，明确中国在区域经济一体化过程中应该采取的措施以及今后的努力方向。

第四，从东亚目前经济发展以及区域经济合作的现状出发，指出今后东亚区域经济合作应该解决的课题。

根据本课题的性质，在研究方法上，采取经济科学的一般研究方法与区域经济这一特殊领域的特殊研究方法相结合的形式。归纳起来，大致有以下几个方面：

第一，以国际贸易理论与区域经济理论为基础，从经济效果、与全球化的关系、产业结构调整等不同的角度来分析区域经济一体化的现状、特点、问题，从理论上明确区域经济一体化的特性与发展过程。

第二，采用比较分析的方法，以《日本和新加坡新时代经济伙伴关系协定》、中国—东盟自由贸易区、欧盟东扩作为参照对象，使理论分析具有更为宽阔的视野。从上述区域经济合作的发展经验中，总结出带有规律性的现象，以期作为包括中国在内的东亚区域经济一体化今后发展的借鉴。

第三，积极借鉴前人大量的研究成果，在此基础上形成作者自己的结论。通过对现有大量研究成果的分析、评价，可以精确把握东亚以及世界区域经济一体化的研究现状，从中找出许多具有一般性的研究结论。而研究者本身的研究特色，又可以为今后的进一步研究提供参考。

第四，注重理论性与政策性的结合。尽量做到既有理论分析，又有具体可操作的对策，从而使研究既具有一定的理论参考价值，同时又具有一定的现实意义。

三、本书的构成及各章的要点

本书的核心问题是对东亚区域经济合作的现状进行归纳总结，在此基础上明确东亚区域经济一体化今后面临的课题。与世界区域经济一体化迅速发展形成鲜明对照的是，东亚的区域经济一体化发展相对比较缓慢。这就需要我们从理论与实践上对东亚区域经济合作的现状、问题以及发展前景进行分析,明确今后必须解决的课题,以便为今后东亚国家和地区实现区域经济一体化提供理论与实践的依据。围绕着上述主题,本书在结构安排上共分十章,各章的要点如下:

第一章,经济全球化的产生与发展。经济全球化既是区域经济一体化产生的背景,同时也是区域经济一体化发展的动力。本章在对经济全球化的基本含义、具体表现、产生的背景进行分析总结的基础上,着重探讨了经济全球化给世界各国经济带来的影响。在这些影响中,重点说明了经济全球化一方面能够促进全球的产业分工,实现资源的优化组合,同时也会带来极大的经济风险。由此引出作为化解经济全球化风险的手段之一,区域经济一体化能够有所作为的观点。

第二章,区域经济一体化兴起的原因及发展趋势。主要分析了区域经济一体化的发展历程及其迅速发展的原因、区域经济一体化的基本内容、新趋势、区域贸易协定与 WTO 的关系等方面的内容。其主要目的是为后面的分析提供一个背景框架。

第三章,区域经济合作的模式、影响因素及理论基础。理论是长期实践经验的总结,具有普遍性的指导意义。本章主要是对当今世界区域经济合作的模式、影响区域经济一体化的因素、区域经济一体化的理论基础进行了归纳整理,其目的是为以后各章的进一步研究提供理论基础。

第四章,区域经济一体化的经济效果。区域经济一体化的主要目的是发展本国经济,为此,本章以 FTA 为例,专门分析了区域经济一体化在贸易、投资、福利等方面的经济效果。在此基础上,专门对北美自由贸易区、欧盟、台新澳自由贸易区的经济效果进行了归纳与分析。

第五章,欧盟东扩对中国区域经济合作的影响。在世界区域经济一体化的大潮中，欧盟发展比较快，而东亚的区域经济一体化相对发展比较滞后。欧盟与北美自由贸易区对东亚区域经济一体化形成了巨大的压力。为了分析他们对东亚的影响，本章以欧盟为例，分析了欧盟东扩对中国区域经济合作带来的机遇以及造成的冲击。

第六章，《日本和新加坡新时代经济伙伴关系协定》案例剖析。作为东亚地区第一个自由贸易协定，《日本和新加坡新时代经济伙伴关系协定》的正式启动标志着东亚地区的区域经济一体化进程翻开了新的一页。为此，本章详细介绍了《日本和新加坡新时代经济伙伴关系协定》的签订背景及其内容，以期能够为东亚地区的区域经济一体化提供一些有益的参考。

第七章，中国—东盟自由贸易区的制约因素与发展前景。中国—东盟自由贸易区是中国在区域经济一体化过程中的一项重大举措，是中国与东盟之间的一种双赢选择，其今后的走向对于东亚区域经济合作将产生巨大的影响。本章专门就中国—东盟自由贸易区的制约因素与发展前景进行了具体分析。作为结论，我们认为，中国—东盟自由贸易区尽管在其发展的道路上，还存在着许多制约因素，但只要双方共同努力，其目标是可以如期或提前实现的。

第八章，中国的 FTA 战略。作为亚洲仅次于日本的经济大国，中国的 FTA 战略将对整个东亚的区域经济一体化进程产生重大影响。在第六章详细分析了《日本和新加坡新时代经济伙伴关系协定》以及日本的 FTA 战略以后，本章着重分析中国 FTA 战略的现状、存在的问题以及今后的努力方向。

第九章，从比较优势看东亚经济发展模式的变迁。经济发展模式一直是决定东亚区域经济增长的重要因素。二战后，东亚地区所出现的长期高速经济增长与其“雁行模式”密切相关；20 世纪 90 年代始，东亚经济开始摆脱“雁行模式”，步入“后雁行模式”

时期。本章主要是从静态与动态比较优势的角度揭示了东亚经济发展模式变迁的动因,并从产业间与产业内比较优势的角度对"后雁行模式"形态进行分析,认为东亚地区将逐步形成网络型复合分工结构。

第十章,东亚区域经济一体化的特点与课题。作为全书的总结,我们认为,由于东亚地区是世界上政治和经济情况差异最大的地区之一,东亚经济合作及区域经济一体化将有一段漫长的融合过程。东亚的区域经济一体化将与欧盟、北美自由贸易区不一样,只能由小范围的次区域合作起步,如东盟、中国—东盟自由贸易区、日新自由贸易区等。但这些只不过是东亚区域经济一体化的过渡阶段,最终将以这些次区域经济合作为基础逐步过渡到东亚经济共同体。在东亚经济共同体的形成过程中,就面临着一系列课题,其中,中日韩三国之间的合作是东亚区域经济一体化的关键。

第一章

经济全球化的产生与发展

20 世纪 90 年代以来，伴随着经济全球化的展开，各国的生产要素组合不断地突破国界的限制，按照最小投入实现最大产出的原则，在全球范围内寻求最佳的配置方式和配置效率，世界各国、各地区之间相互依存与相互制约越来越明显。当世界经济全球化水平达到了一个新的高度以后，推进经济全球化的动力也在不断减少，而经济全球化所释放的风险又在同步扩大。在这种背景之下，以曲线进一步推进经济全球化和防御经济全球化风险作为出发点的区域经济合作也出现了同步上升的势头，各国、各地区的经济要素在区域范围走向融会成为当今时代的一大潮流。如果说 20 世纪是经济全球化崛起的世纪，那么 21 世纪就是区域经济一体化迅速发展的世纪，或者说是经济全球化与区域经济一体化共存共荣的世纪。一方面，随着全球化的进展，以 WTO 为中心，维持自由贸易体制，实行着全球性自由贸易；另一方面，随着区域化的发展，出现了许多区域经济一体化组织，在维系自由贸易体制的前提下，各国都在大力进行区域经济合作。

一、经济全球化的展开

从 20 世纪 80 年代初开始，世界经济发展出现了两大质的变化。一个是以 IT 为标志的新经济出现了迅猛的发展势头，成为了世界各国产业发展的新动力；另一个则是经济全球化的浪潮汹涌澎湃,席卷世界各地,成为各国资源与生产要素配置的主导动力。

以 IT 为标志的新经济的出现,对传统经济学构成了巨大的挑战。在传统的经济理论中,充分就业、低通胀和经济增长之间是不可兼得的,而20 世纪90 年代以来,美国经济在较长时间实现了高增长、低通胀、低失业率并存的局面。自 1991 年3 月到2000 年12 月,美国经济持续增长了 116 个月,超越了历史的记录。不仅如此,美国的失业率由 1992 年的 7.4% 降低到 2000 年 4 月的 3.9%,为 30 年来的最低水平,通货膨胀也处于较低水平,1999 年美国与因特网有关的企业创造的产值超过 5070 亿美元,因特网产业首次成为美国的第一大产业①。

以 IT 为标志的新经济成为经济发展新的动力并不是一种孤立的现象,而是在经济全球化不断发展和深化中萌发的。市场经济是以利润最大化作为最高目标,为了追求利润的最大化,资本在寻求投资回报率最大的场所,商品在世界各地寻求市场。各国生产的商品不仅供本国消费,而且同时供应世界各地消费。国际分工、国际贸易、世界市场三者紧密相连,相互促进,呈螺旋式发展。第二次世界大战前,由于各国的生产力水平比较低,各国之间基本上是立足于自然要素禀赋基础上的垂直分工;随着现代工业的崛起,规模经济在降低工业成本中的作用越来越大,基于规模经济上的产业内贸易成为世界分工的主流;经济的发展使得各国产业结构中服务业比重越来越大,在这种条件下,知识与技术等无形商品之间、无形商品与实际物质部门之间的分工成为国际分工的一个重要组成部分。正是经济全球化的深化与发展为以因特网为核心的 IT 技术提供了巨大的应用场所。

① 张祥:《新经济与国际贸易》,中国对外经济贸易出版社 2001 年版。

（一）经济全球化的基本含义

有关经济全球化目前世界上并没有达成统一的定义，不同的学者有不同的表达形式。最早提出全球化概念的T·莱维认为，全球化的含义应该是指经济现象，是指国际经济发生的巨大变化，即商品、服务、资本和技术在世界性生产、消费和投资领域中的扩散①。国际货币基金组织在1997年5月发表的《世界经济展望》中提出：全球化是指跨国商品与服务交易及国际资本流动规模和形式的增加，以及技术的广泛传播使世界各国经济的相互影响性增强。从广义上讲，全球化所产生的福利效应基本上同古典经济学强调的专业化以及通过贸易扩展市场所带来的效应相类似。李琮在《论经济全球化》文中认为，经济全球化有广义与狭义之分。从广义上来说，经济全球化是指在全球经济日益发展情况下的世界各国间的影响、合作、互动愈益加强，使得具有共性的发展形式逐渐普及推广成为全球通行标准的状态和趋势，是一种超越构成现代世界体系的民族国家的复杂多样的相互联系和结合的现实运动；而从狭义来讲，则是指从孤立的地域国家走向国际社会的进程②。而岳长龄在《西方全球化理论面面观》中则将经济全球化定义为通过贸易、资金流动、技术涌现、信息网络和文化交流，世界范围的经济高速融合。也就是说世界范围各国成长中的经济通过正在增长中的大量与多样的商品劳务的广泛输送，国际资金的流动、技术被更快捷广泛地传播，而形成的相互依赖的现象。其表现为贸易、直接资本流动和转让③。

尽管有关经济全球化目前没有达成统一的定义，但一般是指世界范围内的各个国家和地区的经济相互融合，主要生产要素在

---

① 王运祥：《"全球化无国界论"析》，《国际观察》1996年第5期。

② 李琮：《论经济全球化》，《中国社会科学》1995年第1期。

③ 岳长龄：《西方全球化理论面面观》，《战略与管理》1995年第5期。

世界范围内按市场经济规律流动与配置的过程。它是以国际分工为基础,各国及企业活动跨越国界,各国的市场相互融会,各国的生产要素按照利用效率最大化在全球范围内实行自由组合,世界经济与贸易逐步由封闭的国别经济向一个开放的全球经济体系转变,其本质是资本追求利润最大化的结果。

(二)经济全球化的具体表现

经济全球化的突出表现是随着国际分工的深化和世界产业结构的调整,世界贸易和跨国投资快速发展、生产经营活动和人才流动以及世界贸易组织的协调管理的强化①。

1. 贸易全球化

第二次世界大战以后,世界生产进入贸易领域的部分越来越大。1950年,世界贸易占世界国内生产总值的比重只有6%左右,1960年则扩大到12.5%,而2003年则扩大到26%。1980至2003年,世界贸易年均增长超过6%,始终快于世界国内生产总值生产的增长速度,前者的年均增长率要比后者高50%左右。特别是在2000年,世界贸易的增长速度达到了两位数。进入21世纪以后,伴随着原油价格的高腾及美国经济的减速,2001年世界贸易曾一度出现过负增长,但很快又得到恢复,2004年世界贸易增长率仍超过2003年,达到8.5%。

随着世界贸易的急速增长,世界各国的贸易依存度在不断提高,各国之间经济关系日趋紧密。以出口贸易依存度为例,1950年世界出口依存度(即出口占世界国内总产值的比例)仅为6%,1985年增加到9%,1992年提高到16%,1995年达到了18.5%,2003年则上升到20.8%,长期上升的趋势非常明显。在不同类型的国家中,除了非常落后的发展中国家贸易依存度比较低并且

① 安民:《在经济全球化中实现共同发展》,中华人民共和国外交部网站。

具有一定的下降趋势外，其他各类国家的贸易依存度都比较高并且均有不同程度的上升趋势。

世界贸易依存度之所以不断上升，是因为世界各国的贸易增长速度始终快于生产增长速度。尤其是在经济全球化不断发展的当代，贸易作为经济全球化的基本纽带，其增长速度明显大于生产的增长速度。世界贸易依存度的长期上升趋势表明，世界各国经济发展中相互联系越来越密切，国际分工、国际市场的范围在不断扩大。可以说，除极个别国家外，世界各类国家都卷入了世界分工和贸易体系之中，对外贸易成为在世界经济活动中的作用越来越大①。

世界经济的发展及世界贸易量的扩大，国际贸易结构升级步伐也在明显加快。在货物贸易和服务贸易的构成上，货物贸易比重日趋下降，服务贸易比重逐渐上升。根据世界贸易组织的统计，1979 年服务贸易的增长速度首次超过货物贸易，在全球贸易总额中，服务贸易的比重已从 1980 年的 17% 上升到 2003 年的 20% 左右。在货物贸易内部，初级产品所占比重迅速下降，工业制成品所占比重快速上升。1950 年，二者的比例为 57∶43，1973 年为 38∶62，到 1987 年为 28∶72，2003 年则为 21∶79，工业制成品居绝对优势②

20 世纪 80 年代末期以来，贸易自由化的步伐在进一步加快，各国为了适应贸易全球化的进程，进一步放松了对贸易的管制，不同程度地实施贸易自由化改革。特别是在关贸总协定、世界贸易组织的推动下，关税与非关税壁垒大幅度降低，使得全球货物与服务商品流动更加容易。在关税减让方面，乌拉圭回合谈判结束以后，发达国家工业品关税削减了 40%，平均税率从 6.3% 降至

---

① 刘力：《贸易依存度的国际比较》，《学习时报》2005 年 3 月 16 日。

② 赵景峰、沙汉英：《论贸易全球化下国际交换关系的本质》，《当代亚太》2005 年第 4 期。

3.8%，转型经济国家整体工业品平均关税削减30%，从8.6%降至6.0%，发展中国家整体工业品关税削减30%；药品、耐用机械、建筑设备、纸张等商品实现零关税；纺织品、服装达成了自由贸易化协议，从2005年1月1日起取消数量限制，实现贸易自由化；农产品贸易自由化开始启动，所有的WTO成员将一切农产品的非关税壁垒措施转变为关税，并承诺削减现在的平均关税水平、减少国内支持措施，部分开放农产品市场。除了关税大幅度削减以外，乌拉圭回合谈判的另一大成果是非关税壁垒受到了空前的约束。乌拉圭回合达成了多项旨在减少和约束非关税壁垒的多边货物贸易协定，包括《海关估价协定》、《技术性贸易壁垒协定》、《与贸易有关的投资措施协定》、《原产地规则协定》、《反倾销协定》、《保障措施协定》等。这些协定使得各成员在进行海关估价、制定技术标准、实施保障措施时不得对国际贸易进行人为的限制，从而保障各个成员在公平、公正的环境中开展国际贸易。关税的大幅度削减和非关税壁垒的大大减少，使得国际贸易壁垒的程度大大降低，各国之间开展国际分工与国际贸易变得更加容易。

2. 投资全球化

20世纪90年代以来，世界经济呈现较快增长，全球贸易投资自由化步伐加快，推动着生产要素跨国流动不断加快与深化，其主要表现为跨国公司对外投资的迅猛发展。跨国公司利用自身庞大的资金，在全球范围内寻求并实施资源的最佳配置，通过产业部门的内部分工将生产国际化和生产全球化不断推向新阶段，全球跨国直接投资进入“黄金发展期”。据联合国贸发会议统计，2000年国际直接投资流入量达12710亿美元，是1980年的22倍，同期国际直接投资占世界各国国内投资比重由2.3%提高到22%。尽管受到2001年以后恐怖主义升级的影响，全球跨国直接投资连年下降，但从2004年起全球跨国直接投资已经恢复增长，达到6120亿美元。同时，据联合国贸发会议预测，2007年服务外包业务转移额将超过6000亿美元，2010年超过1.2万亿美元。在跨国直接投资中，跨国公司占据着主导地位。全球6.1万家跨国公司中，占据着全球跨国直接投资的90%、全球贸易总量的65%、全球技术交易总量的80%和全球高新技术的95%以上[①]。

3. 金融全球化

金融全球化是指金融主体所从事的金融活动在全球范围内不断扩展和深化的过程。它主要表现为这样几个特点：第一，全球金融市场逐步走向一体化。由于电信技术的发展和金融自由化的趋势，以及主要工业国家贸易的巨大不平衡，外汇市场在20世纪90年代有了飞跃性的发展，遍布世界各地的金融机构通过直拨电话能够在几秒钟之内完成资金调拨和融通，金融市场已经成为一个真正的全球市场。现在全球每天的外汇交易额超过1万亿美元，年交易额超过500亿美元，是国际贸易的几十倍甚至上百倍。第二，信息技术的发展，为金融全球化提供了技术通道。当代发达的电子计算机技术为全球性金融活动提供了前所未有的便利。特别是随着互联网技术的日益成熟、电子货币的普及，网络银行和网上交易正突破国界在全球铺开，各国的金融活动越来越被连接成为一个整体。第三，金融政策的同质性进一步提高。随着金融资本规模不断扩大，短期游资与长期资本并存。在金融全球化进程中，随着参与全球化的金融主体越来越多，全球金融资本不断扩大。在这其中，既有长期投资的资本，也有短期投机的资本。尽管长期资本的投入有利于一国经济的稳定和发展，但短期游资的逐利和投机，则易引发一国的金融动荡。为此，各国中央银行不得不超越国家的界限，加强与世界各国金融机构

① 上述数据来源于中国国际电子商务网2005年7月19日。

的合作，从世界总体范围内来处理国内的金融问题，共同防范金融风险。

4. 经济政策协调的全球化

伴随着经济全球化的进一步展开，相继产生了一系列协调国际经济、政治的国际性组织。以联合国及其下属各个职能组织、世界银行、国际货币基金、关贸总协定/世界贸易组织等为中心的一大批国际组织，在自己管理的范围之内，积极协调各国之间在政治、经济、金融、贸易等一系列领域之间出现的矛盾与摩擦，并在此基础上形成了一整套为众多国际所承认与遵守的国际政治经济规则。如世界贸易组织（包括以前的关贸总协定）就是专门协调各国对外贸易政策和国际贸易关系的国际贸易组织，并在促进国际商品与服务贸易等方面起到过积极的作用；而世界银行和国际货币基金在稳定国际金融秩序，为世界经济发展提供资金等方面起到过积极的作用。经济政策协调的国际化一方面推动着经济全球化向前发展，同时又为经济全球化提供了一定程度上的制度保障，抑制着经济全球化风险的产生。

除了上面提到的贸易全球化、投资全球化、金融全球化、经济政策协调的全球化以外，生产经营、人才流动等一系列领域也正在走向全球化。世界上资金、人、信息跨国界流动的不断扩大也是一个不争的事实，这些因素构成了经济全球化的共同要素，推动着经济全球化向前发展。

（三）经济全球化产生的动因与背景

经济全球化是当今世界经济发展的潮流。但这个潮流并不是一蹴而就，而是从 20 世纪 60、70 年代以后一步步发展起来的。有关经济全球化产生的动因与背景有各种各样的观点，但综合起来，其背后主要是源于以下一些因素共同作用的结果。

1. 资本主义发展的必然结果

经济全球化是由资本的本性所决定的，是生产力发展和资本追求利润最大化的结果。对此，马克思做了精彩的论述："随着美洲和通往东印度的航线的发现，交往扩大了，工场手工业和整个生产运动有了巨大的发展。从那里输入的新产品，特别是进入流通的大量金银完全改变了阶级之间的相互关系，并且沉重地打击了封建土地所有制和劳动者；冒险的远征，殖民地的开拓，市场的日益扩大产生了一个历史发展的新阶段……"①。马克思在这里描述的一个新阶段就是资本主义开始全球扩展、建立起全球性的经济和政治体系的一个阶段，也就是全球化开始加速发展、真正形成的阶段。马克思、恩格斯在《共产党宣言》中进一步描述了一幅经济全球化的景象："不断扩大产品销路的需要，驱使资产阶级奔走于全球各地。它必须到处落户，到处创业，到处建立联系。由于开拓世界市场的需要，资产阶级使一切国家的生产和消费都成为世界性的了。"②马克思的这些话虽然已经过去了一百五十多年，但是与我们今天所处的时代却非常契合，其中所表述的思想被大多数学者接受成为解释全球化动力的经典之一。这只能说明一个问题：资本主义经济带来全球化是一个长期的、内在的逻辑，它发展的时间越久，这种趋势就越明显。

美国学者沃勒斯坦同样强调了资本主义在全球化过程中的核心作用，他指出，历史资本主义的逻辑最终必然达到全球范围，它从16世纪在欧洲诞生到今天已经真正达到全球范围，整个世界都是在这个单一的我们称之为资本主义世界经济的社会分工的架构之内运作的③。

---

① 《马克思恩格斯选集第1卷》，人民出版社1995年版。

② 马克思、恩格斯：《共产党宣言》，人民出版社1992年版。

③ 岳长龄：《西方全球化理论面面观》，《战略与管理》1995年第5期。

2. 市场经济的扩张导致经济体制趋同

在今天的世界上，越来越多的国家认识到，市场经济体制既能够避免封闭经济由于缺少外部资源、信息与竞争，而呈现出经济发展的静止状态的弊端，也能够避免计划经济体制所存在的信息不完全、不充分、不对称和激励不足导致资源配置与使用的低效率等问题，因而是加快本国经济发展速度、提高本国经济的运转效率和国际竞争力最有效的经济体制。所以，不管是传统的封闭经济，还是起源于前苏联的计划经济国家都不约而同地选择了经济体制改革，走上了向市场经济转型的道路。

当然，市场经济在很多方面仍然存在着有许多难以克服的缺陷，但在配置资源上是一种最有效率的体制，远远胜于自然经济和计划经济体制。随着柏林墙的"倒塌"及中国的改革开放，一大批原本实现计划经济体制的国家也纷纷调整经济体制，全面实施由计划经济向市场经济转型。作为目前世界上实施最普遍的经济体制，市场经济体制的基本特征是自由市场（以自由产权为基础）、自由竞争（政府减少对经济活动干预）、自由贸易（面向全世界开放）。由此而造成的各国在经济体制上的趋同，消除了商品、生产要素、资本以及技术在国家与国家之间进行流动的体制障碍，促成了经济全球化的发展。

3. 微观经济主体的趋利动机，是推动经济全球化发展的基本动因

在市场经济体制条件下，企业以追求最大利润为主要目的。由于各国的要素禀赋存在着巨大的差异，导致全球不同地区之间的商品与要素价格存在着差异，这种差异往往被人们称之为"区位优势"。区位优势的客观存在，为企业在全球范畴内的"套利"活动提供了空间。为了追求利润最大化与成本最低化，企业就会产生对外投资、技术转让、生产过程的分解与全球配置以及将产品销售到世界各个地区的动机。在这种微观主体世界范围内的

套利活动中，跨国公司扮演了主要角色。跨国公司凭借本身具有的“所有权优势”和“内部化优势”，利用发展中国家低成本的生产要素，将巨额剩余资本转向资本稀缺、投资回报率高的发展中国家，在发展中国家生产低成本的产品，然后将产品销售到价格更高的市场上进行套利。为了使这种生产与销售能够顺利进行，跨国公司将生产和销售活动按照最有利的区位优势配置于世界各地，并将每一个分支机构及其所联系的企业在职能专门化的情况下，组成一个一体化的网络，通过在世界各地的生产、销售等活动而实现母公司的发展战略。这样一来，跨国公司内部的分工与协作演变成了国际范围的分工与协作。当跨国公司经济实力迅速扩张并进一步利用这种优势而大举进行全球性套利活动的时候，其投资和贸易活动将世界各国的经济更紧密地联系在一起，国际分工深化和贸易网络扩展进一步把全球经济编织成一个整体。其客观的效应便是推动了经济的全球化发展。

4. 信息技术的发展为经济全球化提供了技术上的支撑

如果说沃勒斯坦把资本主义看作全球化的首要动力，那么罗西瑙则把技术及其改造能力看作全球化的首要动力。他认为，工业主义和后工业主义是全球社会政治变迁的动力，技术进步对全球相互联系具有巨大意义。他说：“正是技术……才如此巨大地缩短了地理的和社会的距离。正是通过喷气飞机、计算机、地球卫星以及许多其他的发明，比以往更迅捷和安全地跨越空间和时间传输着人员、商品和观念。正是技术深刻地改变了人类事务发生的规模……，一句话，正是技术促进了地区、民族和国际共同体的相互依赖。这种相互依赖性之大是空前的。”①

信息技术的进步降低了远距离控制的成本，而企业的活动半径是与其所有权控制的成本负相关的。在信息经济时代的今天，

① 岳长龄：《西方全球化理论面面观》，《战略与管理》1995年第5期。

多媒体技术的发展与网络经济的诞生,一方面使得远距离控制的成本大幅度下降;另一方面,突破了传统市场必须以一定的地域存在为前提条件,导致了全球"网络市场"的崛起,开辟了一个崭新的市场空间,全球以信息网络为纽带连成一个统一的大"市场",在这种网络环境中各国间的经贸联系与合作得以大大加强。

5. 国际组织的完善进一步推动了经济全球化

最后,国际经济组织日益发展和完善,在协调各国经济、地区经济和全球经济发展,稳定国际金融秩序和国际金融市场等方面发挥着越来越重要的作用。特别是1995年世界贸易组织(WTO)的成立,更加推动了经济全球化进程。

二、经济全球化给全球经济带来的影响

经济全球化从本质上可以说是一场市场经济的革命。在经济全球化的条件下,经济发展模式正在发生一系列变化。

(一)经济全球化正在改变着传统的经济发展模式

在20世纪相当长的一段时间里,全球产业的分工主要是基于要素禀赋上的比较优势。按照比较优势与要素禀赋理论,在国际贸易和分工中,只要各个国家发挥自己的比较优势,生产成本相对低的产品参与国际分工,就会获得比较利益,形成一种"双赢"的局面。在这种背景之下,发达国家凭借其资金与技术的优势,主要生产并出口资本密集型与技术密集型商品,而发展中国家主要依赖于其资源与劳动力成本低廉的优势,生产并出口资源密集型与劳动密集型商品。由此形成了发达国家与发展中国家的垂直分工,即发展中国家的出口产品大体上分为两种:一种是自然资源类商品,如石油、煤炭、农副产品;另一类是劳动密集型商品,如纺织品、服装、手工艺品等。进口的商品则主要是来自发达国家的资本密集型商品。这种分工既可以为发展中国家带来

部分比较利益，也可以提高发达国家资本与技术的回报率。但是比较优势与要素禀赋理论有一个基本的假设前提，那就是资本与劳动力等基本要素不能进行自由流动。而经济全球化使得生产的各个要素，特别是资本和技术要素的流动性大大加强。凭借着强大的资本与技术实力，跨国公司在全球范围而不是一国范围内进行投资。在这种背景之下，发展中国家的丰富劳动力和自然资源不仅仅是局限于发展中国家企业的利用，发达国家的跨国公司也可以通过对发展中国家进行资本投资来加以利用，并将获取利润汇回母国。而发展中国家由于资本、技术的不足，加上民族工业规模比较小，很难通过向发达国家投资来充分利用发达国家丰富的资本与技术。在此情况下，发展中国家的比较优势实际上成为世界各国都可以利用的共同要素优势，哪个国家有国际竞争力强的企业，其利用国外比较优势获利的能力就越强。这样一来，国家贸易中的分工与获利并不是取决于各国的比较优势与要素禀赋理论，而是取决于各个企业所具有的竞争优势。换句话说，在经济全球化的背景之下，竞争优势取代了比较优势就成为国际贸易分工的主要基础①。比如说南美中心的玻利维亚，面积109.8万平方公里，人口832.8万，自然资源非常丰富，长期以来都是按照比较优势原理出口锡、天然气、银、石油等自然资源，出口产值占整个国民生产总值的20%以上，但这种分工并没有帮助玻利维亚摆脱贫困，目前仍然是南美最穷的国家之一，人称“玻利维亚是坐在金山上的乞丐”。

（二）国际贸易的动态利益将取代静态利益而居于主要地位

来自国际贸易的利益大致可分为两类：国际贸易的静态利益

① 张二震、马野青：《贸易投资一体化与国际贸易理论创新》，《福建论坛》2002年第3期。

和国际贸易的动态利益。所谓静态利益，是指通过国际分工实现了资源的进一步优化配置后，贸易双方所获得的直接的经济利益，它表现为在资源总量不增加、生产技术条件没有改进的前提下，通过贸易分工而实现的实际福利的增长。所谓动态利益，是指国际贸易发生以后，所产生的一系列经济效应作用于国内国民经济的有关部门，推动经济增长。静态利益偏重于一国通过贸易所获得的消费方面的好处，而动态利益则注重于开展贸易后对生产的刺激作用以及对社会生活的其他诸方面的积极影响，如通过国际贸易可以促进竞争、扩大市场规模等。如果说，静态利益是直接的贸易利益，那么，动态利益就是贸易带动和促进经济发展的利益①。以比较成本理论和要素禀赋理论为代表的传统国际贸易理论阐述了每个国家只要发挥自己的比较优势参与国际分工和贸易，即使国内的资源和技术没有任何变化，仍然可以带来消费水平的提高和要素使用的节约。如通过出口，一国的出口商可以获得更高的出口收入，国家可以得到更多的外汇收入。它们强调的主要是国际贸易的静态利益。

但许多发展中国家的实践表明，由于发展中国家所具有的要素禀赋特点，决定了其长期被局限在国际贸易中的分工底层，商品利润非常微薄，与发达国家的差距在不断扩大，新兴产业在国际市场竞争中处于不利地位而难以升级，从而陷入了“比较优势陷阱”。于是，一些发展中国家就开始怀疑比较优势原理是否真的能够促进产业的升级。如果市场经济不能够自动促进产业升级，那么在产业结构升级上，国家应该采取贸易保护主义措施——这也正是自由贸易论者与保护贸易主义争论的焦点。事实上由于比较优势的假设条件、应用范围等方面固有的缺陷，导

① 张二震、马野青：《贸易投资一体化与国际贸易理论创新》，《福建论坛》2002年第3期。

致它在发展中国家应用时存在着很大的不适应性。

无论是以劳动生产率差异为基础的比较优势说，还是以生产要素供给为基础的资源禀赋说，其前提条件是各国的供给条件、生产条件不可以改变，资源、生产要素不能够在国际间流动，没有规模经济和技术进步等。在这种假设条件下，具有比较优势的资源和生产要素商品才可能具有竞争优势。然而，在经济全球化下，这些假设条件不复存在。通过投资和新技术的采用，自然资源可以被改良、再造，也可以被新材料所替代；经过人力资本，劳动力的技术、技能和素质的提高，又可以取代劳动力数量的不足的矛盾；随着重工业化的发展，规模效应在降低成本上的作用越来越大。关键假设条件的失真使得比较优势理论在对当今国际贸易现象解释上大打折扣。例如，按照比较优势理论，发达国家与发展中国家的垂直分工应该是当今国际贸易的主要形式，而事实上，全球 70% 以上的贸易是产业内贸易。当今世界贸易中大量存在的产业内部分工与产业内贸易的现象是比较优势理论无法解释的。

（三）经济全球化存在着巨大的风险

按照新古典经济学家的看法，经济全球化是一个有利于全球福利增进的过程，世界各国都可以从中获利。因为经济全球化扩大了世界市场的规模，促进了国际分工和国际竞争，从而使得所有参与经济全球化的国家可以在更大范围的国际分工与贸易中获利。但是，在现实经济生活中，经济全球化发展的后果并非都是积极的与正面的。经济全球化的负面效果主要有以下两个方面：

1. 市场经济的优胜劣汰

市场经济最大的优点是能够促进竞争，并由此带来经济效率的提高。经济全球化的本身是一个市场机制自然浸透的过程。

在这个过程中，强者为王，败者为寇，因此，经济全球化能够带来生产要素逐步从低效率国家和地区，转移到高效率的国家和地区，从而提高世界总体的资源利用效率，进而提高世界的福利。在一国内部，为了充分享受市场一体化的好处，克服市场化优胜劣汰的弊端，政府可以通过财政、税收等手段来进行调节，从而使参与到市场化的每一分子都能够获取利益。但与一国的市场一体化不同的是，由于全球范围内没有办法将从全球经济一体化中获取利益的国家转移到受到损失的国家，对于一些经济发展水平比较低的发展中国家来说，经济全球化的发展进程具有极大的风险性。

2. 结构调整应对策略的失误

经济最终的参照标准是效率，而高效率一般是由市场力量获得的。市场力量又是由公开的、负责任的政府，用明智、受限制的手段来管理的。由于经济发展的过程与产业结构调整过程是相一致的，在国际比较优势发生变化的情况下，一个参与国际分工的国家就必须进行有效的结构调整。如果不能或者是没有能力来完成这样的结构调整，那么它们就会在全球化浪潮的冲击下受损。但是，结构调整过程是一个利益重新分配的过程，不仅要求政府具有高度的宏观管理能力，而且要求政府、企业必须及时调整应对策略，而一些市场机制并不是十分成熟的国家往往难以做到这一点。

三、区域经济一体化是化解经济全球化风险的重要手段

面对经济全球化风险，最简单的办法当然是不参加经济全球化。但是，经验告诉我们，反全球化不仅会降低全球福利，而且对于决意推行这种做法的国家、团体或个人也都是不利的。因为高效率和竞争力需要开放和互相依靠，而开放和互相依靠为更高的

效率和竞争力提供动力。当然，听凭市场机制在全球化进程中不受控制地发挥作用对于一些发展中国家又具有很大的风险。作为一种折中的办法，可以借助于区域经济一体化来化解经济全球化所产生的消极影响，以使得经济全球化真正成为一种促进各国福利提高的过程。

尽管有很多人把区域经济一体化看成是经济全球化一种过渡或局部表现，但从控制风险角度来讲，两者却具有本质的区别。如果说经济全球化是一个自发的市场机制起着主导作用的过程，那么区域经济一体化则是一个国家起着主导作用的进程。在经济全球化的过程中，风险是很难规避和控制的，而在区域经济一体化中，由于是在政府的主导下部分开放，风险是可以得到控制与化解的。根据科斯定理，当使用市场的成本大于使用直接权威的成本时，企业就会在企业内部放弃市场机制而代之以用权威和指令来完成资源的配置。如果将科斯定理推广开来，并把国家或者国家间的经济联盟看作全球化市场中的企业，按照科斯定理的逻辑，我们就会发现：当使用全球化市场的成本和风险大于国与国之间的谈判成本时，一体化的区域经济也会使用国家的直接权威将一部分全球化市场内部化为区域市场。

第二章

区域经济一体化兴起的原因及发展趋势

区域经济一体化与全球一体化已成为当今推动世界经济发展和全球经济一体化的两股最重要的力量。两者共同之处在于都促进资本、技术等生产要素跨国界流动，推动国际分工深化和规模经济实现，推动生产要素价格向着经济一体化方向向前发展。两者不同之处在于，全球经济一体化主要是依赖于市场的力量，辅之以国家及国际经济组织的推动作用，按照成本最低化和利润最大化作为最大追求目标，在世界范围内实行分工与合作，国际产业分工中以水平分工和垂直分工为主要形式。而区域经济一体化是中观经济的一体化，是成员国基于市场自身发展的需要，通过签订协议来为资本在本地区扩张扫除障碍，促进本地区分工深化和创造本地区比较优势，在此基础上还可能形成政治方面的合作与一体化。由于这两种一体化在运行层次和运作机制上的不同，形成了推动世界经济一体化的两个主要动力源。但是，这两者并非截然分开，而是相互依存、相互影响、相互促进，共同推动世界经济一体化向前发展。在上节对经济全球化做了比较深入的探讨之后，本章将进一步分析区域经济一体化的发展历程、兴起的原因、今后的发展趋势以及与经济全球化的关系。

一、区域经济一体化的发展历程

尽管区域经济一体化已经成为当前世界经济的一个热门话

题,但作为区域经济一体化的最初形式,区域经济合作的历史可以追溯到17世纪。当时的法国通过撤销国内关卡,降低省际间的税率,实现了国内市场的自由流通。而在18到19世纪期间,奥地利与其周边的五个国家签订了享受一定自由贸易权利的合作协定。19世纪,北德、中德和南德联合组成德意志国家内部的关税同盟。尽管在17世纪世界经济就出现了合作的萌芽,但直到第二次世界大战以前,世界经济并没有出现实际意义上的区域经济一体化,各国之间经济关系的主旋律仍然是竞争和经济民族主义,经济上的合作并没有超出各国的经济主权范围。由于战前各国都奉行高关税的贸易保护主义,严重阻碍了国际贸易的发展和国家之间的经济合作,导致了20世纪30年代的世界经济危机,并最终引发了第二次世界大战。

此起彼伏的经济危机及其伴随而来的世界大战使各国开始认识到经济民族主义以及经济孤立主义的危害性。鉴于对第二次世界大战的反思,寻求国家与国家之间的经济合作成为战后许多国家追求的目标。作为战后国家之间经济合作的转折点,关税与贸易总协定就是在这样的背景下产生的。

(一)第二次世界大战后区域经济一体化的历史进程

1. 社会主义国家的经济合作——经济互助委员会

区域经济一体化是第二次世界大战后世界经济发展中出现的新现象。最早成立的一体化组织当数1949年1月由苏、保、匈、波、罗、捷六国代表在莫斯科举行的经济会议上协议成立的"经济互助委员会",简称经互会(CMEA)。二战后,西方把走上社会主义道路的东欧国家视为眼中钉,处心积虑要把社会主义扼杀在摇篮之中。为了与西方咄咄逼人的经济封锁和遏制政策相抗衡,以前苏联为中心,社会主义国家之间共同成立了对抗西方资本主义国家的经互会。此后,阿尔巴尼亚(1961年12月起停止参加活动)、东德、蒙古、古巴、越南等先后加入,成为由10个国家组成的跨地区的经济一体化组织。经互会成立的目的是在平等互利的基础上实行经济互助、技术合作和经济交流,以促进成员国经济的发展。其实质上是其他国家经济与前苏联经济的一体化。经互会的成立对推动东欧地区的经济发展和经贸科技合作起到了不可低估的作用。进入20世纪80年代以后,前苏联和东欧地区的经济陷入困境,内部贸易摩擦增加,合作难以深化。随着前苏联的解体和东欧的剧变,该组织于1991年6月宣布解散。

2. 欧洲经济一体化的进化过程

在经互会成立之后,西欧发达资本主义国家也开始在上世纪50年代建立区域经济一体化组织。1950年5月9日,当时的法国外长舒曼向西德总理阿登纳提议,将法国和德国的煤钢生产置于一个超国家的高级机构管理之下,并将该机构向其他国家开放,这项建议得到了意大利、荷兰、比利时、卢森堡的响应。1951年4月18日,6国在巴黎签订了《欧洲煤钢联营条约》,正式成立"欧洲煤钢共同体"。虽然只是在部门经济中实施的一体化,但煤钢联营为欧洲开展全面经济一体化开辟了道路。1957年3月25日,这6个国家在罗马签订了建立欧洲经济共同体条约和欧洲原子能共同体条约,统称《罗马条约》。1958年1月1日,《罗马条约》生效,欧洲经济共同体(EEC)成立。由于英国在战后一直以世界大国自居,不愿意将自己降为一个欧洲国家,因此拒绝参加煤钢联营,从而未加入欧共体,于是提出一个欧洲自由贸易区计划。1959年7月1日,英国开始与奥地利、瑞典、瑞士、丹麦、挪威、葡萄牙6国就建立自由贸易区在斯德哥尔摩举行部长级会议,并于同年11月正式签订了《建立欧洲自由贸易联盟公约》,并于1960年5月3日生效,欧洲自由贸易联盟成立。1965年4月8日,德国、法国、意大利、荷兰、比利时、卢森堡6国签订的《布鲁塞尔条约》决定将其间的三个共同体合并,统称欧洲共同体,并于

1967年7月1日生效。1973年后，英国、丹麦、爱尔兰、希腊、西班牙和葡萄牙先后加入欧共体，欧共体成员国扩大到12个。12国间建立起了关税同盟，统一了外贸政策和农业政策，创立了欧洲货币体系，并建立了统一预算和政治合作制度，逐步发展成为欧洲国家经济、政治利益的代言集团。1991年12月11日，欧共体马斯特里赫特首脑会议通过了以建立欧洲经济货币联盟和欧洲政治联盟为目标的《欧洲联盟条约》，亦称《马斯特里赫特条约》（简称“马约”）。1993年11月1日“马约”正式生效，欧共体更名为欧盟。1995年，奥地利、瑞典和芬兰加入，欧盟成员国扩大到15个。2002年11月18日，欧盟15国外长会议决定邀请塞浦路斯、匈牙利、捷克、爱沙尼亚、拉脱维亚、立陶宛、马耳他、波兰、斯洛伐克和斯洛文尼亚10个中东欧国家入盟。2003年4月16日，在希腊首都雅典举行的欧盟首脑会议上，上述10国正式签署入盟协议。2004年5月1日，这10个国家正式成为欧盟的成员国。这是欧盟历史上的第五次扩大，也是规模最大的一次扩大。此次扩大后的欧盟成员国从以前的15个增加到25个，总体面积扩大近74万平方公里，人口从约3.8亿增至约4.5亿，整体国内生产总值增加约5%，从以前的9万多亿美元增加到10万多亿美元，经济总量与美国不相上下。

3. 美洲地区的区域经济一体化

美洲是世界上第二个实现“洲际经济一体化”的地区。第二次世界大战后相当长一段时间，美洲的国际经济一体化发展极不平衡，南美发展较快，也不乏成立了较为成功的区域经济经济一体化组织。1960年2月13日，洪都拉斯、尼加拉瓜、萨尔瓦多和危地马拉在尼加拉瓜首都马那瓜签署了《中美洲经济一体化总条约》。1962年7月，哥斯达黎加签署该条约，中美洲共同市场正式成立。1969年5月26日，秘鲁、厄瓜多尔、玻利维亚、哥伦比亚和智利5国政府的全权代表在哥伦比亚首都波哥大签署《小地区一体化协定》。同年10月16日，协定生效，因成员国均系安第斯山麓国家，故称安第斯集团或安第斯条约组织。1996年3月9日改称安第斯共同体。另外还有根据巴巴多斯、圭亚那、特立尼达和多巴哥以及牙买加1973年7月签署的《查瓜拉马斯条约》，于1973年8月1日正式成立的加勒比共同体和共同市场，1995年1月1日正式开始运作的成为世界上第一个完全由发展中国家组成的南方共同市场等。

与南美经济一体化出现比较大的进展相比，北美的美国、加拿大等国对此并不热心。但是，20世纪80年代中期以来，随着世界经贸格局的重大变化，这种状态发生了巨大的转变。在美国的积极活动和推动下，美加两国于1989年1月1日起正式执行《美加自由贸易协定》(US – Canada Free Trade Zone)。其后，美、加、墨三国政府首脑于1992年12月17日签署了《北美自由贸易协定》(North American Free Trade Agreement)，这成为美洲经济一体化的一个重要里程碑。该协定中心内容是经过15年的过渡期最终建成包括三国在内的"北美自由贸易区"(North American Free Trade Area, NAFTA)。协定已于1994年1月1日正式生效，从运行情况来看，虽然由于墨西哥与美加之间经济发展水平存在着较大的差距，协定执行过程中也产生了一些困难，但总体运行效果一直是朝着良好方向发展。经过八年多时间的努力，北美自由贸易区已经基本上实现了自由贸易区的目标，取消了绝大部分关税与非关税壁垒，基本实现了商品和投资的自由移动。

1994年12月，美洲34国领导人在美国迈阿密举行27年来的首次美洲国家首脑会议。根据会上达成的协议，美洲各国将努力在2005年前完成关于建立"美洲自由贸易区"的谈判。为此，各国首脑还签署了《原则宣言》和《行动计划》。虽然这一计划没有能够按照预定的时间表在2005年前达成协议，但美洲各国都在为尽早建立美洲自由贸易区而加速谈判工作。

4. 亚洲地区的区域经济一体化

与欧美区域经济一体化进程蓬勃发展形成鲜明对照的是，亚洲地区的经济一体化进程明显滞后。1989 年 1 月，澳大利亚总理霍克访问韩国时提出“汉城倡议”，建议召开部长级会议，讨论加强亚太地区经济合作问题。经与有关国家磋商，首届部长会议于 1989 年 11 月 6 日至 7 日在澳首都堪培拉举行，澳大利亚、美国、加拿大、日本、韩国、新西兰和东盟六国的外交和经济部长参加了会议，亚太经济合作（Asia and Pacific Economic Cooperation，APEC）组织正式成立。1993 年 11 月 20 日至 21 日，亚太经济合作组织第一次领导人非正式会议在美国西雅图举行。1994 年 11 月在印尼茂物举行了第六届部长级会议和第二次国家首脑非正式会议，发表了《茂物宣言》，确定了发达国家在 2010 年前，发展中国家在 2020 年前实现区域内贸易和投资自由化的构想。各国一致同意在人力资源、基础设施建设、科学与技术、环境保护、中小企业发展和公共部门的参与等方面加强合作。1995 年 11 月的大阪会议，亚太经合组织成员国通过了《大阪宣言》和《行动议程》，确定了今后实施贸易投资自由化与便利化的一般原则、具体领域和执行框架，同时明确了经济技术合作的 13 个领域。亚太经合组织的 18 个成员国（或地区）都做出了加快合作进程的承诺。1996 年，APEC 根据各成员提交的单边行动计划，通过了《马尼拉行动计划》，并决定启动部门自愿提前自由化方案。大阪《行动议程》和《马尼拉行动计划》的出台，标志着亚太经合组织由摇摆的阶段进入务实行动的阶段。1998 年，APEC 围绕第一批 9 个提前自由化部门的降税问题进行了艰苦的磋商。由于金融危机的影响和各成员在产品范围、最终税率和最终时间表上的严重分歧，APEC 未能达成实质性协议。至此，APEC 部门贸易自由化的磋商告一段落，随即进入了漫长的停滞阶段。

5. 其他国家与地区的区域经济一体化

在非洲，1964 年成立了中非关税和经济同盟，1967 年成立了东非经济共同体。1991 年 6 月，非洲 32 个国家的元首、政府首脑及其代表签署了建立“非洲经济共同体”（AEC）的条约，规定到 2025 年间，分六个阶段逐步建成一个“非洲经济共同体”，最终在非洲实现商品、资金和劳务的自由流动，并建立统一的中央银行，发行非洲统一货币。该组织的宗旨是促进各国经济、社会和文化发展，推动非洲经济一体化，开发利用人力和自然资源，实现经济独立。非洲联盟（African Union，AU；简称“非盟”）是继欧盟之后成立的第二个重要的国家间联盟，是集政治、经济、军事等为一体的全洲性政治经济实体。其前身是 1963 年 5 月成立的非洲统一组织（简称“非统组织”）。1999 年 9 月，非统组织第四届特别首脑会议通过《苏尔特宣言》，决定成立非盟。2000 年 7 月，第 36 届非统首脑会议通过了《非洲联盟章程草案》。2001 年 7 月，第 37 届非统首脑会议决定正式向非盟过渡。2002 年 7 月，非盟举行第一届首脑会议，并宣布非洲联盟正式成立。包括上述这些处在初级阶段的一体化组织在内，非洲目前拥有 14 个主要的区域经济合作组织，其中最不发达的撒哈拉以南非洲地区占有 12 个。当然，由于历史、政治和经济等方面的诸多原因，非洲的区域经济一体化的实际进程非常缓慢，随时都有沦为“第四世界”的可能。

中亚和独联体国家的经济一体化也有一定的进展。原苏联在解体后，大多数原苏联加盟共和国通过“独联体”来加强彼此间的经济联合。在“独联体”中，俄罗斯发挥着重要的作用。随着俄罗斯政治、经济影响力的减弱，中亚各国是“各奔前程”，分别向欧洲、非洲和亚洲靠拢。

（二）迅速发展的 FTA

从上面各个地区的区域经济一体化的进程中可以看出，二战以后尽管各个区域的区域经济一体化取得了一定的进展，但20世纪90年代之前，除了西欧的区域经济一体化取得了一定的成效之外，其他区域的进展十分缓慢，大多数只停留在名义上，在实际上达成区域经济一体化的却很少。造成这种现象的主要原因之一是因为20世纪80年代以前，主导世界经济的潮流仍然是经济的全球化。特别是GATT体制下8个回合的谈判及跨国公司触角的扩大，经济全球化的浪潮席卷世界各地，世界上的每一个角落都在剧烈地受到经济全球化的冲击。在这种背景之下，各国无不是在忙于应付经济全球化的挑战。

经济全球化进程步伐的加快，使得生产要素的跨境流动和优化配置日益增强，各国经济互相开放和融合的程度大大提高。但是，由于各国在政治体制、经济发展水平等方面存在较大差距，同一国家内部的产业竞争力也存在着巨大的差异，一部分经济落后的发展中国家及发达国家的一部分夕阳产业面临着越来越大的竞争压力，反对经济全球化的呼声也越来越高，经济全球化的向前迈进变得越来越难。在这种大的背景之下，20世纪90年代以来，在WTO的全球贸易自由化目标倡导下，以自由贸易协定(FTA)[①]为中心的区域经济一体化作为国际多边贸易体制的过渡阶段和补充形式显示出强劲的发展势头，一跃成为区域经济一体化的主导形式。

截至2004年底，在WTO中备案并且目前仍然生效的自由贸易协定(FTA)数已经达到119个(表2－1)。从地域上来看，欧洲、独联体、中东、非洲等共78个，占据总数的一半以上；美洲12

① 为了叙述上的方便，除了特别声明之外，本研究中所指的自由贸易协定(Free Trade Agreement, FTA)是指两个或两个以上经济体之间设定的自由贸易安排。其内容等同于WTO中的区域贸易协定(Regional Trade Agreement, RTA)，主要包括自由贸易区(Free Trade Area, FTA)、关税同盟、服务贸易协定等。当有必要对它们之间进行区别时，将进行分开使用。

个，亚洲、大洋洲14个，跨地域的15个。欧洲、独联体、中东、非洲FTA数量比较多的主要原因是EU（欧盟）对区域贸易协定表现得非常积极，一直走在世界区域经济一体化的前列。从EU发起的那一天起，其锁定的目标就是与东欧实现经济一体化，进而实现统一大欧洲的梦想；而地中海地区的一些国家则是在建立欧洲、地中海自由贸易区这样的框架下，通过相互之间的区域贸易协定来建立FTA的。

从成立的时期来看，尽管从20世纪70年代开始，FTA数量的增加速度有所加快，但20世纪50年代到80年代的近三十年间仍然只停留在19个的水平。然而，进入到20世纪90年代以后，FTA的数量迅速增加。1990～1994年的5年间共增加FTA达到22个，超过了20世纪50年代到20世纪80年代的总和；而20世纪90年代后半期则增加了29个，高于20世纪90年代前生效的FTA个数；特别是进入到21世纪以后，区域合作的进程明显加快，2000～2004年间达成的FTA则达到了50个，平均每年达到10个。按照WTO的资料，在WTO的一百四十多个成员方中，90%以上的成员加入了一个及一个以上的区域贸易协定，而没有加入任何区域经济合作组织的国家和地区则属于例外的情况。目前，正在处于谈判阶段或者研究阶段的自由贸易协定还在迅速地增加，在今后相当长的一段时间内，FTA仍然会取得较快的发展。

表2-1　世界FTA的区域与年代分布

	欧洲、独联体、中东、非洲	美洲	亚洲、大洋洲	跨地域	合计
1955～1959年	1				1
1960～1964年	1	1			2
1960～1969年				1	1
1970～1974年	1	1		2	4
1975～1979年	2		2		4

续表

	欧洲、独联体、中东、非洲	美洲	亚洲、大洋洲	跨地域	合计
1980～1984 年	1	1	2		4
1985～1989 年		1		2	3
1990～1994 年	17	2	3		22
1995～1999 年	25	2	1	1	29
2000～2004 年	30	4	7	9	50
合计	78	12	15	15	120

注：截至 2004 年底，在 WTO 中备案并且目前仍然生效的区域贸易协定共计有 171 个。本表的数据是除去了新的 FTA 生效以后与原来重复的个数以及同时向 GATT/WTO、GTAS 重复申报的个数。

资料来源：根据玉村千治编《东亚 FTA 的构思与日中间贸易投资》及 WTO 官方网站的有关资料整理而成。

二、世界区域经济一体化迅速发展的原因

当前，通过签订自由贸易协定来推进一国或地区的经济贸易增长，已成为国际经贸发展的重要趋势。20 世纪 90 年代，以 FTA 为代表的区域经济一体化的蓬勃兴起的背景包含着国内、国外、政治、经济等各种因素，综合归纳起来，主要有以下几个方面：

（一）市场扩大带来的经济效果

对于加入 FTA 的成员国来说，最大的好处是市场扩大带来的经济效果。通过降低甚至撤销关税，成员国之间的贸易壁垒将大大降低，这样就为成员内部的企业提供了更大的出口机会和市场准入机会。市场的扩大将使得成员国有机会扩大生产规模，从而使得成员国的企业能够享受规模经济的效果，进而提高劳动生产率。这一点对于一些人口、市场规模比较少的国家来说显得非常

重要。比如说，对于加拿大和墨西哥的企业来说，参加 NAFTA 的最大好处是获得了更容易进入美国市场的机会。而中欧的企业也希望通过加入 EU 而获得更多进入欧洲市场的机会。

伴随着区域经济一体化规模的不断扩大，进入以 FTA 为中心的区域集团的国家越来越多，确保市场机会越来越成为区域经济一体化的一个重要原因。之所以如此，是因为随着参加 FTA 的成员国越来越多，没有参加到其中的国家将面临着丧失进入到 FTA 成员国市场的机会。为了防止本国被排除在市场之外，最好的办法是加入到区域经济一体化进程中去。北美自由贸易区以及欧盟—墨西哥自由贸易区的成立，使得日本进入到北美市场处于非常不利的地位，鉴于这样的情况，日本企业一直在呼吁日本政府与墨西哥开展自由贸易协定的谈判，这也是促成日本与墨西哥达成自由贸易协定的一个主要因素。

（二）加快国内产业结构调整的一个重要动力

站在国内的角度来看，区域经济一体化带来的市场开放将促进国内竞争，从而有利于提高经济效率，进而促进经济的增长。20 世纪 70 年代以后，以美国、英国为首的发达国家和以东亚为首的发展中国家实现了经济的高速增长。其背后的主要原因是贸易与投资的自由化、政府管制的放松促进了国内企业之间的竞争。通过加强竞争，一些低效率的企业将被市场淘汰，一些具有竞争力的企业迅速成长。在优胜劣汰的环境中，资源得到了充分的利用，产业结构得到了充分的调整，从而实现了经济的高速增长。

鉴于美国、英国、东亚的经验，世界各国都在加大贸易与投资自由化、结构调整的步伐。但是，由于贸易与投资自由化、产业结构调整是一项利益重新分配的过程，一部分受到自由化冲击的部门必然要采取一系列政治手段来阻止这种进程。因此，通过 FTA

这样的外在“压力”来推进国内的自由化不失为一种很好的手段，很多国家对此寄予着很大的希望。如对FTA有长期抵触情绪的日本，其经济财政咨询会议于2002年5月制定了《日本经济活性化六大战略》，明确提出要以FTA来适应全球化迅速发展的新形势，推动国内的产业结构调整。

(三)双边FTA优于多边WTO

尽管上面列举了市场的扩大、贸易投资自由化、产业结构调整是世界各国参加FTA的一个重要原因，但要实现上述目标，不一定非得要依靠像FTA这样的区域经济一体化，WTO框架下的多边自由贸易体制同样可以实现。很多国家没有选择WTO而是选择FTA的理由是：与WTO相比，FTA有其自身的很多优点，而且这些优点是WTO难以达到的。

首先，与WTO的多边贸易体制相比，FTA的双边贸易自由化能够在短时间内达成协议。GATT最后的一个回合——乌拉圭回合当初是计划在4年内完成谈判，而实际上所需要的时间增加了一倍，达到了8年才达成统一的协议。时间大幅度延长的主要原因是除了议题比较多以外，成员多使许多协议难以在短时间内达成统一的意见是主要原因。1995年WTO成立以后，有许多国家希望尽快开展新一轮谈判，但一直无法达成统一的意见，新的回合的启动在1999年的西雅图部长级会议上受到了否定，直到2001年的多哈会议才正式决定开始新一轮的谈判。目前，WTO的成员已经超过了140个，成员之间对贸易自由化的看法差异很大，鉴于这样的背景，新一轮多哈回合将又有可能成为一个马拉松式的回合。多哈回合原来预定在2005年结束，但由于2003年坎昆会议的失败，以及发达国家与发展中国家的严重对立到目前依然前途渺茫。

上世纪90年代初期，提倡自由贸易和取消管制的一个最大的理由是认为经济全球化将使各国都能够发挥各自优势，从而实现共同促进全球经济繁荣。但实践证明经济全球化带来了优胜劣汰，一些落后的发展中成员期待从多边贸易自由化中进一步获得经济及贸易利益的理想变得渺茫。随着 WTO 加盟成员中发展中国家成员的逐步增加，WTO 中反对激进的自由化的势力越来越大，要达到比较高程度的贸易自由化协议变得越来越难。在这种背景下，一些受到贸易自由化冲击的成员及团体开始转向强烈地反对 WTO 框架下的自由贸易化进程。西雅图部长会议的失败，世界银行、国际货币基金等国际组织会议不断受到工会、NGO 等团体的游行抗议基本上是在上述背景下产生的。而区域经济一体化刚好相反，由于涉及的国家不多，谈起来比较容易，为争端或是统一的联合行动提供了一个很好的平台。在 WTO 多边贸易自由化难以实现大的进展的状况下，一些希望加快贸易自由化的国家就开始把目光转向区域贸易协定，以便从贸易自由化中获取更多的经济和政治利益。

其次，没有选择 WTO 而选择 FTA 的另外一个理由是：在一些 WTO 没有涉及的新领域里，FTA 比较容易达成一个统一的规则，如环境、竞争政策、劳动问题等。不仅如此，区域经济一体化可以涉及的领域非常广泛，只要是成员国之间能够达成一致的意见，其范围可以不必受到 WTO 领域的限制，比如说建立统一的货币体系、环境、竞争政策、劳动问题等新领域。上述领域基本上都是发展中国家难以自由化的领域，而要在一个发展中国家成员占大多数的 WTO 中就上述领域达成协议是一件非常困难的事情。与此相反的是，双边的 FTA 就比较容易做到这一点，如美国一以色列自由贸易协定涉及环境、劳动问题的条款。

伴随着经济活动国际化进程的展开，阻碍经济要素跨国界移动将不仅仅局限于 WTO 规则中那些与贸易有关的国界因素，环境问题、劳工标准、竞争政策等国内政策之间的差异将变得越来越重要。通过 FTA 来消除国家与国家之间在包括环境问题、劳工标准、竞争政策在内的国内政策方面的差异，进一步推动生产要素的跨国界自由流动将成为未来 FTA 不断扩大的一个原因之一。

而面对 FTA 的迅速增加，在多边贸易体制下达成统一的协议变得越来越难，WTO 也无奈地允许自由贸易区的存在，并希望 FTA 的发展能够弥补多边贸易体制下的不足。在这样的背景之下，作为 WTO 多边贸易体制的补充，区域贸易协定充满着巨大的发展空间。

（四）基于政治、安全保障因素的考虑

通过区域经济合作来提高本国在世界政治、经济舞台上的影响力是各国实现区域经济一体化的另外一个动力，尤其是对于一些小国来说，这一点具有重要的意义。第二次世界大战后促使欧洲进行区域合作的一个重要的要素除了在经济上以求与美国进行平等对话以外，在政治、军事上能够抵抗来自前苏联的威胁是一大重要的因素。

前苏联解体以后，来自像过去那样由于美苏冷战而受到安全威胁的可能性越来越少，区域经济合作中的政治、安全保障因素的分量越来越轻，但“9·11”事件的出现从根本上改变了这种看法。以恐怖主义为代表的跨国犯罪的出现意味着地缘政治时代的结束和全球化政治时代的开始。面对日益猖獗的恐怖主义，仅仅依靠一国的力量是不可能抑制其在世界各国的破坏行为的。所以，通过 FTA 为中心的区域经济合作来强化国家之间的经济联系，进而以此来加强国与国之间的政治联系，就成了各国对区域经济一体化表现出极大的热情的重要原因之一。

“9·11”事件之后，美国把反恐作为其国际战略的一项核心内容。2003 年 5 月伊拉克战争结束之后，美国主动提出与中东地

区国家在2013年之前建立自由贸易区的倡议。显然这种行为很难用维纳定理来解释。多数评论认为，美国此举的真正目的一是希望所有中东国家积极迎接全球化的挑战，建立行之有效的市场经济体制和自由贸易制度，以便使中东尽快摆脱贫穷落后的局面，从经济上消除滋生恐怖主义的土壤；二是要通过自由贸易区方式在该地区推行美国式民主制度，从制度上消除恐怖主义产生的根源。此外，美国早期与以色列、约旦签署的自由贸易区协定在很大程度上也是基于政治因素考虑①。

三、区域经济一体化的基本内容

所谓区域经济一体化，一般是指地理位置相临近的两个或两个以上国家（地区），以获取区域内国家（地区）间的经济集聚效应和互补效应为宗旨，通过制定共同的经济贸易政策等措施，消除相互之间阻碍要素流动的壁垒，实现成员国的产品甚至生产要素在本地区内自由流动，进而协调成员之间的社会经济政策，形成一个超越国界的，商品、资本、人员和劳动力自由流动的跨国性经济区域集团的过程②。区域经济一体化目的是为了在成员国之间进行分工协作，更有效地利用成员国的资源获取国际分工的利益，促进成员国经济的共同发展和繁荣。

（一）区域经济一体化的基本形式

对于经济一体化组织的划分，不同的学科和学者对其有着不同的观点，但一般来说更为普遍的划分是根据其组织内部消除贸易壁垒和共同经济政策的情况依次划分为特惠贸易协定、自由贸

① 李向阳：《新区域主义与大国战略》，《国际经济评论》2003年第7～8期。

② 王志文：《从东亚区域经济合作看海南经济发展战略》，海南省统计局2004年7月。

易区、关税同盟、共同市场、经济联盟及完全经济一体化等6种形式①。

1. 特惠贸易协定

特惠贸易协定是参加协定的成员国之间在进行贸易时相互提供比与非成员国进行贸易时更低的贸易壁垒。这是经济一体化的最松散的形式。但并非所有一体化组织必经的形式。实际上在区域经济合作的发展历史上真正以这种形式为开端的例子并不占多数,最早的实例是由英联邦及成员国以及一些大英帝国以前的成员国于1932年建立的英联邦优惠计划。东盟早期的合作主要是建立在《特惠贸易安排基本协定》基础上的贸易合作。此外,像《曼谷协定》、中国内地和香港共同签署的《内地与香港关于建立更紧密经贸关系的安排》都属于特惠贸易协定。

2. 自由贸易区

自由贸易区是指各成员国之间相互取消关税及进口数量限制,使商品在区域内完全自由流动,但各成员国仍保持各自的关税结构,按照各自的标准对非成员国征收关税。其基本特点是用关税措施突出了成员国与非成员国之间的差别待遇。例如1960年成立的欧洲自由贸易联盟和1994年1月1日建立的北美自由贸易区就是典型的自由贸易区形式的区域经济一体化。理论上,自由贸易区将实现所有商品的自由流动,但在实践上,各国仍然对部分商品实行一定的关税保护措施。

3. 关税同盟

关税同盟是指各成员国之间不仅取消关税和其他壁垒,实现内部的自由贸易,还取消了对外贸易政策的差别,建立起对非成员国的共同关税壁垒。其一体化程度上比自由贸易区更进了一

① 引自萨尔瓦多:《国际经济学》(第五版)清华大学出版社1998年版;陈同仇、薛荣久著:《国际贸易》,中国人民大学出版社2000年版。以下叙述的具体内容大部分参考了上述文献。

步。它除了包括自由贸易区的基本内容外，还包括成员国对同盟外的国家建立了共同的、统一的关税税率。结盟的目的在于参加国的商品在统一关境以内的市场上处于有利地位，排除非成员国商品的竞争，它开始带有超国家的性质。现实中比较典型的关税同盟是1958年建立的欧洲经济共同体。它在建立初期就明确规定，要经过十年的过渡期，完全取消成员国之间的相互关税和非关税壁垒，相应地建立起共同的对外关税，其共同对外关税的水平为各成员国原来关税水平的平均数。其他如1969年签订的安第斯协定，1960年建立的中美共同市场(两者分别于1991年和1993年复兴)以及1973年成立的加勒比共同体。

目前关于关税同盟的最新发展，最令人瞩目的就是欧盟。欧盟的前身欧共体起步于关税同盟，随着1993年11月1日《马约》的生效，欧盟替代了欧共体，并于2004年5月1日扩大为25个成员国。在2004年6月20日扩大后的首次首脑会议上，通过了欧盟宪法条约草案。这意味着欧盟已经从单纯的关税同盟发展为经济、政治高度一体化的区域集团。除了欧盟，在关税同盟方面比较值得关注的进展是由纳米比亚、南非、莱索托、斯威士兰和博茨瓦纳国家首脑在2002年签署的南部非洲关税同盟协议，该协议于2004年7月15日正式生效。

由此我们可以把目前的关税同盟大体分为两类：一类是以欧盟为代表的众多欧洲国家在欧共体基础上不断深化的关税同盟；另一类是由发展中国家建立的关税同盟，如中非关税同盟与经济联盟、安第斯条约组织、加勒比共同体和共同市场、西非国家经济共同体、中非国家经济共同体等。纵观这两类关税同盟，不难发现关税同盟目前的发展呈现出两极分化的特点。一极是由发达国家组成的集团，另一极是由不发达国家组成的。处于中间地带的关税同处于中间地带的关税同盟在近些年来发展并不是十分理想。

4. 共同市场

共同市场是指除了在成员国内完全废除关税与数量限制并建立对非成员国的共同关税壁垒外，还取消了对生产要素流动的各自限制，允许劳动、资本等在成员国之间自由流动，甚至企业主可以享有投资开厂办企业的自由。与关税同盟相比，各成员国不仅向"共同体"让渡商品和服务贸易管理的权利，而且还让渡了干预资本和人员流动的权利。从这个意义上说，共同市场的一体化程度更高。欧洲经济共同体在20 世纪80 年代接近这一水平。共同市场是指在关税同盟基础上实现生产要素的自由流动，在同盟内建立关税、贸易和市场一体化。目前比较成功的共同市场是成立于1995 年的南方共同市场。

5. 经济同盟

经济同盟是指成员国之间不但商品与生产要素可以完全自由流动，建立对外统一关税，而且要求成员国制定并执行某些共同的经济政策。这种共同的经济政策主要包括财政政策、货币政策和汇率政策。通过这种政策上的协调，逐步消除政府在经济政策的某些调整方向或调整程度的不一致给市场一体化的正常运行带来的干扰，使一体化程度从商品交换，扩展到生产、分配乃至整个国家经济，形成一个庞大的经济实体。目前，惟一成功实现经济同盟的一体化组织非欧盟莫属。它是目前世界上一体化程度最高、综合实力最强的国家联合体。

6. 完全经济一体化

完全经济一体化是区域经济一体化的最高级形式。它不仅包括经济同盟的全部特点，而且各成员国还统一所有重大的经济政策，如财政政策、货币政策、福利政策、农业政策，以及有关贸易及生产要素流动的政策，并由其相应的机构（如统一的中央银行）来执行共同的对外经济政策。这样，该集团相当于具备了完全的经济国家地位。

完全经济一体化和以上几种一体化形式的主要区别在于：它拥有新的超国家的权威机构，实际上支配着各成员国的对外经济主权。1993 年欧洲统一大市场以及欧洲联盟的建立，就标志着欧共体迈进了完全经济一体化的阶段。

虽然上述 6 种区域一体化形式依次反映区域经济一体化的逐级深化，但一体化的不同层次并不意味着不同的一体化集团必然从现有形式向较高级形式发展和过渡。也就是说，阶段之间不一定具有必然过程。此外，一体化目标有高有低，结合范围有广有狭，但是都涉及成员国将局部权力让渡给共同体的问题。权力让渡的程度，一般都取决于一体化目标的高低。

表 2－2　区域一体化组织的特征

集团类型	成员国间自由贸易	统一对外关税	生产要素的自由流动一致	各种经济政策协调一致	实现经济、政治与法律制度统一
自由贸易区	Y	N	N	N	N
关税同盟	Y	Y	N	N	N
共同市场	Y	Y	Y	N	N
经济联盟	Y	Y	Y	Y	N
完全的经济一体化	Y	Y	Y	Y	Y

资料来源：赫国胜等编：《新编国际经济学》，清华大学出版社 2003 年版。

(二) 自由贸易协定的基本内容

在区域经济一体化中，自由贸易协定（FTA）占据着中心的地位，并构成了当今区域经济一体化的基础。在目前的区域经济一体化集团中，绝大部分是属于自由贸易协定。正因为如此，在一些研究中干脆就把 FTA 作为区域经济一体化的代名词[①]。所谓自由贸易协定,就像其文字所表示的那样,是指成员国为了开展自由贸易达成的协定,其主要内容是涉及如何降低甚至撤销妨碍自由贸易的有关条款。作为最普通的贸易障碍,关税与配额是两种最基本的形式,降低甚至撤销关税、配额就成了自由贸易协定的主要形式。但是,随着时代的发展,目前的 FTA 里包含的内容往往不只局限于取消关税与配额,而是朝着深度与广度两个方向发展。从深度来讲,降低甚至撤销的内容不断扩大,目前已经涉及所有对自由贸易形成障碍的贸易壁垒;而从广度来看,FTA 不仅仅局限于货物贸易,而是不断向服务贸易、投资方向扩展,甚至包含了像环境、竞争政策等与贸易自由化没有直接关系的内容。

1. 商品的贸易自由化

商品的贸易自由化主要包括关税撤销的对象与例外、关税撤销的时间以及原产地规则等内容。正如上面所指出的那样,尽管 FTA 的内容在不断扩充,但有关降低与撤销关税仍然是 FTA 的基本内容。而且有关关税的条款一般都放在总则之后,位于协定具体条款的最前面。关于关税撤销首先应该明确撤销关税的商品名单。虽然按照《关贸总协定 1994》第 24 条的规定,要使 FTA 获得最惠国待遇的例外条款,FTA 必须取消所有的贸易障碍,但这并不意味着撤销所有商品的关税,因而必须具体规定应该撤销那些商品的关税。从理论上讲,要使 FTA 符合 WTO 的原则,则 FTA 必须取消所有的贸易障碍,但目前几乎所有的 FTA 都有一些例外的商品,并没有达到完全取消贸易壁垒的要求。作为一种约定俗成,贸易量的 90% 以上的商品和没有特定的例外部门是 FTA 必须取消所有贸易障碍的底线[②]。关于关税撤销的时间,按照 WTO

① 宾建成、陈柳钦:《世界双边自由贸易协定的发展趋势与我国的对策探讨》,《光明观察》。

② 浦田秀次郎编著:《自由贸易协定手册》,日本贸易振兴会 2002 年版。

规则的规定,原则上应该在10年之内完成,但也有一部分例外。如NAFTA的部分商品及AFTA的CEPT协定就超过了10年以上。

严格意义上说,自由贸易协定并不是像前面所提到的那样,是成员国为了开展自由贸易达成的协定,而是成员国为了本国原产品的自由贸易而达成的协议。如果FTA的优惠措施两国不限定在原产品的话,成员国通过交涉、让步所签订的FTA带来的利益就有可能流向其他非成员国家。因此,为了防止成员国以外的国家搭便车,FTA往往表现就什么是成员国的原产品达成原产地规则,这是FTA必不可少的要素之一。

2. 服务贸易与投资的自由化

与货物贸易相比,服务贸易由于具有无形的特点,并没有实体商品的移动,因而不可能像货物贸易那样,通过撤销关税来实现贸易自由化。由于服务贸易的种类繁多,对于服务贸易的自由化在这里难以一一列举,但作为服务贸易自由化的共同特征是保证成员国之间的最惠国待遇与国民待遇。

有关投资自由化,WTO规则并没有制定相应的规则,因此两国或者多国之间制订的有关投资自由化规则就走在了WTO规则的前面,成为WTO规则的补充。与服务贸易一样,投资自由化的形态多种多样,但其共同特征是保证成员国之间的最惠国待遇与国民待遇。比如,NAFTA的投资自由化规定,各成员国应该对除金融以外的投资及企业给予最惠国待遇与国民待遇,但汽车、纤维、农产品等作为国民待遇的例外。

3. 竞争政策、自然人的移动、环境问题等

包括前面提到的投资自由化在内,WTO规则对于竞争政策、自然人的移动、环境问题等并没有达成统一的规则,关于这方面的规定,目前的FTA也涉及得不是很多,发展中国家之间达成的FTA基本上都没有涉及上述领域,只有一部分发达国家的FTA对

此有所涉及。如 NAFTA 和 EU 的罗马条约对竞争政策、环境问题有专门的条款，而《日本和新加坡新时代经济伙伴关系协定》(JSEPA)则涉及了自然人的移动。

在以上的 FTA 内容中，有关关税的撤销是一项基本的内容，对此，世界各国几乎没有任何异议，因而谈判的焦点是确定例外商品及原产地规则。而对于目前 WTO 没有涉及的领域，不但应该涉及一些什么样的内容没有达成一个统一的共识，就是在 FTA 中是否应该增加这一部分内容，世界各国也没有达成一个统一的说法。但是，作为像《经济合作关系协定》、《经济伙伴关系协定》这样新形式的 FTA，今后肯定会受到越来越多的关注。

4. 原产地规则

所谓的原产地是货物、服务产品的国籍。在国际贸易中，原产地规则关系到不同国家、行业的利益。由于自由贸易区成员国之间不要求形成共同对外关税率，所以来自非成员国的产品就可以通过某个限制最低的成员国出口到其他成员国，享受自由贸易区的优惠待遇。为了防止这种“搭便车”现象的发生，自由贸易区都已制定了原产地规则，规定从第三国间接进口的产品享受自由贸易区待遇的标准。尽管 1994 年《马拉喀什建立世界贸易组织协定》中的《原产地规则协定》就非优惠原产地规则达成了重要共识，同时将优惠原产地规则问题以共同宣言的形式附在《原产地规则协定》，但是目前各成员实施的原产地规则并不统一。

根据中国国务院有关条例和中国海关总署令，中国对世贸组织其他成员实施的非优惠原产地规则引用了《WTO 原产地规则协定》中的一般规则和完全获得规则，但仍然继续使用自己的产品特定原产地规则，例如不低于 30% 的增值百分比、四位品目级税号改变以及开放式加工工序清单等。由于在制定和执行原产地规则时存在着或多或少的限制，所以第三方国家担心这样的规则将对他们与自由贸易区成员国的贸易制造障碍。因此原产地规则成为区域经济一体化协议中争议较多的一条规则。

(三)自由贸易协定和关税同盟的制度比较

除了自由贸易区之外,目前另一种比较普遍的区域经济一体化组织形式就是关税同盟。为了进一步说明自由贸易区的特征,我们将其与关税同盟做一个简单的比较。

1. 在排他性差异方面

关税同盟在统一关境内缔约国相互间减让或取消关税,对从关境以外的国家或地区的商品进口则实行共同的关税税率和外贸政策,一般具有很强的排他性质,因此同盟成员国的商品在统一关境内可以避免非同盟国商品的竞争,从而扩大销售市场。关税同盟的排他性保护措施主要有以下各项:①减低直至取消同盟内部的关税。为达到这一目的,同盟往往规定成员国在同盟内部必须在一定期限内分阶段、逐步地从各自现行的对外关税税率,过渡到同盟所规定的统一关税税率,直至最后取消成员国彼此间的关税。②制定统一的对外贸易政策和对外关税税率。在对外方面,同盟国成员必须在规定时间内,分别调高或调低各自原有的对外关税税率,最终建立共同的对外关税税率。③对从同盟外进口的商品,根据商品的种类和提供国的不同,征收共同的差别关税,如特惠税率、协定国税率、最惠国税率、普优制税率、普通税率。④制定统一的保护性措施,如进口限额、卫生防疫等等。

在区域内实现贸易自由化这一点上,自由贸易区与关税同盟原则上是相同的,但关税同盟要求区域内的国家对区域外的国家设定同样的关税,而自由贸易区则无此要求,自由贸易区内的国家可以自行设定与区外国家的关税。在这一点,可以说关税同盟的排他性更强。

另外日本经济产业研究所(RIETI)研究员石川城太认为:关税同盟具有自由贸易协定所没有的优势。它可以通过地区内成员的协调，达成博弈论中所说的“战略性的相互依存关系（交涉）”以及在地区内避免随之产生的浪费，在此之上，还能团结一致对地区外国家采取战略行动。比如像发展中国家那样的小国团体如果组成关税同盟，就如同形成一个大国，能够增强在世界经济中的发言的分量和谈判能力①。

2. 在原产地规则方面

在自由贸易区中，为了阻止地区外国家经由关税低的成员国向地区内进口商品而设计了原产地规则。这一规则对何为地区内产品进行了定义，如果不能满足原产地的条件，则不会被承认是地区内的自由贸易。在自由贸易协定中，虽然必须对原产地规则一一加以规定，但却存在即使该国已经与某国结成了自由贸易协定，依然可以无需与该国进行调整就可以与第三国缔结新的自由贸易协定等有利条件。

在关税同盟中，如果要与其他国家缔结关税同盟，因为受到共同区域外关税的制约，所以必须使既有的关税同盟接受该国。最近缔结自由贸易协定的越来越多，而关税同盟却并没怎么扩大，其最重要的原因就在于此。

3. 在过渡期的时间方面

无论对于关税同盟还是自由贸易区，都存在一个过渡期的问题。所谓过渡期即从区域性协定谈判完成到最终实施。因为一些区域性协定通常有较长时间的内部关税减让过程，而且贸易伙伴需要一定的时间对贸易壁垒的变化做出反应。这样在商定谈判结果，对协定做适当修改和协调内外关税以及贸易伙伴对其做出反应之间会不可避免地出现时间的滞后。加上谈判的时间，这种时滞造成一个长长的过渡期。关税同盟和自由贸易区相比需要协调外部关税，这使得这一过渡期的持续期更长。

---

① 《日本经济新闻》2005 年 7 月 19 日

四、20 世纪 90 年代以后区域经济一体化的新趋势

传统的区域经济一体化主要局限于邻近的国际通过削减关税来实现自由贸易区，其目的主要是为了降低贸易成本，通过贸易自由化来促进区域内经济的发展。而进入 20 世纪 90 年代以后，随着 FTA 数量的急剧增加，区域经济一体化出现一些新的趋势。其突出特征是区域经济一体化与经济全球化并行发展，在开放性的区域经济一体化中，区域化与全球化可以趋于一致。区域经济一体化不仅有利于区域内部的国家或地区的经济发展，同时也是世界经济全球化发展的推动力。具体说来，有以下几个方面的特点：

（一）跨区域的经济合作迅速增加

20 世纪 90 年代之前，实行区域经济一体化的成员之间在地理上基本是连成一片的或者是邻近的。形成贸易集团的主要动力之一是为了对付其他更强大的贸易伙伴或集团，保证多边谈判以及进入出口市场的讨价还价能力。

21 世纪以后，区域经济合作的一大突出特点是跨区域的经济合作迅速增加。就像 EU、NAFTA 那样，21 世纪以前的自由贸易协定基本上都是邻近的国家或者地区之间展开，到 1999 年为止，跨区域的经济合作只有美国和以色列、加拿大和智利两个。而 2000 年以后，仅 EU 就与墨西哥达成了五个自由贸易协定，其他的还有日本与墨西哥、韩国与智利等。除此之外，欧盟与海湾阿拉伯国家合作委员会（GCC）、南美南部共同市场与欧盟这样区域合作组织之间的区域经济合作也正在谈判或者研究之中。伴随着跨区域的经济合作的迅速增加，参与区域贸易协定的国家在不断膨胀，覆盖多个国家的自由贸易区的谈判正在大规模地展开，如美洲 34 个国家参加的美洲自由贸易区（FTAA）目前正在努力

争取早日进入实施阶段,而在亚洲,ASEAN 和日本、10(ASEAN10国)+3(中国、日本、韩国)这样的跨区域的 FTA 也正在实施或者研究之中。跨区域的经济合作迅速增加反映了世界经济全球化在进一步扩大,不同区域之间经济一体化的正面效果在不断增加。比如,EU 与墨西哥结成 FTA 的主要目的之一就是为 EU 企业通过墨西哥市场打入 NAFTA 市场提供便利。

在跨区域的经济合作中,形成一批像新加坡、墨西哥、智利这样的国家,他们与多个国家和地区签订了自由贸易协定,自己则成了区域经济一体化的中心国。以墨西哥为例,该国自 1994 年与美国、加拿大结成 NAFTA 以来,一直在加快与世界各国签订 FTA 的步伐。1995 年与哥伦比亚、委内瑞拉形成了 G3 自由贸易区,2000 年以后又分别与以色列、日本、EU、EFTA 等国家及区域集团签订了一系列区域自由贸易协议,目前,墨西哥与其他国家达成 FTA 的总数达到三十多个。

(二)区域经济一体化的领域越来越宽

在传统的区域经济一体化中,FTA 的大多数都停留在降低货物贸易的关税水平上。除了一部分没有加入 WTO 的国家之外,目前大多数国家的总体关税水平都已经很低,而发达国家的平均关税已经降到了 5% 以下,发展中国家的平均关税也降低到 10% 左右的水平。在这种背景之下,仅仅从降低关税中获得贸易自由化的好处已经非常有限。再加上随着经济全球化的展开,人和资金的移动越来越活跃,服务贸易发展势头迅速上升,而有关电子商务、劳动条件、投资政策等一系列领域,WTO 规则中并没有涉及,这就为跨国公司开展跨国投资和管理带来了很大的困难。本来,有关这方面的规则应该是 WTO 新一轮谈判的主题与方向,但由于启动有关这方面的谈判除了本身比较困难之外,要在不断扩大的成员国之间达成共识,进而上升为 WTO 规则并不是一件容易的事情。为了弥补 WTO 规则的不足，目前 FTA 充分利用其本身谈判时间短、涉及的主题范围非常灵活的特点，不断涉及 WTO 规则之外的领域。1994 年前的双边 FTA 绝大多数仅涉及货物贸易。近年来，双边 FTA 内容不仅包括服务贸易、知识产权，而且还包括了环境标准、投资、农业、竞争政策、人的移动等等敏感领域的各种内容。例如，EU 与墨西哥的 FTA 包含了投资、竞争政策的条款；美国与以色列的 FTA 则包括了电子商务、环境、劳动等有关规定；EU 与南非的 FTA 包括了投资、竞争政策、环境等内容；而《日本和新加坡新时代经济伙伴关系协定》突破了传统货物和服务贸易的范围，除免除进出口关税和放宽双方的投资限制外，还包括在贸易保障措施、服务贸易、投资规则、经济合作的加强等一系列领域以及人才交流上进行密切合作。

(三)以三大区域经济集团为中心进行洲际经贸合作

20 世纪 80 年代末到 90 年代初，世界形成了三大区域经济集团，即欧洲经济联盟(欧盟)、北美自由贸易区和正在建设中的中东亚经济集团。前两个属于紧密型经济集团，后者则为松散型经济集团。从 20 世纪 90 年代后期以来，上述三大贸易集团发生了由以前的次区域贸易投资自由化向整个区域，即向洲际经贸合作的方向发展。在美洲发达国家和发展中国家优势互补的前提下，近年美洲经济一体化势头正方兴未艾。美洲 34 个国家多次表达要加快启动美洲经济贸易集团的谈判。

继 1993 年 11 月欧盟正式成立后，1998 年欧盟成员国由原来的 12 个扩大到 15 个，2004 年又进一步扩展到 25 个。按照欧盟峰会的设想，欧盟将继续向中东欧国家扩展，通过贸易投资和提供经济援助，最终于 2010 年前组成包括欧盟和该地区其他次区域组织在内的大欧盟经济集团。

在东亚地区，除了东盟自由贸易区、日本和新加坡新时代经济伙伴关系协定等一些次区域自由贸易区之外，以 10 + 3 为中心的东亚区域经济合作正在向着纵深方向发展。通过所有东亚国家的共同能力，在不久的将来，有望组建东亚经济共同体。与此同时，在东盟和东北亚不断发展的基础上，最终可能实现以东亚为主的亚洲自由贸易区。

五、区域经济一体化与经济全球化的区别和关系

无论是区域经济一体化还是经济全球化都是国家和地区经济与世界经济不断走向融合的一个过程，其目的都是为了实现资源与生产要素的有效配置。在这个过程中，经济全球化是世界经济融合的最高形式，从理论上讲，是世界资源配置的最优状态。而区域经济一体化则是部分国家的经济一体化，是经济全球化发展的系列过程中的一个重要部分，它不仅为适应经济全球化而发展，并且为推动经济全球化而发展。正因为如此，一些学者往往认为区域经济一体化就是经济全球化一种过渡或局部表现，是经济全球化的一种表现形式和必经的发展阶段，是走向全球经济一体化的一个台阶①。

但是，正如前面所论述的那样，由于发展阶段、涉及范围的差异，导致两者在许多方面上具有本质的区别。

（一）两者推动的主体存在着差异

尽管世界贸易组织、各国政府在推动经济全球化发展过程中起着一定的作用，但经济全球化的发展是经济发展过程中的产物，是一个自发的市场机制起着主导作用的过程。在经济全球化的过程中，国际分工的发展要求经济活动突破国界的限制，使国

① 王亚飞：《区域经济一体化——经济全球化的一种表现形式》，《河北科技师范学院学报》2004 年 6 月；孟昭明：《多边贸易体制下的区域经济安排——建立大中华自由贸易区的几点设想》http://www.chinalawedu.com。

内市场同国际市场更加紧密地结合,并且使国内市场进一步成为国际市场的有机组成。为了协调各国市场机制发展的不平衡,关税与贸易总协定/世界贸易组织应运而生。在经济全球化与世界贸易组织的关系中,经济全球化是"因",世界贸易组织是"果"。

与经济全球化不同的是,区域经济一体化这个过程是由企业和政府共同推动的。在目前的区域经济一体化发展过程中,主要有两种表现趋向:一种是由区域之间的贸易和投资不断扩大,相互之间的经济联系越来越密切,由此导致事实上的区域经济一体化。这种形式的区域经济一体化不是由政府领导形成和发展的,而是经济全球化复杂的、多层次发展过程中的一个方面,是由跨国公司基于利益最大化,在世界各地开展生产、贸易与投资行为,由此自然形成一个庞大的生产、销售、售后服务网络。而这个网络既是全球性的,又是区域安排性质的,而且首先是区域安排性质的①;二是由国家间贸易投资自由化协定、技术合作等形式区域经济合作而产生的具有一定强制性制度安排,是由政府根据经济发展的要求,倡导、组织,并通过双边或多边谈判确立发展目标、实施方案和实施步骤,并逐步有计划地推动和完成的。从这个意义上说,区域经济一体化是在企业和民间推动下不断发展和深化、由政府行为予以程序化和制度化的过程。

(二)经济全球化是区域经济一体化发展的动力

经济全球化是造就跨国公司在全球范围内进行资源配置的基础因素。在市场经济体制下,世界市场经济的主体——跨国公司的行为和意愿是决定市场走向和市场结构变化的主要力量,也是影响许多国家政府经济政策的主要力量之一。由于各个国家

① 世界上大的跨国公司无不把抢占世界主要区域市场作为自己全球战略实施步骤中最主要的部分,几乎各大跨国公司都设有区域总部,管理和实施区域经营战略。

抵御经济全球化的风险存在着巨大的差异，经济全球化的加速发展已经成为刺激区域经济一体化加速发展的重要因素。从这个意义上说，区域经济一体化是区域内国家应对全球化的一种战略调整，是适应经济全球化趋势和要求的一种区域性体制安排。换句话说，是经济全球化造就了区域经济一体化，而不是区域经济一体化的形成与发展造就了经济全球化。

（三）两者的发展动力和实施途径

经济全球化主要依靠科学技术进步、跨国经济、资本和市场的国际化以及市场机制作用的推动，以求得世界资源、生产要素的有效利用；而区域经济一体化则以实现区域经济协调、均衡和有序发展为目标，依靠的是政府间签订自由贸易协定和推行区域经济一体化措施。

当然，尽管其发展动力和实施途径不同，经济全球化与区域经济一体化的最终目标都是推动世界经济的发展和各个地区经济之间的相互融合。更为重要的是，它将为企业创造更为统一的市场环境，为世界范围内的商务活动提供更加便利的条件。因此，区域经济一体化与经济全球化可以相辅相成，共同发展。

（四）经济全球化并不能够取代区域经济一体化

目前世界上各个国家的经济合作都是在双边、地区和多边这三个层次上并行发展。由于经济全球化使单个国家的经济政策受到了很大的限制，在应对国际竞争中实施经济措施的效果减弱，为了协调国内经济与世界经济发展的关系，降低经济全球化对国内经济造成的冲击，因而需要有新的应对力量来应付经济全球化，而区域经济一体化可以在这方面发挥着重要的作用，因此受到普遍的重视。况且，欧盟、北美自由贸易区等区域经济合作组织都已成为富有成效的区域经济一体化组织，以自由贸易协定的方式使区域内有关国家得以充分利用国际分工,为自身的经济发展谋取利益,产生了明显的示范效应。因此,区域经济合作异常活跃。对于国家而言,参加地区经济合作已经成为进行国际经济合作必不可少的一种形式。由于地区性安排较多边安排协商范围小,更易实践,也更易成功,所以区域经济合作广受欢迎,并得到不断加强,成为推进世界经济一体化的一股重要力量。

六、区域贸易协定与 WTO 的关系

不管是全球经济一体化还是区域经济一体化,都需要"国际惯例"和一定范围内的"制度性安排"来为这种一体化提供制度上的保证,以便能够使他们持续、稳定、协调地向前发展。区域经济一体化的制度安排主要是依靠区域贸易协定,而经济全球化的制度安排主要是依赖 WTO 来进行实施。

鉴于世界各国的区域集团化是引起第二次大战的原因之一这样一种认识,第二次世界大战以后,在超级大国美国的主导之下,世界各国都将其经济的发展建立在多边贸易体制之上,通过关税与贸易总协定(GATT)主持下的多边贸易谈判,推动着全球经济一体化、贸易自由化的展开。在这样的背景之下,区域经济一体化往往被认为是贸易保护主义的政策手段,大多数国家都对此采取了否定的态度。

(一)多边贸易体制与区域贸易协定同时存在

1958 年,世界上第一个区域经济一体化组织——欧洲经济共同体(EEC)的成立,引起了经济学界对区域经济一体化研究的关心,其中,比较有代表性的就是巴拉萨将区域经济一体化按照自由化的程度划分成五种形态,并将区域经济一体化的经济效果分成贸易的静态效果与贸易的动态效果。但是,在这以后的研究中,大多数学者都认为,区域经济一体化将会使区域内与区域外

形成一道人为的贸易壁垒，从而使得区域内的成员国将贸易的对象从区域外转移到区域内，带来贸易转移这样的负面影响，进而不利于世界贸易自由化的展开。

20 世纪 90 年代，大多数国家都加快了区域经济一体化的步伐，FTA 数量迅速增加，这种现象引起了经济学界极大的关注，区域经济一体化的研究成了经济学的一大研究热点，大量有关区域经济一体化的研究成果相继发表。在这些研究成果中，主流经济学对区域经济一体化的迅速发展表示出了否定的态度，他们认为，两国间及多国间之间达成的 FTA 会使得国家在进行国际贸易的时候，必须区分区域内的国家与区域外的国家。为了做到这一点，必须有严格的原产地规则。由于许多国家分别参加了不同的 FTA，从而使得在运用原产地规则时必须区别对待，在手续上显得非常繁琐和混乱，进而阻碍贸易自由化的发展。

WTO 成立之后，面对迅速崛起的 FTA，WTO 于 1996 年专门成立了区域贸易协定委员会（CRTA），以加强对 FTA 的研究与协调。对于以多边贸易体制为主导的 WTO 来说，如何处理好与区域经济一体化作为基础的 FTA 的关系成了 WTO 面前的一道难题。2003 年 WTO 的年度报告中，关于 FTA 问题，WTO 做了如下的表述：RTA（即 FTA）尽管可以弥补多边贸易体制的不足，推动全球经济一体化的向前发展，但其本身是具有歧视性的，与世界多边贸易体制的基础——非歧视性原则是不相容的。而在 WTO 成立 10 周年的 2005 年，WTO 发表的《WTO 的未来》的报告中，对于迅速增加的 FTA，WTO 表示出了极大的担忧。在承认 FTA 作用的同时，WTO 认为 FTA 的发展已经使得构成多边贸易体制基础的最惠国待遇原则变成了最“低”国待遇原则，从而失去了其存在的意义。不仅如此，该报告甚至认为，区域贸易协定与 WTO 之间的统一性存在着很大问题，区域贸易协定的经济效果可能会因为区域贸易协定的多级化而大打折扣，而无原则的区域贸易协定有可能会阻碍全球经济一体化的展开。为此，报告希望各国在开展区域贸易协定的时候，应该充分考虑区域贸易协定阻碍多边贸易体制展开的风险，尽量不要盲目跟风地追求区域经济一体化。尽管 WTO 对 FTA 的扩大表示出了极大的担忧，但面对迅速增加的 FTA 却显得一筹莫展，往往只能采取事后默认的形式去面对不断增加的 FTA。从目前的发展趋势来看，多边贸易体制与区域贸易协定同时存在将持续相当长的一段时间。

（二）承认关税同盟与自由贸易区作为例外的 GATT 第 24 条

区域贸易协定①从本质上看，是对加盟国实行优待措施，而对非加盟国实行差别措施的制度，从表面上看，这种制度是与 WTO 最惠国待遇原则相冲突的。根据《关贸总协定 1994》第 1 条的规定，各缔约方一般不得在其贸易伙伴之间造成歧视，一缔约方对来自或运往其他国家和地区的产品所给予利益、特权或豁免，应当立即无条件地给予来自或运往所有缔约方的相同产品。这一最惠国待遇原则在《服务贸易总协定》和《与贸易有关的知识产权协定》中都有规定，成为 WTO 规则体系的基础。两国或者两国以上的国家通过建立区域贸易协定会在 WTO 不同成员方之间造成了一种“歧视”而违反 WTO 的最惠国待遇原则。这也是区域贸易协定常遭到协定外成员非议的根源。

但是，作为 WTO 最惠国待遇原则的一种特殊例外，GATT 第 24 条和根据乌拉圭回合确定的《服务贸易总协定》（GATS）第 5 条允许各国建立区域贸易安排。根据 WTO 协议和区域贸易协定

---

① 在 WTO 文件中，FTA 与优惠贸易协定（PTA）、关税同盟协定（CUA）一道，都纳入 RTA（Regional Trade Agreement）的范围。但在现实上，很多 FTA 在协议内容上达成的可能也并不是完全自由贸易，因此 FTA、RTA 在概念上有混用倾向。为了研究上的方便，本研究一般不加以严格的区分。当有必要对它们之间进行区别时，将进行分开使用。

委员会的规定，WTO 成员可以依《关贸总协定 1994》第 24 条和《关于解释关贸总协定 1994 第 24 条的谅解》成立关税同盟及自由贸易区；或依授权条款（Enabling Clause）签订发展中国家之间的区域贸易协议；或依《服务贸易总协定》（GATS）第 5 条签订以促进服务贸易自由化为目的的经济一体化协议。

GATT 第 24 条及《服务贸易总协定》第 5 条对成立区域贸易组织（主要分为关税同盟和自由贸易区两种类型）的定义、目的、涵盖范围、过渡期、结果及审议等做了明确规定，是国际社会第一次以多边条约的形式，从法律的角度对关税同盟和自由贸易区这两个区域经济一体化的代表形式做出了概念界定并列明了构成要件。但是 GATT 第 24 条只规定了三个层次：关税同盟、自由贸易区及为成立关税同盟或自由贸易区而订立的临时协议，未能对更为开放的共同市场和经济同盟做出规定。该条款开创了多边贸易体制下推行区域经济一体化的先河，并从法律上明确了关税同盟、自由贸易等区域经济一体化的形式的基本内容①。

1. 定义

根据 GATT 第 24 条“关税同盟和自由贸易区”第 8 项规定，关税同盟是指用单一关税区代替两个以上关税区，区内成员实质上取消关税或其他贸易限制，实施同一关税或其他贸易规章。关税同盟必须满足以下条件：一是该同盟各组成区之间的实质意义上的所有贸易，或者原产于各该区产品的实质意义上的所有贸易，取消了关税及其他限制性贸易规章；二是该同盟每个成员对非同盟区的贸易，适用大体上相同的关税及其他贸易规章；三是对非成员的缔约各方征收的关税和实行的其他贸易规章，整体上不得高于或严于未建立同盟或临时协定时各组成领土所实施的

① 有关 WTO 对区域经济一体化的定义及主要规定的内容除了引用《1994 关税与贸易总协定》（中译本）之外，还大量参考了中国（海南）改革发展研究院、广东 WTO 事务咨询中心网站内的内容。

关税和贸易规章的一般限制水平。而对于自由贸易区,GATT 第 24 条将其定义为两个以上关税区的群体,并要求其满足以下两个条件:一是其组成区成员对原产于各该区产品的贸易,实质上取消了关税及其他限制性贸易规章;二是各组成区成员对非成员的缔约各方征收的关税与实行的其他贸易规章,不得高于或严于未建立该自由贸易区或临时协定时各组成区所实施的关税和贸易规章的限制水平。所以,有人把自由贸易区称为半关税同盟。

2. 成立的目的与涵盖范围

GATT 第 24 条第 4 项规定:"关税同盟或自由贸易区的目的应是为便利成员领土之间的贸易,而非提高其他成员与此区域性组织之间的贸易壁垒"。"参加方应在最大限度内避免对其他 WTO 成员的贸易造成不利影响"。而对于区域性贸易涵盖的贸易,GATT 第 24 条第 8 项第(A)款规定,不论为关税同盟或自由贸易区,其构成成员之间实质上取消关税或其他贸易限制。该项规定的目的是避免发生"并非真正要在区域之内实施自由贸易,而只欲就某些特定产品形成优惠待遇,以排斥或限制其他国家产品进入其市场,从而形成区域壁垒现象"。

3. 过渡期

不论是关税同盟还是自由贸易区,若不是立即成立,而是经过一段时期逐步完成,则应在合理期限内完成。GATT 第 24 条第 5 项第(C)款规定,签订任何"过渡性协议"(an interim agreement,即最终将形成关税同盟或自由贸易区协议),应将形成关税同盟及自由贸易区的时间表及计划包括在内,其时间应不超过合理的长度。《关于解释〈1994 年关贸总协定〉第 24 条的谅解》规定,只有在例外情形下(exceptional cases)下,"合理时间"才可超过十年;倘若过渡性协议缔约国的 WTO 成员认为十年并不足够时,则其应向货物贸易理事会提出其需要较长时期的充分理由。

4. 协议结果与审查程序

GATT 第 24 条第 5 项第(A)款规定,关税同盟或自由贸易区对非区内成员的关税或其他贸易限制在整体上不得高于未成立关税同盟或自由贸易区前之关税或其他贸易限制。

而 GATT 第 24 条第 7 项规定,WTO 会员欲签署关税同盟或自由贸易区及过渡协议时,应立即通知货物贸易理事会,并由货物贸易理事会交由区域贸易协议委员会进行审查,并提出报告,送交货物贸易理事会采纳。

5. 对受影响的区外成员的补偿

GATT 第 24 条第 6 项规定,在符合第 24 条第 5 项(A)款前提下,若成员方为成立关税同盟而必须提高关税,而此项提高并不符合 GATT 第 2 条(减让表)规定的,则必须适用 GATT 第 28 条所规定的"调整关税时对受影响国家的补偿"。《关于解释〈1994 年关贸总协定〉第 24 条的谅解》第五项规定的补偿形式为:调低其他关税类别的关税。如果不被接受,双方应继续谈判;若在合理期间仍无法达成协议,关税同盟有必要进行修改或撤回其减让。

为了防止滥用有关区域贸易协定条款,上述相关条款对各国建立区域贸易安排要求达到以下三个主要附加条件:一是不得提高对区域贸易协定以外国家的贸易障碍;二是区域内成员相互之间应该取消所有贸易障碍;三是区域经济一体化必须在一定时期以内完成。

但是,上述附加条件的内容非常模糊,弹性很大,给具体实施带来困难。首先,对于不得提高对区域贸易协定以外国家的贸易障碍缺乏被普遍接受的计算方法;其次,所有的贸易障碍缺乏明确的解释;再次,区域经济一体化必须在一定时期以内完成的标准难以确定,比如一些自由贸易协定规定二十多年达到目标,各国难以衡量这种规定是否符合 GATT 第 24 条和 GATS 第 5 条。

为了解决上述问题，在乌拉圭回合谈判中专门就建立区域贸易安排要求的三个主要附加条进行了议论，并达成了《关于解释〈1994年关税与贸易总协定〉第24条的谅解》（以下简称《谅解》）。《谅解》对GATT第24条和GATS第5条在实施中暴露出的问题进行了澄清或者做出了补充的规定。对于第一个附加条件，与会者达成了一致的意见。具体来说，就是在有关关税水平上，明确了计税标准不是EU的算术平均，而是包括贸易量的加权平均。而对于第二个附加条件，虽然有应该包括所有产品的提案，但没有达成一致的意见。而对于第三个条件中的一定时期，基本上达成了一定时期是10年的共识。

（三）对服务贸易领域的区域合作问题做出规范的《GATS》第5条

《GATS》第5条以经济一体化的名义对服务贸易领域的区域合作问题做出规范。根据该条款的规定，对FTA以外的任何WTO成员，相互签订区域服务自由贸易协定的各成员不得提高在该协定形成前就已适用的服务贸易壁垒的总体水平；在FTA签订之前即已在该协定某一成员境内从事实质性商业活动的第三国服务提供者，有权享受该区域协定给予的特别优惠；各成员应该将执行情况定期向WTO服务贸易理事会报告。

（四）根据授权条款而成立的发展中国家区域贸易协定

为了扶持发展中国家进行区域经济一体化，东京回合对于发展中国家组成的区域贸易协定达成了“授权条款”，即《1979年关于特殊和更优惠待遇、互惠和发展中国家全面参与的决定》。所谓“授权条款”就是发展中国家在建立区域贸易安排上，不一定要满足GATT第24条的3个例外条件，只需要促进贸易的发展就可以了。这是因为比起发达国家来，发展中国家实现区域一体化的难度更大的原因。

现在,发展中国家已经达成了许多区域贸易协定,但是,由于交通基础设施不完备,产业结构雷同,发展中国家之间区域经济一体化的效果并不十分明显。发达国家之间主要是基于规模效益上的水平分工(产业内贸易),因而区域经济一体化具有很好的促进效果,而发展中国家刚好相反,大多数的情况下难以进行产业分工合作,更多的是产业之间的相互竞争。因此,一些相邻的发展中国家通过区域经济合作,尽管可以促进相互之间的友好关系,但要达到区域经济一体化的程度,往往需要很长的时间。南方共同市场(MERCOSUR)、东盟自由贸易区(AFTA)都是在“授权条款”下建立的。

(五)区域贸易协定对多边贸易体制的影响

伴随着区域经济一体化进程的加快,对于区域贸易协定审查的工作量也越来越大。为此,WTO 在 1996 年成立了区域贸易协定委员会(CRTA),其主要职能除了审查关税同盟和自由贸易区是否符合 GATT 和服务贸易总协定之外,还将对区域贸易协定对多边贸易体制的影响进行评估。

WTO 下的多边贸易体制通过推进世界贸易自由化,进而推动了世界经济的发展。这已经成为大多数人及世界大多数国家的共同认识。鉴于上述认识,大多数人认为,为了推进全球经济的持续稳定发展,今后仍然要坚持并推进多边贸易体制。但是,对于区域贸易协定是促进 WTO 下的多边贸易自由化,还是阻碍 WTO 下的多边贸易自由化,目前对此并没有达成一致的意见。

1. 区域贸易协定对多边贸易体系有负面影响

持反对观点方认为,区域贸易协定对多边贸易体系有负面影响。由于区域贸易协定实行了内外差别政策,使得集团内与集团外形成了贸易壁垒,从而阻碍了多边贸易自由化的进程。不仅如此,区域贸易协定的增加使得世界贸易体制越来越复杂,制订贸易政策的政府部门不得不花费相当大的人力和物力去处理有关区域贸易协定问题,间接上阻碍 WTO 下的多边贸易自由化。从实际情况来分析,区域一体化的发展的确对多边贸易谈判产生了负面影响,这主要指区域一体化组织以整体力量进行讨价还价而使各方难以达成妥协。例如欧共体和美国在农产品贸易问题上的争执阻碍了乌拉圭回合谈判的进程。

2. 区域贸易协定促进全球贸易自由化的发展

持赞成观点一方则认为,区域贸易协定促进了成员内部的贸易自由化,从间接上促进了全球贸易自由化的发展,因而区域主义和多边主义通常是互补的。以区域贸易协定为中心的区域经济一体化只是向世界贸易自由化进程过渡的中间阶段或必经阶段,或由于资源和生产要素当前主要在基于地缘的国家或地区构成的区域内,而不是在全球范围内流动和配置,使得区域化成为当代全球化的一种表现或局部替代。随着区域贸易协定参加的国家越来越多,世界贸易自由化的范围也就越来越大。在 WTO 多边贸易体制下的贸易自由化出现了一定困难的今天,如果没有像区域贸易协定这样的区域经济一体化作为补充,世界贸易自由化的进程将会出现停滞不前,因此区域化和全球化是互补而非对立的。民族国家既期望在全球化中分获利益,又想在竞争日益激烈的世界经济中通过区域集团的力量来保护和改善自己的地位。建立区域经济一体化组织是各国在权衡利弊之后做出的理智选择[①]。另外,还有一些观点认为,随着参加区域贸易协定的国家越来越多,人们将越来越认识到贸易自由化对经济发展的重要性,这样就可以从间接上阻止区域贸易障碍的形成。持有这种观点

① 叶辅靖:《关于中国与东盟建立自由贸易区研究的综述》,http://www.amr.gov.cn。

的一个重要依据就是在20世纪90年代乌拉圭回合处于停滞不前的时候，NAFTA、APEC的区域经济一体化进程使得EU及其他区域认识到多边贸易体制的重要性，从而最后促成了乌拉圭回合谈判的完成。除了上面提到的两点之外，区域贸易协定对多边贸易体制的贡献还表现在有关新领域的规则上。NAFTA有专门有关环境与贸易之间的规则，而《日本和新加坡新时代经济伙伴关系协定》则包含了竞争政策、相互承认等条款。区域贸易协定在这些新领域中的相关条款可以为今后WTO多边贸易自由化规则提供一个借鉴与参考。

3. 区域一体化协定并不影响成员国加入到更广泛的多边贸易体系中

由于GATT/WTO下的多边贸易体制对区域经济一体化设定了一些例外条款，区域一体化协定并不影响成员国加入到更广泛的多边贸易体系中。对于发展中国家，尤其是那些较小的国家和原来实施计划经济的国家，进入到WTO体系将是一个漫长的过程，中国为此花费了15年的时间。而通过与周边国家达成区域一体化协定，可以从中获取有关贸易自由化的信息和经验，为进行多边贸易体系谈判提供借鉴。此外，区域经济一体化协议在某些政治条款方面比多边贸易协议对各国更有利，因为它可以允许国家保护一些敏感的经济部门①。

从现实来看，目前有关如何处理区域自由贸易协定与世界贸易组织规则上基本采取了折中的态度。一方面，区域自由贸易协定已经显示出旺盛的生命力，与世贸组织框架下通过多边谈判达成全球贸易协定相比，区域性贸易协定在范围和灵活性方面更具优势。区域安排的某些方面表明其对全球一体化不仅没有损害，

① 叶辅靖：《关于中国与东盟建立自由贸易区研究的综述》，http://www.amr.gov.cn。

甚至还有益处。但是,在惠及缔约国家的同时,区域性贸易协定也应当满足某些最低条件,即世贸组织所确定的最惠国待遇、非歧视性惯例以及谈判程序公开化等原则来造福全球,确保区域性协定与全球范围的基本规则相一致,努力避免出现所谓的"意大利面碗"效应,即多重的区域性自由贸易协定围成一个错综复杂的最惠国网络并遵循不同的原产地规则。

第三章

区域经济合作的模式、影响因素及理论基础

区域经济一体化是一种具有法律约束力、贸易自由化程度较高的区域经济合作形式。它是以地缘关系为基础,开展各种国家之间的经济交流与合作,核心是通过取消成员之间的贸易壁垒,创造更多的贸易机会,促进商品、服务、资本、技术和人员的自由流动,使经济结构的调整首先出现在区域组织内部,实现区域内经济的共同发展。目前,开展区域经济合作已成为世界各国和地区应对全球化挑战、提高本国产品竞争力、促进经济发展的必然选择。因此,积极参与区域经济合作,有利于更好地利用外资和发挥比较优势,充分享受经济全球化和区域经济集团化带来的机遇,在更大范围、更广领域和更高层次上参与国际经济技术合作与竞争是世界各国在区域经济合作中面临的一项重要课题。为了更好地分析区域经济合作及区域经济一体化与经济增长的关系,本章将就区域经济一体化的模式、影响因素及理论基础进行综合的叙述,以便为以后各章的进一步研究提供理论基础。

一、区域经济合作的模式

(一)欧洲区域经济合作模式

欧洲是第二次世界大战以后开展区域经济合作最成功、最成熟的区域,其发展模式对其他区域的经济合作产生了巨大的

影响。

1. 欧盟内部的经济合作

欧盟是区域经济一体化的典范。1999 年 1 月 1 日欧元的面世标志着欧盟从经济联盟走向货币联盟,代表了当前国际经济一体化的最高成就。由于地理位置的关系,欧盟除了不断完善自身的发展和建设,同时还和其他欧洲国家一直保持密切关系。前欧共体委员会主席德洛尔曾提出的“同心圆”欧洲,代表了欧盟设想的欧洲区域合作的形式。同心圆在欧洲分三环:内环是欧共体 12 国,目标是建立统一大市场进而实现经济货币联盟和政治联盟;中环是欧洲自由贸易联盟 7 国,目标是与欧共体密切合作,在欧共体建成统一大市场的同时,建立起欧洲经济区;外环是东欧诸国及土耳其、马耳他和塞浦路斯,目标是通过经贸合作关系,建立起联系国制度。虽然早年的欧共体已经被欧盟取代,欧盟成员国也从最初的 12 国增加到 25 国,同心圆中的许多中环和外环国家已经成为欧盟的正式成员,但仍然能从欧盟的经济合作中看出当初设想的模式。目标都是通过发展经贸合作关系,建立起联系国制度。

2. 欧盟与外部的经济合作

早年的欧共体与欧洲自由贸易联盟、东欧各国、地中海地区以及发展中国家都有密切的合作。其中欧共体和欧洲自由贸易联盟各国都是工业发达国家,人均国民收入和其他一些指标均处于世界前列。这两大集团的合作,既是出于自身利益的考虑,又顺应了全球化的发展潮流,标志着欧洲联盟设想的第二个同心圆的顺利建成,也使得欧洲在世界政治、经济中实力大为增强。而东欧地域广阔,市场潜力大,对欧盟来说是重要的出口市场和投资场所,经济利益显而易见。欧共体先后通过对东欧国家实施援助计划,改善东欧国家商品进入欧共体市场的条件,促使他们同欧洲经济进行合作,同时也逐步完成了欧共体设想的第三个同心圆。地中海地区处于欧盟南部，因为地缘和历史等原因，一向是欧盟各国的重要经贸伙伴，在安全和经济两方面对欧盟都有重要意义。欧盟曾召开“欧洲—地中海会议”，同地中海沿岸非欧盟成员国探讨了在政治、经济、安全等领域进行双边合作的问题，提出在2010年建立“欧洲—地中海自由贸易区”。除了同周边发达国家进行合作外，欧共体国家与发展中国家也保持着紧密的经济合作关系。这种特殊关系促使欧共体国家同发展中国家建立起一种跨区域的经济合作关系，称为联系国制度。其实早在《罗马条约》签订之时欧共体就将成员国殖民统治下的25个非欧洲国家纳入“联系”范围。这些国家被称为欧共体的联系国，欧共体与这些国家的经济联系体制称为联系国制度。1973年英国加入欧共体，英联邦的二十多个国家也成为欧共体的联系国。联系国制度是一种新的经济殖民主义制度。

（二）亚太经济合作模式

1. 亚太经济的特点及其发展

亚太经济的最显著特点是各国经济发展水平差异较大。近二十年来，亚太经济已经成长为世界经济发展最有活力的地区。第二次世界大战以后，日本经济迅速崛起，并于20世纪70年代初成为资本主义世界第二经济大国。亚洲的韩国、新加坡、中国台湾、中国香港相继进入经济繁荣时期，初步实现了资本主义工业现代化，被称为“亚洲四小龙”。此外，中国等东盟国家也显示出强劲的发展动力，保持了比其他地区高得多的经济增长率。那一时期根据亚太经济合作中的各国经济发展水平和要素禀赋，可以将其分为三个层次：第一层次是经济超级大国日本，拥有高科技工业的比较优势；第二层次是亚洲新兴工业化国家和地区即亚洲四小龙，拥有比较先进的技术，重点发展资金密集型企业；第三层次是东盟国家、印支国家及中国，它们的比较优势是拥有丰富的自然资源、劳动力资源，发展的重点是劳动密集型工业和原材料工业，据此日本学者提出了著名的雁行模式，即日本充当亚太经济合作的雁头；亚洲四小龙作为亚太经济合作的雁身，中国等第三层次的国家充当雁尾的角色。各国依序紧随日本这只“头雁”向前飞行。在这样一个雁行体系下，日本依次把成熟了的或者具有潜在比较优势的产业转移到亚洲“四小龙”，后者又将其成熟的产业依次转移到泰国、马来西亚、菲律宾、印度尼西亚等，20 世纪 80 年代初，中国东部沿海地区也开始参与东亚国际分工体系。可以说这一分工体系带有明显的垂直分工的痕迹。

随着东南亚金融危机的爆发，雁行模式引起了人们的重新审视。主要是因为中国经济的崛起，使得各国之间的梯度已经逐渐消失。垂直分工的格局被打破，中国经济的发展带动了区内经济走向新的经济合作模式。日本充当亚洲经济发展领头羊的“雁型结构”发展态势已经过去，随着中国经济的持续增长，雁行模式将被相互竞争的格局代替。

2. 亚太经济的合作体系

正是由于亚太地区经济发展的特殊性和复杂性，亚太经济合作的具体形式同欧洲相比呈现出明显的多样性：合作范围和进程具有多层次，合作形式相对松散和开放。首先其建立的区域性经济合作组织就不止一个。亚太经合组织最早由日本提出设想，为的是解决其国内资源贫乏市场狭小对经济发展的束缚，并仅仅局限于和发达国家的合作，旨在形成环太平洋合作以加强日本同欧美国家的经济联系。随着中国等亚洲其他国家的加入，亚太经合组织更加完整，并由民间讨论向官方政策协商机构方向发展。但不同于欧盟严格的政府间合作机制和大量的共同政策，亚太经合组织更像是一个地区协商组织，不是靠制订规则而是靠倡导和协商推动合作，遵循的是自主交易原则。除了覆盖整个地区的亚太经合组织，还有区域范围内的合作组织，如东盟和澳新自由贸易区，这些合作组织的经济规模比较小，在世界上的影响力也远不及亚太经合组织，但在其所属区域内仍有相当的影响，都是较为成功的合作范例。再次就是所谓的“成长三角”的地区经济合作模式。这是相邻国家的部分地区之间的一种经济合作形式。合作的内容主要集中在基础设施建设、资源开发以及产业分工和协调等方面，它们有些是在国际组织的协调下开展的，有些是中央政府或地方政府出面组织的，而有些则是单方面行动的结果。可以说这是区域经济合作的一种新形式，是一种有益的尝试。

（三）美国为中心的经济合作模式

1. 以美国为原点的辐射式的北美经济圈

北美经济圈主要是以美国为核心向外围扩散的。北美自由贸易区就是在美国的推动下发展起来的。20 世纪 80 年代中期以后，国际经济形势发生了剧烈的变化，美国在国际经济中的优势地位遭到了来自日本与欧洲的挑战，日本的实力在急剧增强，欧洲统一大市场在迅速形成，使得美国的相对地位在逐步下降。为了加强北美地区的竞争能力和各自经济发展的需要，美国和加拿大从 1986 年开始谈判签订“自由贸易协定”，并以此作为建立北美自由贸易区的第一步。不同于亚洲经济，美国和加拿大同属发达国家，经济发展水平比较接近，因而他们之间的经济合作更容易实现，两国间的贸易协定也贯彻的更为顺利。而墨西哥的廉价劳动力和丰富资源同美国加拿大形成了天然的互补。相互取长补短的经济基础条件使得北美三个成员国既包含水平性质的合作又包含垂直性质的合作，他们从中获益匪浅。北美自由贸易区的成功说明了在不同的经济发展水平的国家间实行区域经济一体化是完全可能的，并且能够取得很好的经济效益。当然，美国将墨西哥纳入北美自由贸易区的另外一个意图是为了吸引其他拉美国家效从美国，从而为美国建立覆盖整个西半球的全美自由贸易区。

2. 美国的亚太扇形模式

除了在北美建立自由贸易区,美国同太平洋其他国家的经济合作也十分密切,两者的关系可以用扇形模式来形容,以美国为中心,由东向西辐射,扇子的主干线是美日同盟,美国与韩国、东盟国家和南太平洋联盟位于主干线两侧。亚太经合组织把这些国家联系成一个有机的整体。

(四) WTO 框架下的经济合作模式

世界贸易组织成立以后,区域贸易合作的形式得以丰富,最显著的特征是 WTO 框架下的多边贸易体系与区域经济合作并存。旧的多边贸易体系一般都是立足于关贸总协定的有关规则,依靠的是在近半个世纪内逐步形成的一整套协调、管理、规范和监督世界各国进行国际贸易的规则,以及与之配套的多边争端解决程序的法律体系。乌拉圭回合谈判通过改革和完善关贸总协定的有关条文规定及其争端解决机制,并把协调领域从货物贸易扩展至服务贸易知识产权和与贸易有关的投资措施等新领域,使得多边贸易体制具有了新的内涵。

与单边贸易自由化和双边贸易协定相比,多边贸易体系有 WTO 机制作保障,而双边贸易协定仅仅是对双边经贸关系下一个原则性规定,对促进双边贸易的发展作用有限。由于组成区域集团的主要成员几乎都是多边贸易体制的成员,要确保各自在多边贸易体制中的权利与义务的平衡,必须是区域集团的运行与其在多边贸易体制项下的义务相适用。在多边贸易体制的原则和精神下,区域经济合作的运作更为体系化和规范化。

然而,当前阶段的多边贸易谈判陷入了低谷,西雅图谈判不欢而散,多哈回合遥遥无期,大多数国家退而求其次,追求各种形式的区域贸易安排。实际上,正是 WTO 多边贸易谈判的某些局限性如谈判旷日持久、程序复杂，缺乏国家强制力等成为了许多国家热衷于区域贸易安排的原因。虽然区域贸易安排在促进经济合作方面作用比 WTO 更直接有效，但也削弱了对多边贸易体制的信任。

二、影响区域经济合作的因素

影响区域经济合作的因素很多，但主要包括经济、地理、政治、文化等方面的要素。

（一）经济因素

区域经济一体化趋势首先源于经济上的必然性，其本质是资本的无限增殖和扩张性的外在表现。今天世界上几乎绝大部分的国家和地区都被纳入了世界经济的运行体系之中。计划经济国家经过改革成为市场经济国家，并且普遍实行了较为开放的政策，许多发展中国家也纷纷走上工业化的道路，并实施了更为开放的经济政策。在一个开放的区域经济运行体系中，通过生产要素在区域内各个国家和地区实行优化组合，能够进一步提高资源的利用效率，从而进一步促进各个国家与地区的经济发展。

在区域经济合作中，加强贸易合作是核心内容。在世界经济一体化的过程中，贸易自由化是世界经济一体化的先导。在所有的经济一体化组织中，贸易自由化组织出现最早，发展也最完备。区域经济一体化一般以自由贸易区和关税同盟等自由贸易化组织为最初的形式和基础，然后再逐步发展其金融等领域的一体化。随着越来越多的国家贸易体制改革和世界贸易自由化趋势的加强，国家间的贸易往来增长强劲，区域性自由贸易区也在加速扩展，并有力地推动了区域经济一体化的发展。

而金融领域的一体化促进了资源配置的效率，并且有利于加快要素流动。金融全球化表现为金融市场的国际化、金融交易的国际化和金融机构的国际化三个步骤,其中金融市场的一体化是连接世界各国经济的重要纽带。金融交易的国际化使得超国家的经济一体化运行得以实现,而金融机构的全球化构成金融全球化的微观基础,是跨国公司全球化运行的后盾,并促进了世界经济的一体化。由此可见,作为金融资本在全球自由流动的一种推动机制,金融全球化代表了贸易自由化深化的方向,同时也是实现生产一体化的重要条件。

生产的国际化本身也是区域经济合作的重要内容,而跨国公司是生产国际化的重要载体。传统的国际分工方式是公司根据东道国的区位优势以外包的形式将企业的各种职能分散,从而整合各国资源优势。而目前的国际分工趋势是公司对其生产经营活动进行全球性的配置,即在企业内部进行国际分工。国际生产体系进一步深化。这有助于全球资源配置的优化,使得经济合作一体化进程在微观层面上的推进。

(二)地理因素

关于地理因素与区域经济的关系,最有影响力的当数克鲁格曼提出的新经济地理理论。根据这一理论,当运输成本下降,规模经济上升的时候,生产就会进行集中,区域经济合作由此产生。由于国界通常阻碍贸易和要素流动,临近的国家常常有建立经济一体化安排的需求。区域经济一体化带来的产业集中对成员国经济发展会产生多方面的影响,其主要表现以下几个方面。

1. 产业集聚有利于节省交易成本

在现代经济世界里,交易成本日益成为企业生产经营过程中投入的重要组成部分。产业集聚可以在很大程度上节约这种交易成本。首先,企业地理位置接近,方便了企业之间的交流与合作,减少企业的搜寻成本;其次,更加专业化的劳动力市场有利于为企业提供更高素质的劳动力,使得企业可以根据自身的生产需要及时调节工人的数量，减少管理成本和工人保障方面的费用，而企业的集中则有利于劳动者寻找工作岗位，促进了劳动力的流动，从而极大地提高劳动力资源的配置效率。再次，产业聚集也比较容易形成区域专业化人才的聚集，而劳动力的高流动率能够加快知识和信息的流动，增加创新的机会。最后，由于企业间的交易本身也包含着区位成本，企业在空间上越分散、交易频率越多，交易成本也就越高。因此，企业间的空间接近可以降低空间交易成本，最直接的表现就是运输成本的降低。正如诺贝尔得主斯蒂格勒所分析的那样，"归根到底，运输成本的下降是提高市场容量的一条主要途径"。

2. 产业集聚可获得外部经济

外部经济对于市场容量的影响主要体现在节约企业的生产成本，使企业能够承受更多的包括运输成本在内的交易成本，从而扩大企业能够触及的市场范围。由于外部经济具有正反馈机制，产业集聚产生的外部经济效应，会吸引更多的新的企业进行汇聚，从而促进集聚体的进一步发展，产生更大的外部经济。产业联系较强的企业因地理位置的接近而节省相互间物质和信息的转移费用，从而降低生产成本。通过产业的空间集聚，可以实现相同部门的中小企业数量增加，整体规模增大。而企业规模增加可以导致劳动分工的细致，交易内部化带来交易成本的节约、购买原材料方面的规模优势，从而使得企业在生产上获得随产业集聚规模扩大所带来的报酬递增，而这种由于产业集聚所带来的报酬递增还可以在一定程度上抵消管理成本的上涨。

除了上面提到的降低交易成本、产生规模经济效益之外，产业集聚还有利于将集聚体内企业之间的外部经济内部化，如一些公用设施的共同利用。分散的企业需要分别建设公用设施，使得公用设施利用频率降低。企业在一定的区域进行集中，将大大降低公用设施的投资额，并且可以由多个企业分摊，从而大大降低企业的成本。另外中小企业在相关部门之间实现专业化分工以及在生产与交易过程中的密切合作可以获得外部范围经济。在一定限度内,外部规模经济和外部范围经济与企业数量的增长成正相关关系,且它们都能使单个企业的生产成本得以降低。

3. 产业集聚有利于创新活动的产生

高度专业化技能和知识、机构、竞争者、相关企业及客户在地理上的集中,能产生较强的知识与信息累积效应,并为企业提供实现创新的重要来源以及所需的物质基础。而且大量同行业企业集聚一地常使企业之间的竞争压力表面化,迫使企业利用这些优越条件积极参与创新活动,以获得市场竞争力,从而更快、更好地满足客户的需求,使公司从技术溢出中获益。而加速的创新活动能够不断扩张企业的需求,使得市场容量随着新产品的推出而不断深化,进而诱导相关服务行业的出现,带来劳动分工的进一步细化。

(三)政治与文化因素

尽管经济因素是区域经济合作的内在动力,然而从经济一体化的历史中不难发现,二战后的经济一体化很大程度上是由政治动力来启动的。许多国家从二次世界大战的教训中认识到,一味地追求本国的最大利益,以邻为壑,将会给世界经济和全人类带来深重灾难,进而影响到本国经济的发展。为了实现各国经济发展的双赢,各国必须采取措施克服不利于资源在世界范围内实现最优配置的政治障碍。这种政治动力结合原本存在的经济动力,使世界一体化开始步入正轨。从目前区域经济一体化的发展历程来看,这种政治动力来自于国家的以下三种需求:一是经济安全需求。经济一体化可以从多方面满足一个国家的经济安全需要,一方面加入一体化组织可以增强一国的谈判地位,保护国内或区域市场;另一方面加入一体化组织有利于共同构筑屏障,保护国内市场。二是一国提高综合国力的需要。由于在经济一体化内部的国际分工下一国更容易实现规模经济、关税的降低有利于降低交易成本、生产要素的自由流动有利于资源的有效配置提高经济效率、科技的发展也在溢出效应的带动下更加迅速,从而可以满足一国提高国际竞争力的需要。三是经济霸权的需要。区域经济合作可以满足各政治集团为了维护本集团的利益。

冷战时期,美苏的政治对抗,导致了两大集团在经济上进行了封锁与反封锁的斗争,社会主义和资本主义国家之间的经济、贸易往来受到政治制度的限制,因此在相当长的一段时间内,世界市场都不是统一的,而是处于分割状态。一方面表现在长期存在两类不同性质的市场:资本主义国家市场和社会主义国家市场;另一方面社会主义内经济活动和国际市场相隔离。冷战结束后,两极对抗的消失,使资本主义自由经济和社会主义计划经济对立失去了存在的意义。前苏联解体和东欧剧变后,东欧大部分国家实行了私有化并实现了从计划经济向市场经济过渡的改革;中国在坚持社会主义的基础上也进行了市场经济体制的改革。世界经济体制向市场经济集中促成了全球市场经济体系的形成。国际政治经济关系的一系列变化,促进了不同类型国家的经济联系与合作,由此推动和加速了统一的世界市场的形成。而统一的世界市场的形成又进一步推动世界经济一体化的发展。

除了政治因素之外,共同或相近的文化因素也是促成区域经济合作的重要动力之一。美国哈佛大学教授亨廷顿在《文明冲突与世界秩序重建》中指出:"区域性经济集团在未来的重要性可能会增加。成功的经济区域主义一方面增强了文明意识,另一方面,只有当经济区域主义植根于共同的文明中才能成功。"①以欧盟为例,欧盟各国以欧洲文化及西方基督教为其共同基础,这种

① 亨廷顿:《文明冲突与世界秩序重建》,新华出版社 2002 年版。

共同的文化所产生的认同感、向心力、凝聚力对共同体起到一种内聚作用。而非基督教文化国家往往被排斥在外。苏联解体以后,前苏联一些非阿拉伯的穆斯林国家如阿塞拜疆、哈萨克、吉尔吉斯斯坦、土库曼、塔吉克、乌兹别克,由于文化上的差异无法获准参加欧共体,而参加了由土耳其、巴基斯坦及伊朗60年代创立的组织。以古兰经为代表的伊斯兰文化成了这些国家整合的纽带。而以泰国货币"铢"命名的铢经济圈是以泰国为中心,覆盖越南、老挝、柬埔寨、缅甸等国家,这些地区均信仰古老传统的小乘佛教。佛经与佛家所倡导的价值观念与生活方式,使该地区更易于获得文化心理上的认同,走向区域经济一体化也比较容易。

(四)信息技术要素

从20世纪70年代开始,以网络技术为核心的信息革命席卷全球,其显著的标志就是全球互联网络的形成。目前,互联网已经成为各国信息传递的最重要载体,并形成了经济一体化的强大动力。

全球性信息网络的形成对国际分工具有重要意义。借助于网络技术,大量处于分散、流动中的经济主体能够很方便地进行联系,并构成新的利益共同体。以高新技术产业为代表的现代制造业具有环节众多、分工很细、流程复杂的特点。这种特点决定了单个国家无法单独完成所有的工作,必须依靠国际间的经济合作。而在合作中信息的畅通无疑是必须的条件,全球化的信息网可以为其提供高质量高效率的信息传递。

信息的网络化使国际贸易中的信息更加完善,市场交易成本下降,交易的效率也得以提高。另外,信息的网络化使国际贸易的交易方式演进为通过电子数据交换进行的无纸化方式,即人们通常所说的电子商务,各个贸易环节都统一到网络上进行。

信息经济还为国际金融市场的发达创造了条件。由于全球各大金融中心之间实现了网络化的信息传递，使全球金融活动在24小时内不间断地进行。全球范围的信息高速传递使金融传导机制越来越顺畅。1998年底，在美国，刚崛起的最大的网上折扣证券行 Charles Schwab 市值已超越全球著名老牌证券公司美林证券而成为美国最大的证券公司。随着社会的发展，信息和金融的结合会越来越紧密。

(五)制度化因素

制度是通过提供一系列规则界定人们的选择空间，约束人们之间的互相关系，从而减少环境中的不确定性，降低交易费用，保护产权，促进生产性活动。根据科斯的交易成本理论，企业的合约安排和市场交易具有替代选择性，而两者分别存在组织运作成本和市场交易成本，由于交易费用的存在，产生了用于降低这些费用的不同制度安排。

随着世界经济相互渗透的日益加深，各国间经济关系也更加紧密。而在国际往来中各主权国家政府设立的关税壁垒和非关税壁垒，以及由此带来的市场分割，使得一些跨越国界的经济活动面临着重重障碍。而且随着各国经济间依赖性的日益加强，这种障碍表现的愈加明显，成本也越来越高。过高的组织运作成本和市场交易成本增加了各国的信任风险，非常不利于经济的稳定发展。为了克服这种障碍，需要一种制度安排将各个不同的国家尽可能的整合为一个更大的经济实体，使其成为一个完整的大市场，从而消除不同经济体间的信息不对称。这种制度安排就是区域经济一体化，也就是区域组织成员对实行区域经济合作的原则、规则及各成员行为规范等所达成的共识，各国政府在这一制度安排下重新安排相应的政策措施。

虽然区域经济一体化有着一般制度的普遍性，但其作为一种国际制度安排是超越了一般制度经济学的有关判断,因为国家在这里成了制度的调节对象,而在一般制度经济学说中国家是制度的制订者。这里不妨假定国家是在约束条件下追求自身利益最大化的经济人,具有经济人的特征,国家作为理性个体参与制度安排。在一个存在交易成本的经济社会中,经过反复博弈形成的制度能够减少交易的不确定性,降低交易成本,满足参与者利益最大化的目标,使合作成为可能。

三、区域经济合作理论

在长期的区域经济合作及区域经济一体化发展的过程中,形成了一系列有关区域经济合作与区域经济一体化的理论,这些理论涉及内容十分广泛,具有很强的应用性,本节将介绍部分重要的区域经济合作理论,以便为以后各章的进一步研究提供理论基础。

(一)区域产业结构理论

区域产业结构是指区域内具有不同发展功能的产业部门之间的比例关系。现代区域的经济发展,不仅表现为产值或者收入等指标总量的上升,而且必然伴随着产业结构的演变[①]。一个区域的优势能不能得到很好的发挥,除了充分利用比较优势之外,还取决于各产业间的联系与比例关系。区域的经济发展与产业结构之间是一种联动的因果关系,区域的经济发展会促进区域内产业结构的变动,而区域内产业结构的升级又会促进区域内经济的发展,两者形成相互促进共同提高的关系。

西方经济学家最早发现产业结构对一国或地区经济的影响并从最初的实证分析逐步转到理论研究方面,逐步形成了一套比

① 陈秀山、张可云著:《区域经济理论》,商务印书馆2003年版。

较完整的产业结构理论。最初的产业结构理论渊源于17世纪，英国经济学家威廉·配第最早发现世界各国的国民收入水平差异及其形成不同的发展阶段关键在于产业结构的不同。在其所著的《政治算数》中，他通过比较英国农民的收入和船员的收入，发现工业的收入普遍比农业高，而商业的收入又比工业的高[①]。他认为这说明了工业比农业、商业比工业具有更高的附加价值。受到这一思想的启示，英国经济学家科林·克拉克在把整个国民经济划分为三个主要部门，即将经济活动分为农业（第一产业）、工业（第二产业）、服务业（第三产业）三大产业，并指出随着经济的发展，劳动力必然先从第一产业转向第二产业，再向第三产业转移，这一定理通常被称为配第—克拉克定理。之后，库兹涅茨在继承了克拉克研究成果基础上，从经济增长总量出发，考察了国民收入总值变动和劳动力在产业之间的分布规律，对经济发展和产业结构变动的关系尤其是产业结构受人均收入变动的影响进行了全面的分析研究。他认为"在现代经济增长过程中，人口和产值的高速增长总是伴随着多种产业比重在总产出和所使用的生产性资源方面的明显变动"[②]，但库兹涅茨并没有具体研究某一产业的演变规律，而德国经济学家霍夫曼则从工业结构的角度进行了研究，在《工业化的阶段和类型》一书中，他通过历年的统计资料总结出工业结构的演变规律，即消费资料工业净产值与资本资料工业净产值的比率在工业化的过程中呈下降趋势。除此之外，钱纳里则在前人研究成果的基础上将产业结构的变动拓展到国际层面上，通过对一些国家统计数据的分析总结，得出一组制造业各部门相对比重变化的标准值，这样对产业结构的研究不再局限于一国之内，而且扩展到世界各国。根据钱纳里的研究，

① 威廉·配第著：《政治算术》，商务印书馆2003年版。

② 彼得·罗布森著：《国际一体化经济学》，上海译文出版社2001年版。

随着人均收入的增长，工业在国民生产总值中所占的比例逐渐上升，而农业的比例则逐渐下降，服务业缓慢上升。从劳动力就业结构看，农业所占份额下降，工业所占份额变动缓慢，第三产业份额显著上升。这种结构的变动同时也意味着从农业中转移出来的劳动力转移到了服务业中①。

产业结构理论为区域经济合作提供了理论基础。正是由于随着经济的发展各国的产业结构需要不断演变和优化，区域经济合作便成了经济发展的内在要求。

（二）新古典区域经济增长理论

以均衡为主旨形成的新古典主义区域增长理论（以下简称新古典理论）曾在区域经济发展研究中占据统治地位。传统的经济学理论一般认为经济发展的区位分布是由自然环境决定的，并且无法改变，区域经济非均衡增长只是一般经济均衡自动调节系统中出现的暂时现象，市场机制的自发调节可以实现资源的合理配置，最终达到区域经济均衡发展的目标。

早期新古典理论主要是运用标准的新古典国家增长理论来分析区域的经济增长，即将国家增长理论移植到区域层面。分析方法上采用传统的静态均衡分析方法，以供给为出发点，把区域看作是一个生产单元，认为只要通过要素市场的顺利运转，将实现收入和就业的均衡。区域非均衡是由于市场机制对区域均衡进行调节的滞后或市场自身不完善造成的。任何区域差异现象都是暂时的，即使最初的区域发展是不平衡的，资本和劳动的逆向流动也可实现总体效率与空间平等的最优结合，社会不需要付出总体效率的损失，区域经济发展水平将趋于收敛。因此，新古典理论是一个区域均衡发展理论，其实现机制主张通过要素逆向

① 钱纳里著：《工业化和经济增长的比较研究》，上海三联书店 1989 年版。

流动来实现区域均衡增长。而要素流动有区域流动和行业间流动两种形式。早期新古典理论强调要素区域逆向流动，如若要素区域流动存在障碍，只要能保证商品区域贸易的自由运转，要素在区内行业间的自由流动同样能够实现区域均衡增长。促使该过程实现的机制是“萨缪尔森—斯托尔帕定理”（要素价格均等化定理）。

新古典理论对区域差异最终会趋于收敛的解释，有一定的普遍性，但也有许多明显的不足。首先，它忽视了区域经济空间组织的差异性。这是由于新古典理论强调区域问题产生的关键是市场失灵，经济活动的地区分布和均衡都是由市场失灵引发的，认为只要通过强化市场力就可以解决区域问题。其次，忽视了区域技术进步的差异性。早期新古典理论过于强调资本和劳动的作用，忽视技术因素。其原因主要是传统经济学认为技术是经济系统的一个外生变量，技术进步和创新不能由经济系统控制。这一假定有很大缺陷，美国新增长学派的代表卢卡斯（Lucas）和罗默（Romer）经研究发现，美国近百年的经济增长中只有20%可以用新古典增长理论解释，即用劳动和资本的积累以及生产率增进的贡献只有20%，而技术进步和制度变迁的贡献占绝对份额。由于新古典理论无法把技术纳入经济模型中，因此新古典理论一个重要的假设前提是：技术进步在区域不存在差异性。虽然在发达国家之间或发达国家内部的不同区域之间，技术差异不会非常大，但该假定仍然过于绝对。这使得早期新古典理论的适用区域显得非常有限。第三，其他一些过于苛刻的假定。例如，劳动力同质和生产不受市场价格的影响等，这些都与现实情况相去甚远。而纯粹以供给为出发点，忽视需求因素，也使得人们对模型的可信度大为降低。

(三)区域分工与要素流动理论

瑞典经济学家俄林(Olin)把区域贸易引入新古典经济学,使其成为一般均衡理论的重要组成部分。俄林从贸易角度研究了要素流动、要素价格与商品价格之间的关系。认为,区域贸易、国际贸易与要素自由流动会带来区域之间生产要素价格与商品价格的平均化。

生产要素的流动与区域经济合作有密切的关系。生产要素的跨国流动是实现区域经济合作的客观基础。生产要素在国家间地区间分布的不平衡性,决定了生产要素在国家间、地区间是流动的而不是静止的。根据俄林的理论,只要地区间生产要素价格存在差异,生产要素总是从禀赋充裕的地区流向禀赋稀缺的地区,以获得更多的收益。因此从某种意义上说,生产要素流动可以在一定程度上改变一个国家或地区的要素禀赋状况。生产要素尤其是资本和劳动力的跨国流动,大大加强了各国之间的贸易联系和经济合作关系,增强了各国的要素利用效率并提高了实际收入水平,从而为区域经济进一步合作的实现提供了条件。丁伯根认为"经济一体化就是将有关阻碍经济最有效运行的人为因素加以消除,通过互相协作与统一,创造最适宜的国际经济结构"。巴拉萨也指出,"经济一体化就是指产品和生产要素的流动不受政府的任何限制。"

另外,从产业经济学的角度来说,区域内各国间在产业结构方面往往具有极大的差异性。由于各国产业结构的层次不同,因此产业在各国间是梯度转移的。无论是区域内各国间的经济合作,还是生产要素的跨国流动与组合,都是以各国产业结构的互相弥补与接力转移为基础的。区域经济一体化形成的根本目的,就是为了充分利用区域内各国间在生产要素方面的差异性以及在产业结构上的互补性,通过生产要素和产业结构在国家间的转移，最大限度的发挥生产要素的聚集效应，实现经济效益的最大化。

（四）极化理论

新古典理论自身难以克服的缺陷以及现实区域问题的复杂性和尖锐性，促使了一大批区域非均衡理论的出现。西方经济学中有关经济增长和发展的理论对区域经济研究产生了巨大的影响，使区域经济发展成为西方区域经济理论的一大主题，在理论发展的第二阶段（第一阶段为古典区位理论）扮演重要的角色。

早期的区域均衡增长模型是建立在自动平衡倾向的新古典假说基础上的，它认为，只要存在完全竞争的市场，资本和劳动的双向运动最终将导致区域差异缩小。该理论采用静态分析方法，显然与发展中国家的客观现实距离太大，无法解释现实的经济增长过程，也无法为区域发展问题找到出路，因为对于一般区域特别是不发达区域来说，不可能具备推动所有产业和区域均衡发展的资本和其他资源。而且，它忽略了规模效应和技术进步因素，似乎完全竞争市场中的供求关系就能决定工资报酬率和资本收益率的高低。但事实上，市场力量的作用通常取趋向增加而不是减少区域差异。① 20 世纪 50 年代以来，发达国家以追求经济高速增长为目标，把大量自由和要素集中投入到经济发展条件较好的区域，经济高速增长的结果，不仅没有缓解反而加剧了发达区域与欠发达区域之间的两极分化，为了对这一现实经济问题进行解释，部分经济学家提出了一些很有见解的以二元经济为特征的区域经济不平衡增长理论。1945 年法国经济学家佩鲁（Perroux）首次提出增长极概念，其出发点是抽象的经济空间，以部门分工所决定的产业联系为主要内容，之后，经一些学者的研究，这一理论

① 胡佛、郭万清等著：《区域经济学导论》，上海远东出版社 1992 版。

有进一步的发展。

布代维尔(Boudeville)从理论上将增长极概念的经济空间推广到地理空间,认为经济空间不仅包含了经济变量之间的结构关系,也包括了经济现象的区位关系或地域结构关系。因此,增长极概念有两种含义:一是在经济意义上特指推进型主导产业部门;二是在地理意义上特指区位条件优越的地区。1957年缪尔达尔(Myradl)在他的代表作《经济理论与不发达地区》中提出,经济发展过程在空间上并不是同时产生和均匀扩散的,而是从一些条件较好的地区开始,一旦这些区域由于初始优势而比其他区域超前发展,就能通过积累因果关系不断积累有利因素,从而进一步强化和加剧区域间的不平衡。1958年赫希曼(Hirschman)也在《经济发展战略》中提出了"发展是一连串不均衡的锁链"的命题,指出"发展确实是按照主导部门带动其他部门增长,由一个行业引发另一个行业增长的方式进行的"。为了论证这个观点,他提出了产业关联效应概念。而弗里德曼(Friedman)考虑到区域不平衡较长期的演变趋势,将经济系统空间结构划分为中心与外围两部分,二者共同构成一个完整的二元空间结构。中心区发展条件较优越,而外围区发展条件较差,经济发展必然伴随着各生产要素从外围区向中心区的净转移。在经济发展初始阶段,二元结构十分明显,表现为一种单核结构;随着经济进入起飞阶段,单核结构逐渐为多核结构替代。

(五)产业转移理论

产业转移理论可以说是增长极理论的动态演变。从动态角度来看,增长极理论就形成了区域经济梯度推移理论,该理论的基础是美国的跨国企业问题专家弗农(Verno)等人的"工业生产生命循环论"。区域经济学者把生命循环论引用到区域经济学中,认为区域经济的发展盛衰主要取决于该地区产业结构的优劣及转移，而产业结构的优劣又取决于主导专业化部门在工业生命周期中所处的阶段。与梯度推移理论相类似的是日本学者提出的雁行模式，他们将日本、亚洲四小龙、东盟中国等国家列为不同的发展剃度，并冠之以第一、二、三、四批大雁等。

有关产业转移理论的研究最早开始于20世纪30年代日本经济学家赤松要提出的雁行理论。后经其本人和一些著名学者如小岛清、山泽逸平等人的发展与完善，成为20世纪70年代日本向亚洲新兴国家和地区以及东盟国家进行产业转移，推动本国经济发展的重要理论根据。雁行理论认为先行国（地区）与后期国（地区）之间存在着一种梯度的产业传递和吸纳的动态过程，由此形成了先行国（地区）和后期国（地区）一定时期内的产业循环和连锁型变化机制，促进了后起国（地区）产业结构向着更高层次转换。

弗农在20世纪60年代提出了产品生命周期理论，该理论对地区间或国际间产业与产品的周期性发展进程，以及由此导致的产业和产品的转移做了系统的描述和理论上的总结。雁行形态论在生产按比较优势在国际间转移这一问题上，与弗农的产品生命周期学说有相似之处，两者的区别在于：弗农的产品生命周期理论中的"产品循环"是发达国家按照"新产品开发——形成国内市场并大量生产——出口——资本和技术出口——进口——开发另一种新产品"这样一种逻辑顺序不断循环。雁行形态论所描述的也是一种产品循环，是后起国追赶先行国的产品循环过程，而产品生命周期理论是技术创新国的产品循环过程。两者的循环过程基本是一致的，只不过出发点不同而已，产品生命周期理论的起点是研制新产品，雁行形态论的起点是引进技术。

20世纪90年代以来，有关产业转移的理论有了新的进展，主要表现在产业转移理论与国际经济学以及经营学理论的联系日益紧密。在小岛清的"边际产业扩张论"的基础上，一些日本学者强调,产业转移是产业结构国际化调整的有效方式。

(六)关税同盟理论

在区域经济合作及区域经济一体化的理论体系中,影响最大的理论应该属于关税同盟理论。美国经济学家维纳在其著作《关税同盟问题》中将关税同盟作为经济一体化的普遍形式,以理论的形式对关税同盟的形成极其经济效益进行了详细的分析。

按照范纳的观点,完全形态的关税同盟应具备三个条件:(1)完全取消各参加国间的关税;(2)对来自成员国以外地区的进口设置统一的关税;(3)通过协商方式在成员国之间分配关税收入。因此,关税同盟有着相互矛盾的两种职能:对成员国内部是贸易自由化措施,对成员国以外则是差别待遇措施。关税同盟理论主要研究关税同盟形成后的静态和动态经济效果。

由于关税同盟理论的精髓起源于国际贸易理论,因此其假设条件与国际贸易理论的经典理论中的限制性条件是基本一致的,主要包括:商品及其要素市场的完全竞争、要素在国家间不能自由流动、各国贸易收支平衡、资源被充分利用等。

1.关税同盟静态效果

根据维纳的关税同盟理论,关税同盟主要包括两个方面的静态效果:一是贸易创造效果,另一个是指贸易转移效果。

所谓贸易创造,是指由于关税同盟内实行自由贸易后,产品从成本较高的国内生产转往成本较低的成员国生产,从成员国的进口增加,从而得以"创造"出新的贸易这种转移具有两方面内容:一是减少或取消与国外产品同类的国内商品生产,国内所需要产品转而从伙伴国进口;二是增加消费伙伴的产品以替代成本较高的国内产品。前者会产生生产效应——节省原先在国内生产的商品所耗费的实际成本;后者会产生消费效应——以低成本商品取代高成本商品满足需要,从而增加消费者剩余。这两个方面共同形成关税同盟的贸易创造效应。

图3－1说明了关税同盟的贸易创造效果。在图3－1中的D_X和S_X分别表示B国X商品的国内需求曲线和供给曲线。假定A国X商品的自由贸易价格$P_X=1$美元，C国（或世界上其他国家）X商品的自由贸易价格$P_X=1.5$美元，并且假定B国是小国，不能影响世界商品的价格。如果B国对所有进口X商品施加一个非歧视性的100%从价税，那么B国将从A国以$P_X=2$美元的价格进口X商品，在这一价格下，B国消费50单位X（GH），其中国内生产20单位（GJ），从A国进口30单位（JH）。

如果B国现在和A国建立关税同盟（即仅仅是取消A国进口商品关税），B国X商品的价格$P_X=1$美元。在此价格下，B国消费70X（AB），其中国内生产10X（AC），从A国进口60X（CB）。

关税同盟带来关税的取消使得A国的进口（贸易）由30单位（JH）增加到60X（CB）。由于关税同盟的建立，B国消费者福利增加了AGHB，生产者剩余减少了AGJC，税收损失MJHN，B国获得的静态净福利为上述面积之差，即阴影三角形CJM和BHN。

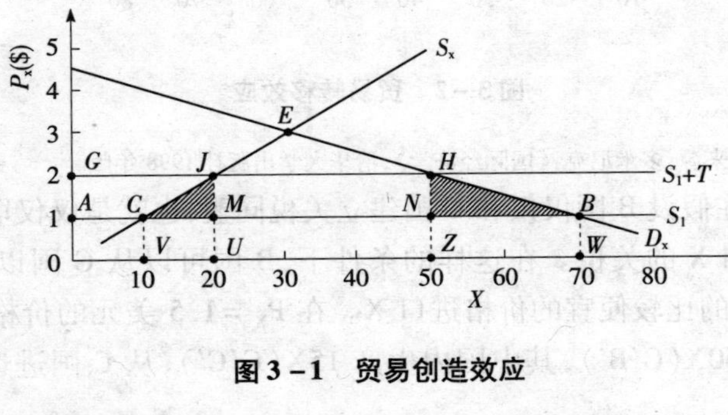

图3－1 贸易创造效应

资料来源：多米尼克：《国际经济学》，清华大学出版社1998年版。

所谓贸易转移，是指一国的进口从一个非同盟的低成本国家被另一关税同盟国的高成本国家所代替，从而使得贸易对象发生了“转移”。这种转移也可被视为具有两方面内容：一是原先从国外进口的商品成本增加，其原因在于进口来源从世界其余地区转向伙伴国；二是消费者剩余丧失，其原因在于伙伴国较高成本的商品替代了世界其余地区各种成本较低的商品。

图 3－2 说明了关税同盟的贸易转移效应。图中，D_X 和 S_X 分别代表 B 国 X 商品的国内需求曲线和供给曲线。S_1 和 S_3 分别代表 A 国和 C 国在自由贸易条件下的完全供给弹性曲线。以非歧视性 100% 的关税，B 国从 A 国按 $P_X=2$ 美元的价格进口 X 商品，沿 S_1+T 线购买（与图 2－1 完全一样）。如前面所见到的，在价格 $P_X=2$ 美元下，B 国消费 50X（GH），其中国内生产 20X，A 国进口 30X（JH），B 国获得税收收入 JMNH。

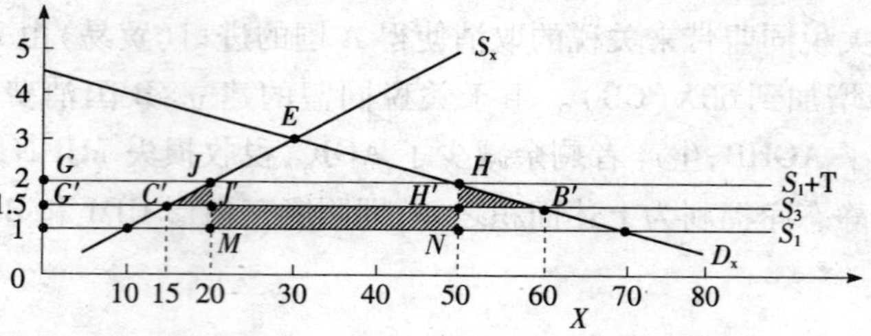

图 3－2　贸易转移效应

资料来源：多米尼克：《国际经济学》，清华大学出版社 1998 年版。

现在假设 B 国仅仅和 C 国建立关税同盟，也就是仅仅取消从 C 国进口 X 的关税。在这样的条件下，B 国可以从 C 国以 $P_X=1.5$美元的比较便宜的价格进口 X。在 $P_X=1.5$ 美元的价格下，B 国消费 60X（G′B′），其中国内生产 15X（G′C′），从 C 国进口 45X（C′B′）。

由于关税同盟的建立，B 国的 X 商品进口已从生产效率较高的 A 国转移到生产效率较低的 C 国。进口量由关税同盟前的 30X 上升到关税同盟后的 45X。这样，贸易转移也导致产生了某种程度的贸易创造。

B 国由于与 C 国建立关税同盟所得到的静态福利效应能够通过图 3－2 的阴影部分计算出来。三角形阴影 C′JJ′和 B′HH′面积之和的福利所得仅仅来源于贸易创造。但矩形阴影面积 MNH′J′的福利损失是由于将 30X 的进口从较低成本的 A 国转移到较高成本的 C 国所造成的。贸易转移总的福利效果是矩形阴影面积 MNH′J′与三角形阴影 C′JJ′、B′HH′面积之和的差。如果矩形阴影面积 MNH′J′的面积大于 C′JJ′、B′HH′面积之和，则 B 国贸易转移的福利效果为负；反之，如果矩形阴影面积 MNH′J′的面积小于 C′JJ′、B′HH′面积之和的差，则 B 国贸易转移的福利效果为正；如果矩形阴影面积 MNH′J′的面积与C′JJ′、B′HH′面积之和相等，则 B 国的贸易转移效果对 B 国的福利效果没有什么影响。

可见，关税同盟以两种相反的方式影响贸易和福利。如果说贸易创造代表利益，贸易转移所增加的成本便是代价。结成关税同盟是获得净利益还是带来净损失，取决于贸易创造和贸易转移影响的大小。而贸易创造和贸易转移对经济福利影响的大小，又取决于进口需求弹性和成员国与非成员国之间的成本差异。一般来说，一国进口需求的价格弹性越大，与成员国的成本差异越大，贸易创造就越大，关税同盟所带来的收益就越大。相反，一国进口需求的价格弹性越小，与成员国的成本差异越小，而与非成员国的成本差异越大，关税同盟带来的损失就越大。

2. 关税同盟的动态效果

关税同盟还具有经济的动态经济效果，即刺激各成员国的经济增长，并带来国民收入的持续增长。这些动态效果会通过一系列渠道表现出来。

首先，关税同盟扩大了区域内部市场，而市场的扩大增加了经济范围内或产业范围内实现规模经济的机会，这就有利于推动企业生产规模和生产专业化的扩大。而规模经济可以增强成员国在世界市场上的竞争力,从而使同盟国得到额外的利益。

其次,区域经济一体化组织的建立,迫使各国原本受保护的市场不得不对外开放。市场竞争的增强将促进资源配置效率改善。即使在寡头或垄断市场结构下,在产品差异和规模经济存在的条件下,广大市场范围内所增强的竞争将限制或削减相互串通或其他滥用市场力量所带来的社会成本。竞争还将刺激公司改组和产业合理化,推动先进技术的广泛使用,从而将促进现代化的进一步发展。这些自然有助于提高经济效率和增进社会利益。

再次,通过多国协定的约束,区域一体化扩大了市场规模,改善了投资环境。这样,它对成员国内部的投资者和非成员国的投资者都大大加强了投资吸引力。不仅如此,更大区域的市场以各种形式所增加的投资机会,也会提高创新的利润率,因为研究与发展的固定成本将在更广的市场范围内加以分散,并促进规模经济的实现。同时,竞争引起的公司改组、合理化、现代化和技术改进将进一步提高投资的水平和效率。

(七)以现代贸易理论为基础的经济一体化理论

伴随着世界区域经济一体化进程的推进,一体化理论也在不断地发展。但是,这些理论基本上是建立在维纳的关税同盟理论基础上,可以说是关税同盟理论的深化与发展。在一系列新的区域经济一体化理论中,“大市场理论”和“协议性国际分工原理”具有一定的代表性。

1. 大市场理论

关税同盟理论是以关税同盟作为一体化背景讨论的,如果将经济一体化的形式扩展到共同市场,则可以把这种一体化理论称为大市场理论。大市场理论的代表人物西托夫斯基(T. Scitovsky)认为,在各国实行区域经济一体化之前,各国之间推行只顾本国利益的贸易保护政策会使得各国只能面对狭隘的国内市场，无法实行规模经济与大批量生产。共同市场的形成可以将各国由于贸易保护主义而被分割的市场统一起来，为成员国的企业提过更大的市场，这有助于规模经济效应的产生。不仅如此，共同市场的形成将使厂商间的竞争更加激励，使得规模较小经营能力较弱的企业将逐渐被淘汰，整个经济将进入由规模经济为主导的市场扩大、竞争加剧的良性循环。

2. 协议性分工原理

日本学者小岛清在考察经济共同体内部分工理论的基础上，提出了国际分工新理论依据。他认为，在经济一体化组织内部如果仅仅依靠比较优势理论进行分工，不可能完全获得规模经济的好处，反而可能会导致各国企业的集中和垄断，影响经济一体化组织内部分工的和谐发展和贸易的稳定。因此，必须实行协议性国际分工，使竞争性贸易的不稳定性尽可能保持稳定，并促进这种稳定。

所谓协议性国际分工，是指一国放弃某种商品的生产并把国内市场提供给另一国，而另一国则放弃另外一种商品的生产并把国内市场提供给对方，即两国达成互相提供市场的协议，实行协议性分工。协议性分工不能指望通过价格机制自动地实现，而必须通过当事国的某种协议来加以实现，也就是通过经济一体化的制度把协议性分工组织化。

为了使两个（或者多个国家）协议参加国达成协议性的国际分工，必须满足：第一，两个（或者多个国家）要素禀赋条件没有多大的差异，工业化水平和经济发展阶段大致相等，协议性分工的货物在哪个国家都能够生产。在这种情况下，参加协议的国家相互扩大分工与贸易，从而使得贸易创造效果得以体现。第二，作为协议性分工对象的货物，必须是能够获得规模效益的货物，而一般说来，重工业规模经济效果最为明显，轻工业次之，而农业几乎难以获得规模经济效果。第三，不论在哪个国家，无论生产 X

或者生产 Y 货物的利益都应该没有多大的差别,换句话说,自己进行专业化生产与让给对方进行专业化生产在产业之间没有优劣之分,否则就不容易达成一致协议。

上述三个条件表明,区域经济一体化必须在同等发展阶段的国家之间建立,而不能够在发达国家与发展中国家建立。国家经济越发达,产业结构层次越高,能够达成区域经济一体化的可能性就越大,获得的利益也就越大。

第四章

区域经济一体化的经济效果

前面已经提到，区域经济一体化迅速发展的原因多种多样，但是，对于一个特定的国家或者地区来说，从区域经济一体化中获取经济利益是其最大目的。当然，以 FTA 为主的区域经济一体化不仅会对加盟成员国产生影响，而且会对非加盟成员带来影响，其中，最明显的经济效果就是贸易量的扩大。在 FTA 的框架下，成员国之间相互降低甚至取消关税壁垒必然会带来商品价格的降低，而商品价格的降低将通过提高消费者的购买力来促进贸易量的增大。除了带来贸易量扩大这一直接效果以外，市场的开放将促使企业之间的竞争越来越激烈，竞争的加强将会间接地促进劳动效率的提高。有关区域经济一体化的经济效果，国内外进行了大量的研究，本章将以 FTA 为例，简单概括一下区域经济一体化的福利效果。当然，下面所叙述的经济效果并不是仅仅适用于 FTA，其他的区域经济一体化形式具有同样的经济效果①。

一、FTA 在世界贸易中的地位

正如前面所指出的那样，在全球经济一体化急速向前推进的

① 有关 FTA 的经济效果的理论部分基本是对过去有关研究成果的综合，大量内容引自于陈宪、张鸿编著的《国际贸易——理论、政策、案例》，浦田秀次郎编著《自由贸易协定手册》，陈同仇、薛荣久主编的《国际贸易》等相关内容。

同时,区域经济一体化对世界经济的影响也越来越大,并不断向深度与广度推进。在这里,我们仅以贸易为例,来看看区域经济一体化在世界贸易中的地位。

表 4-1 世界主要 FTA、国家(地区)占世界贸易中的比重

单位:%

	出口		进口	
	1990 年	2000 年	1990 年	2000 年
EU	44.1	35.5	43.8	35.2
NAFTA	16.2	18.9	19.1	24.7
AFTA	4.3	6.8	4.3	5.7
APEC	38.8	49	38.3	48.8
东亚	21.0	26.9	17.7	21.9
日本	8.5	7.6	6.1	5.4
中国	1.9	4.4	1.5	3.6
韩国	1.9	2.7	1.8	2.2
中国台湾	2.0	2.4	1.6	2.2
世界	100	100	100	100

资料来源:浦田秀次郎、日本经济研究中心编:《日本的 FTA 战略》,日本经济新闻社 2002 年版。

表 4-1 是2000 年世界主要 FTA、国家(地区)占世界贸易中的比重的状况。根据表中的数据可以看出,北美自由贸易协定(NAFTA)、欧盟(EU)、东盟自由贸易区(AFTA)等几个主要的 FTA 贸易额已经占到世界贸易总额的60%以上。根据 WTO 的资料,在 2000 年的时候,世界上主要的贸易国家和地区中,没有参加任何 FTA 的只有日本、韩国、中国、中国台湾。上述 3 个国家和中国台湾地区 2000 年的贸易额约占世界贸易额的 15%,据此推

算,2000 年,世界上参加 FTA 的国家和地区的贸易额约占世界贸易额的 85% 左右。而随着中国、日本、韩国在 21 世纪初期相继加入了区域经济一体化组织,目前,加入 FTA 的国家和地区的贸易额达到 90% 以上。

就像前面所提到的那样,FTA 最大的作用是扩大区域内贸易。为了验证这种观点,我们对世界主要的区域一体化组织 1990 ~ 2000 年的贸易额变化量进行一个简单的对比(表 4 – 2)。

表 4 – 2　区域内贸易在世界及区域贸易中的比重

单位:%

	区域内贸易占世界贸易的比重		区域总出口中对区域内国家和地区出口的比重		区域总进口中对区域内国家和地区进口的比重	
	1990 年	2000 年	1990 年	2000 年	1990 年	2000 年
EU	29.1	21.6	66.0	60.8	66.6	61.3
NAFTA	6.7	10.4	41.4	54.9	35.0	42.1
AFTA	0.9	1.6	20.2	23.4	19.8	27.8
APEC	26.6	36.0	68.6	73.5	69.4	73.8
东亚	8.4	12.8	40.1	47.7	47.5	58.6

资料来源:浦田秀次郎、日本经济研究中心编:《日本的 FTA 战略》,日本经济新闻社 2002 年版。

从表中可以看出,除了欧盟之外,其他区域的区域内贸易占世界贸易的比重都在上升 。虽然 APEC、东亚还不是真正的区域经济一体化组织,但区域内贸易占世界贸易的比重同样呈现上升的趋势。从区域内区域外的变化情况来看,除了 EU 之外,在其他的各个区域中,区域内贸易的重要性是越来越高。形成这种状况的背景是北美自由贸易区和东亚的经济在 20 世纪 90 年代取得了较快的发展,形成了经济发展促进贸易扩大,而贸易的扩大又反过来促进经济发展的良性循环。

二、FTA 的经济效果

FTA 的经济效果主要包括两大部分，一部分是静态的经济效果，另一部分是动态的经济效果，前者主要是前面提到的贸易创造与贸易转移，后者主要包括规模竞争、促进投资等。

（一）FTA 的静态经济效果

1. 带来区域内贸易的增加

这一方面的效果就如同前面关税同盟理论中的贸易创造效果。FTA 带来区域内关税的取消，使得原来由于贸易壁垒只能依靠高成本的本国生产的产品，改变为从区域内低成本的国家进口，从而增加了区域内的贸易量，即所谓"创造"出新的贸易。由于取消关税，高成本的国家可以从低成本的国家进口、消费廉价的产品；而由于关税壁垒的制约，原来没有办法出口的低成本国家则可以扩大出口。区域内的成员都可以从中享受到 FTA 带来的好处。

为了便于理解，下面用一个的例子来加以说明（见图 4－1）。现在假设有 A、B、C 三个国家生产同一种商品 X，并且这种商品在三国的性能与设计完全相同，但三国的生产成本都不一样，X 商品在 A 国的价格为 35 美元，在 B 国的价格为 26 美元，在 C 国的价格为 20 美元。在这种并假定的前提下，在 A 国的生产效率最低，C 国的生产效率最高。

现在假设三国都对进口 X 商品征收 100% 的关税，在这样的条件下，即使价格最低的 C 国的 X 产品出口到 A、B 两国，加上 100% 关税后，C 国的 X 商品的价格在 A、B 两国市场上就变成了 40 美元，因而完全失去了价格竞争力。这样一来，在 100% 关税的贸易壁垒下，三国之间没有办法开展贸易，各国的消费者只能消费本国的产品。

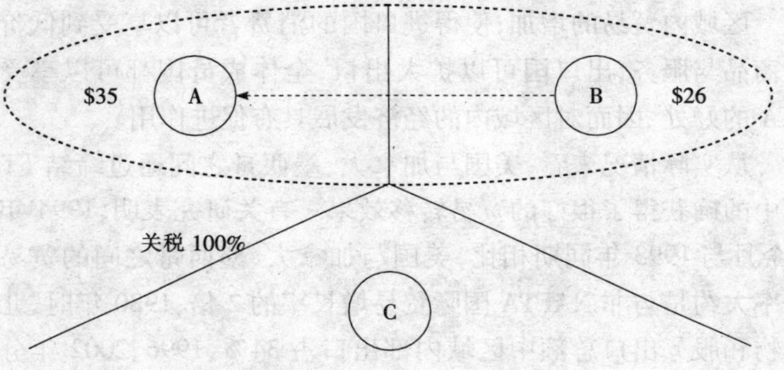

（实线：结成同盟前；虚线：结成同盟后）

图 4－1　FTA 带来区域内贸易的增加

资料来源：除宪、张鸿：《国际贸易——理论、政策、案例》，上海财经大学出版社 2004 年版。

如果在这个时候，A 国与 B 国达成了 FTA 并互相取消关税，那么情况将发生很大的变化。对于 A 国来说，本国 X 商品的价格是 35 美元，从 B 国进口是 26 美元，C 国由于仍然保持着 100% 的关税，其价格为 40 美元。这样一来，对于 A 国的消费者来说，B 国的 X 商品最有竞争力，他们就会放弃消费本国生产的 X 商品，转而购买从 B 国进口的 X 商品，并可以享受每单位 9 美元的消费者剩余。另一方面，由于 A、B 两国达成了 FTA，A 国的 X 商品将受到 B 国进口商品的打压，不得不降低到 26 美元的水平，从而使得生产者损失了 9 美元，刚好与消费者的获利相抵消。尽管如此，由于 A 国国内商品 X 价格的下降，使得 A 国全体对 X 商品的需要增加，这样会使得 A 国可以获得净消费增加而带来的消费者剩余，从而整体上呈现正的经济效果。而对于 B 国来说，由于存在着 X 商品的新出口，X 商品的生产量也得到扩大。这样 A、B 两国都从 FTA 中享受到了贸易的利益。而对于 C 国来说，因为它原来就不与 A、B 两国发生贸易关系，所以仍和以前一样，自己生产自己消费，既没有什么损失，也没有什么所得。

区域内贸易的增加，使得进口国的消费者可以享受到低价格的商品与服务，出口国可以扩大出口，全体成员国都可以享受到 FTA 的好处，因而对区域内的经济发展具有促进作用。

从实际情况来看，美国与加拿大、墨西哥之间通过缔结 FTA，从中的确获得了很好的贸易转移效果。有关研究表明，1994 年前 9 个月与 1993 年同期相比，美国与加拿大、墨西哥之间的贸易增长率大约是与非 NAFTA 国际贸易增长率的 2 倍；1980 年时，北美货物和服务出口总额中区域内部出口占 34%，1996、2002 年分别上升到 49%、56%[①]。

2. 使非同盟国经济福利受到损失

由于 FTA 对同盟内与同盟外的国家实行了不同的关税政策，非同盟的低成本国家往往会被同盟国的高成本国家所代替，从而使得贸易对象从非同盟国家“转移”到了同盟的国家。产生这种现象的主要原因是比起征收关税的低成本国家的商品价格，没有征收关税的高成本国家的商品价格反而更加便宜，从而使得进口国的消费者的选择对象发生了变化。

为了进一步说明这种现象，下面用与上面相同的例子来加以说明(见图 4－2)。世界上有 A、B、C 三个国家生产同一种商品 X，并且这种商品在三国的性能与设计完全相同，但三国的生产成本都不一样，X 商品在 A 国的价格为 35 美元，在 B 国的价格为 26 美元，在 C 国的价格为 20 美元。其假设条件与上面贸易创造效果所举的例子完全相同。

---

① 徐强：《世界 FTAs 发展态势与中国策略分析》，《国际经济合作》2004 年 12 期。

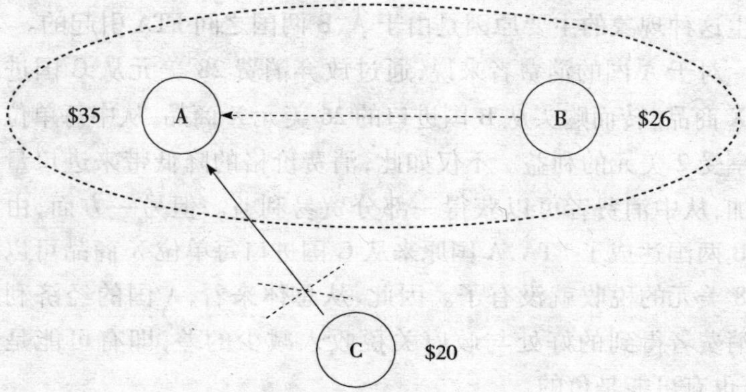

（实线：结成同盟前；虚线：结成同盟后）

图 4－2　FTA 使非同盟国经济福利将受到损失

资料来源：除宪、张鸿：《国际贸易——理论、政策、案例》，上海财经大学出版社 2004 年版。

现在假定三国对 X 商品统一征收 40% 的关税，在这种假设条件下，如果生产成本最低的 C 国向 A、B 两国出口 X 商品，加上 40% 关税，A、B 两国进口的进口成本，即商品 X 的价格均为 28 美元。这样一来，进口 X 商品的价格比 B 国国内生产的 X 商品价格要高，而比 A 国国内生产的 X 商品价格要低，A 国的消费者就会选择消费从 C 国进口的 X 商品，而 B 国的消费者则会选择本国生产的 X 商品。

如果 A、B 两国签订了 FTA，相互之间取消了关税，则 A 国本国生产的 X 商品价格仍然为 35 美元，从 B 国进口的 X 商品价格为 26 美元，从 C 国进口的商品价格由于仍然征收 40% 的关税，其价格为 28 美元。这样一来，由于从 B 国进口的 X 商品价格最低，A 国的消费者就会放弃用 28 美元购买 C 国的 X 商品，而改为用 26 美元购买从 B 国进口 X 商品。对于 B 国来说，由于原来完全没有办法进行国际贸易的 X 可以出口到 A 国，从国内 X 商品生产量扩大中可以获得一定的经济效果，而C国刚好与B国相反。产生这种现象的主要原因是由于A、B两国之间FTA引起的。

对于A国的消费者来说，通过放弃消费28美元从C国进口的X商品，转而购买从B国进口的26美元X商品，从中每单位可以享受2美元的利益。不仅如此，消费价格的降低带来进口量的增加，从中消费者可以获得一部分贸易利益。但另一方面，由于A、B两国达成了FTA，A国原来从C国进口每单位X商品可以获得8美元的税收就没有了。因此，从总体来看，A国的经济利益是消费者得到的好处与政府关税收入减少的差，即有可能是正的，也有可能是负的。

一般来说，贸易的对象从非同盟的低成本国家转移到同盟的高成本的国家将使得非同盟国的福利效果受到损失。从全世界的整体角度来看，贸易对象的转移会使得低效率国家生产量增大，高效率国家生产量减少，生产要素将从高效率国家转移到低效率国家。这种生产资源的重新配置导致了生产效率的降低和生产成本的提高。由于这种转移有利于低效率生产者，使资源不能有效地分配和利用，使整个世界的福利水平降低。

可见，FTA以两种相反的方式影响着一国的贸易和福利。区域内贸易的增加会使得世界福利效果增加，而贸易从高效率的非同盟国转向低效率的同盟国使得世界资源利用效率的降低。结成FTA是获得净利益还是带来净损失，取决于两者之间的差。

（二）FTA的动态经济效果

FTA的动态经济效果涉及的范围非常广泛，但主要包括获取规模经济效益、促进竞争、刺激投资、促进生产要素的自由流动、促进国内经济体制改革等几个方面。

1. 获得规模经济效益

在现代经济社会中，尤其是在大工业生产中，许多产品的生产都具有规模报酬递增的特点。即随着生产规模的扩大，每单位生产要素的投入会有更多的产出。也就是大规模生产能够获取"规模经济"。美国经济学家巴拉萨认为，FTA可以使生产厂商获得重大的内部与外部经济利益。内部规模经济主要来自对外贸易的增加，以及随之带来的生产规模的扩大和生产成本的降低。外部规模经济则来源于整个国民经济或一体化组织内的经济发展[①]。区域经济一体化将使得成员国的国内市场联结成统一的区域市场，区域内部市场的扩大使得产品所面临的市场机会扩大，这将有利于推动企业生产规模和生产专业化的扩大。由于生产处于规模经济阶段，产量的增加反而使产品的平均成本降低，从而在国际市场上增加了竞争能力。通过区域经济一体化也有助于基础设施（如运输、通讯网络等）实现规模经济，这些对于小国尤为明显。这种通过市场扩大带来规模经济效果有时候又叫市场扩大效果。

2. 竞争促进效果

所谓竞争促进效果是指通过撤销区域内市场的贸易壁垒，企业面临的竞争更加激烈。市场竞争将增强比较价格作为相对稀缺性指标的可靠性，从而导致市场效率和透明度的提高，并促进资源配置效率改善。即使在寡头或垄断市场结构下，在产品差异和规模经济存在的条件下，广大市场范围内所增强的竞争将限制或削减相互串通或其他滥用市场力量所带来的社会成本。竞争还将刺激公司改组和产业合理化，推动先进技术的广泛使用，从而将促进现代化的进一步发展。这些自然有助于提高经济效率和增进社会利益。

在国内市场不对外开放的情况下，国内的重化工工业部门、

① Balassa, B. (1962) The Theory & Economic Integration, London: allen & unwin, 1962.

高科技部门等资本密集型行业会形成某种程度的垄断。虽然这种垄断可以减少投资,形成规模经济效益,有着一定的合理性,但由于这些部门在长期稳定的情况下,缺乏竞争的压力,进而缺乏技术进步的动力。组建经济一体化组织后,各国的垄断企业在一个较大的市场范围内变成了竞争性企业,为了企业自身的生存发展,它必须改进技术,扩大生产规模,力争实现规模经济,进而占领整个一体化市场。因此,经济一体化组织为企业间的竞争注入了动力,客观上有利于各个企业生产规模的扩大和技术的进步。

西托夫斯基(T. Scitovsky)认为,竞争加强是对欧洲经济共同体最重要的影响。他认为,在欧洲经济一体化之前,由于市场比较小、竞争不激烈等原因,企业的利润长期处于平稳与停顿状态。而价格高昂的耐用消费品的市场使得消费者购买欲望降低,市场消费量很低,不能够进行大量的生产。如此使得欧洲陷入了高利润率、高价格、市场狭窄、低资本率这种恶性循环之中。共同市场建立之后,通过共同市场与贸易自由化条件下的激烈竞争,促进了商品流通,打破了独占,带来了价格的下降。在这种条件下,企业将不得不放弃过去小规模生产的方式,转而向大规模生产方式过渡。同时,随着市场商品价格的下降及消费者收入的增加,将使得消费者的购买能力与购买欲望大大增加。其结果是产生生产成本下降—大众消费增加(市场扩大)—竞争进一步激化,从而使经济发展进入一个良性的循环发展通道之中①。

3. 刺激投资

通过撤销贸易壁垒带来的区域市场扩大将有利于改善投资环境。商品的自由流通,将加剧同行业竞争,为了提高竞争能力,厂商一方面必须扩大生产规模,增加产量,降低成本;另一方面必须增加投资,更新设备,提高装备水平,改进产品质量,并研制新

① 陈同仇、薛荣久著:《国际贸易》,中国人民大学出版社 2002 年。

产品,以改善自己的竞争地位。而且,最近的FTA中,相互之间签订投资自由化条款的不少,而投资的自由化将促进成员方的相互投资,投资的增加将直接推动区域内经济的增长。

对于非成员国来说,贸易转移的负面影响使得其销售市场规模缩小。为了克服这种消极影响,绕开关税壁垒,到成员国内进行直接投资设厂,就地生产就地销售,就不失为一种有效的办法,这就是所谓关税工厂或者叫投资转换效果。这一点被认为是欧洲经济共同体成立后,美国到欧共体国家投资激增的主要原因。

更大区域的市场以各种形式所增加的投资机会,也会提高创新的利润率,因为研究与发展的固定成本将在更广的市场范围内加以分散,并促进规模经济的实现。同时,竞争引起的公司改组、合理化、现代化和技术改进将进一步提高投资的水平和效率。

根据来自联合国贸发会议主编的各年《世界投资报告》提供的数据,1981~1987年间,欧共体各国FDI流入占世界FDI流入量比率一直稳定在28%左右;但在1992年形成统一市场的预期下,1987、1988、1989、1990、1991各年欧共体各国FDI流入占世界总流入比率分别为28%、36%、41%、49%、50%,呈现持续、大幅增长态势,其主要原因是成员国企业要按新的大市场要求进行产业组织优化,造成成员国之间FDI流入急剧增长。

NAFTA对美国的影响却难以确定,这可能是美国市场本身比较开放的缘故。但是,我们可从1994年前后流入墨西哥的FDI数量变化一窥端隅。有关实证研究表明,和其他非NAFTA经济体系相比,墨西哥的人均FDI流入、FDI、GDP在1994年前后均有大幅上升,其中美国作为FDI来源地的份额有所上升,但来自NAFTA以外经济体系的FDI增长程度也非常可观。从NAFTA形成后对区域内FDI流向和数量的影响上看,最明显地表现在美国棉纺产业大规模转移到要素成本相对低廉的墨西哥以及美国和加拿大汽车产业的一体化进程再度得以深化[①]。

自从1992年北美自由贸易区(NAFTA)建立后,美国和墨西哥取消了相互之间的贸易壁垒,而韩国、日本等区外国家仍然维持贸易壁垒,这就使得韩国、日本的产品在墨西哥受到一定的价格歧视。针对这种情况,韩国、日本等国也不愿坐以待毙,转而采取新的战略。于是就有了三星、索尼、日立和松下电器等日韩企业在20世纪90年代中期开始大举进入像蒂华纳这样的边境小镇。据 统计,在1996年,仅蒂华纳这样的小镇受雇于这些跨国公司的墨西哥人就高达2.46万人[②]。

4. 促进生产要素的自由流动

随着区域经济一体化带来的统一市场,生产要素将可以在成员国之间自由流动,劳动力和资本将从边际生产力低的地区流向边际生产力高的地区。劳动力的自由流动,有利于人尽其才,增加就业机会,提高劳动者素质。自然资源的流动能使物尽其用。生产要素流动的增强将会使得资源要素配置更加合理,利用率提高,闲置的可能性减少,从而有益于生产资源的最佳配置。

5. 促进国内经济体制的改革

这一点在墨西哥中得到了很好的印证。从1982年墨西哥金融危机爆发到完全恢复,前后将近花去了5~7年时间。而与此形成鲜明对应的是,墨西哥从1995年的金融危机中很快就恢复过来,恢复到危机以前的GDP水平只用了两年,恢复到国际金融市场只花了七个月。究其原因,主要是1994年NAFTA的加盟,使得墨西哥的国内改革没有办法倒退,只能进一步地进行市场化改革,从而使得墨西哥的市场经济机制能够很快地进行自我调节。这种效果由于起到了一种使改革没有办法倒退的作用,有时

① 徐强:《世界FTAs发展态势与中国策略分析》,《国际经济合作》2004年12期。

② 《参考消息》1996年7月6日。

候又叫刹车效果(lock in)①。

日本通产省的《通商白皮书 1991 年》就区域经济一体化趋势在经济上所引起的正负两方面的效果列表加以了详细的说明(参见表 4－3)。

表 4－3　区域性经济一体化的效果

<table>
<tr><td rowspan="8">区域外与区域内国家贸易影响的效果</td><td rowspan="5">积极效果</td><td rowspan="4">1. 区域内经济增长的提高,对第二次贸易扩大的效果</td><td>贸易扩大效果(域内)</td><td>区域内的输入需求变为国内廉价品的贸易</td></tr>
<tr><td>域内规模经济效益的提高</td><td>由于市场扩大,规制的标准化,实现市场份额的稳定</td></tr>
<tr><td>促进竞争的效果</td><td>区域内输入的优惠,加强了对外来输入品的竞争</td></tr>
<tr><td colspan="2">技术、产业网络等利用的可能性增大</td></tr>
<tr><td colspan="2">2. 交易成本降低的效果</td><td>由于域内各国的规制、基准等的标准化和简化,当域外向域内输出时,也可因手续简化而使成本降低</td></tr>
<tr><td rowspan="3">消极效果</td><td colspan="2">3. 贸易转换效果</td><td>从域外的输入由相对价廉的域内国的输入品所代替</td></tr>
<tr><td colspan="2">4. 交易条件效果(在大国参加区域性集团的情况下)</td><td>当域外国的输入减少的条件下,该域外国的商品就会因滞销而价格下落,从而使该域外国的交易条件恶化</td></tr>
<tr><td colspan="2">5. 调整障碍效果(在关税同盟条件下)</td><td>随着同盟各国外贸政策的统一,域外国很难获得同样的补偿</td></tr>
<tr><td colspan="2">其他</td><td colspan="2">6. 投资转换效果</td><td>由于域内国竞争加强,就要求产业结构的调整</td></tr>
</table>

① 浦田秀次郎编著:《自由贸易协定手册》,日本贸易振兴会 2002 年。

续表

对区域集团内国家所受影响的效果	7. 区域性集团内经济结构调整效果	由于域内国竞争加强，就要求产业结构的调整
	8. 关税收入减少	
	9. 行政性成本降低	由于贸易政策、制度废止和简化，使成本降低

资料来源：孙执中：《论经济区域性一体化对经济增长的影响》，《世界经济》1992年第10期。

(三)其他有关 FTA 经济效果的理论

1. 次优理论

前面我们已经提到 FTA 的经济效果主要有贸易转移效果、贸易创造效果以及动态的经济效果。这些效果对经济的发展既有正面也有负面。

经济学的次优理论指出：如果一个或数个经济效率的必要条件不能满足，则一般说来，满足余下条件既是不必要的，也是不理想的。站在经济一体化的角度来看，世界上的所有国家全部撤销关税，实现全球经济一体化能够促使世界资源进行合理配置，是世界福利最大化的最好路径。而一些国家通过相互撤销关税，实现自由贸易只能是一种次优。因此，FTA 并不能保证一定比不进行区域经济一体化效果更好。换句话说，以 FTA 为中心的区域经济一体化并不能保证一定会带来经济效果。

2. 自然贸易伙伴

根据关税同盟理论，贸易创造效果为区域经济一体化带来效益，贸易转移效果给区域经济一体化带来是代价，结成 FTA 是获得净利益还是带来净损失，取决于贸易创造和贸易转移影响的大小。因此，要想通过 FTA 实现世界经济福利最大化的条件，就是尽可能使贸易创造效果最大，而贸易转移效果最小。那么什么样的国家通过缔结 FTA 能够达到上述要求呢？美国的经济学家萨默斯提出了“自然贸易伙伴”的观点[①]。根据萨默斯的自然贸易伙伴观点，在结成 FTA 的时候，以前贸易量比较大的国家之间，即所谓的自然贸易伙伴国家之间如果缔结 FTA 的话，由于与区域外的国家之间的贸易本来就小，这样的组合能够将贸易转移效果降到最低限度。在总结了乌拉圭回合谈判所遇到的困难后，萨默斯进一步指出，与其让全世界一百多个国家在关贸总协定中吵架，还不如把世界分成三个贸易区，如欧洲、北美、亚洲，在贸易区中先实行自由贸易。然后通过几个贸易区之间的讨价还价，向全球贸易自由化推进。这样分两步走的方法可能反而会加快多国走向全球自由贸易的步伐，从而使得各国在区域经济一体化获得利益[②]。

但是，对于上述观点，一些经济学家持有不同的意见。他们认为，相互之间贸易量比较大的国家由于本来的关税壁垒就比较小，通过缔结 FTA 并不能获得多大的贸易创造效果。不仅如此，仅仅根据贸易量比较大就认为他们之间是自然贸易伙伴并不十分恰当，既然双方有一定的贸易壁垒，其本身就不是一种自然的关系。

作为自然贸易伙伴的一种情况，邻国之间由于具有地理位置相互接近，运输成本比较低的优点，他们之间如果相互缔结 FTA 的话，可以从中得到更多的贸易利益。但是，正像前面所议论的那样，跨区域的 FTA 已经成为当前区域经济一体化的潮流，如美国和以色列、日本与新加坡等。尽管他们之间距离比较远，但在由于其他方面的好处可以超越距离的缺陷，从而他们缔结的 FTA

① Summers. L. H (1991) “Regionalism and the World Trading System,” in Bhagwati, Krishna, and Panagariya, A. eds. *Trading Blocs*, The MIT press, 1999.

② 转引于汤敏：《论亚太区域经济合作的新趋势及我国应采取的策略》，http://www.50forum.org。

早于与其邻近的国家。尽管目前邻近国家仍然是缔结 FTA 的一个重要因素,并不是决定因素。

3. 最经济的成员国数量

著名经济学家克鲁格曼(Krugman)有着自己独特的观点①。他试图构造了一个模型,希望搞清楚世界上到底缔结多少个 FTA 是最经济的。通过模型的模拟计算,他发现世界福利是随着世界被分为若干个贸易区而呈 U 形变化的。当世界的 FTA 从 10 个开始,并逐步下降时,FTA 带来的贸易利益也随之下降,当降低到 3 个的时候,FTA 的经济效果最小。但是,如果 FTA 再继续减少,一直降低到 2 个、1 个时,这时候 FTA 的经济效果又随之增大,当世界为一个大的 FTA 时,这时候世界福利达到了最大化。按照克鲁格曼的观点,经济全球化是世界区域经济一体化的最优选择,这与前面的次优理论结论不谋而合。

对于克鲁格曼的观点,耶鲁大学的名家斯瑞尼瓦森(Srinivasan)并不同意。他把克鲁格曼的模型假设稍微改了一下,结果他很容易就证明了全球的福利与组成贸易区的数量无关②。

4. 综合的经济效果

传统的国际贸易理论只是将 FTA 的经济效果限定在贸易创造效果与贸易转移效上,而现在的议论焦点又转移到区域经济一体化(FTA)与全球贸易自由化(WTO)哪一个比较好、贸易伙伴应该如何选择等一系列问题上,关于 FTA 的经济效果有着不断深化的趋势。这对于充分认识 FTA 的作用,解明 FTA 的机制具有重要的意义。但是,由于目前的 FTA 涉及领域越来越广,不仅只限于传统意义上的货物贸易自由化,还包括投资、服务贸易等一大

① Krugman, P. (1993) "Regionalism VS. Multilateralism: Analytical Notes" in Bhagwati, J., Krishna, and Panagariya, A. eds., Trading Blocs, The MIT press, 1999.

② 转引于汤敏:《论亚太区域经济合作的新趋势及我国应采取的策略》,http://www.50forum.org。

批新领域,有些 FTA 甚至超出了经济本身的意义,而具有政治、安全保障等特别的要求。因此,在这种背景之下,要精确衡量 FTA 的经济效果并不是一件容易的事情。

作为现实的选择,大多数国家基本上是采取 FTA 与 WTO 两立的态度。在坚持全球经济一体化,以 WTO 作为处理国际贸易基本准则的前提下,按照有利于本国经济发展、安全保障等需要,与一些比较重要的国家相互之间缔结 FTA。

三、FTA 在欧、美、亚中的具体经济效益分析

在世界 FTA 的发展历程中,欧洲走在前面,北美洲紧跟其后,亚洲近几年发展势头迅猛。目前 FTA 已经在上述地区产生了明显的经济效益。为了具体了解 FTA 为各个成员带来的经济效果,世界各国的经济学家通过模型模拟与实证分析对有关 FTA 的经济效果进行了分析与预测,本节主要引用有关研究成果,对 FTA 在欧、美、亚中的具体经济效益进行验证。

(一)欧盟的经济效应分析

从前面欧盟的发展历史进程中可以看出,欧盟 FTA 的进程就是欧洲经济逐步走向经济一体化的过程。在这个过程中,欧盟实施一系列共同的自由贸易化共同政策。这些政策主要包括:签署并执行《罗马条约》,以取消商品的关税和限额,实现商品流通自由化;在共同体以外建立共同关税税率,执行共同的关税政策;实行共同农业政策和共同财政税收政策;建立强有力的高效组织机构,不断完善欧盟区域政策工具;实现货币经济一体化。通过上述贸易自由化、区域经济一体化的经济政策,欧洲经济一体化逐步由自由贸易区向完全经济一体化过渡,并产生出了极大的经济效应。由于欧盟成员国众多。持续扩大的时间又非常长,要完全把握欧盟所产生的经济效果并不是一件容易的事情,以下只是从

欧盟通过区域经济一体化所产生的宏观经济效果做一个初步的考察。

从宏观层面上看,欧盟统一市场的形成,消除了成员国间的贸易障碍,降低了相互之间的交易成本,扩大了各个成员国产品的市场份额,加速了资本、人员等生产要素的自由流动,实现了生产要素在区域内最优化的配置。从微观层面上看,欧盟统一大市场的形成,拉动了区域内 GDP 增加 8770 亿欧元,创造了约 250 万个就业机会,欧共体成员内部的相互进口由 80 年代的 50% 上升到 90 年代中期的 60 % 强,而到 2000 年则增至 70%,实现了 10 年一个新的台阶[①]。

在欧洲一体化的进程中,近年加入欧盟的原东欧经济互助委员会成员从中受益匪浅。伴随着苏联解体和向市场经济过渡带来的混乱,准备加入欧盟的东欧 10 国在 20 世纪 90 年代初一度出现了经济停滞、高通货膨胀的倾向。在 20 世纪 90 年代初与欧盟达成欧洲协定的影响下,东欧 10 国在宏观经济稳定和构造改革上逐步走上稳定发展的轨道。特别是价格、贸易、投资的自由化,使得原西欧大量的投资流入上述东欧 10 国。据欧盟委员会 2001 年年报所公布的资料,1995 ~ 1999 年中,上述东欧 10 国投资占 GDP 的比重年均增长在 20% 以上。外商投资的增加,在扩大出口的同时,也促进了上述国家国民经济的发展。从 1994 年开始,上述国家终于摆脱负增长、高通胀的之苦,经济走上了持续增长的轨道。在外商加快对东欧投资的原因中,东欧 10 国将来要加入欧盟是其中一个最为重要的原因。

(二) 北美自由贸易区的经济效应分析

北美自由贸易区(NAFTA)囊括了 4.2 亿人口和 11 万亿美元

---

① 韦丽红、王汉君:《欧盟、北美自由贸易区发展及对中国—东盟自由贸易区的启示》,《东南亚纵横》2004 年第 1 期。

的国民生产总值,使它成为当今世界上最大的自由贸易区。其宗旨是在10年内逐步消除所有贸易和投资限制(几个敏感行业的过渡期为15年),实现区域内自由贸易。由于有1989年实施的《美加自由贸易协议》,美国和加拿大的消除贸易壁垒的过程实际上早就开始了。因此北美自由贸易区主要是墨西哥对美、加的消除贸易壁垒的过程。其主要内容包括:消除关税和削减非关税壁垒、开放服务贸易、便利和贸易有关的投资,以及实行原产地原则等。

为实现上述目标,北美自由贸易区采取了削减关税和取消非关税壁垒,在服务贸易领域上实施国民待遇和最惠国待遇,按照"具体情况,具体分析,区别对待"的原则,逐步在涉及商品贸易、劳务合作、知识产权保护、环境保护、服务贸易和投资等诸多领域进行广泛合作等一系列的措施。通过实施上述措施,北美自由贸易区在改善投资环境、提高国际竞争力等方面取得显著成效,为发达国家与发展中国家之间建立互补性强的贸易区提供了一个成功的案例①。

北美自由贸易区成功的最大原因是因为美国和墨西哥经济互补性明显,贸易创造效应发挥着巨大的作用。对美国而言,建立自由贸易区后,可以从墨西哥大量进口其所需要的初级产品和能源类产品,而不受高额关税和大量非关税壁垒的限制,从而降低了进口成本和产品在国内市场上的价格,获得了贸易创造效应所产生的收益。对墨西哥而言,与美国经济互补的部门从美国进口产品,也比从区外进口节约成本。

美国和墨西哥之间贸易创造效应显著的另一个深层原因是,美国和墨西哥之间形成了基于产品生命周期的垂直分工。产品生命周期理论认为,产品从产生到衰弱经历五个阶段——新产品阶段、产品成长阶段、产品成熟阶段、标准化阶段、发明国完全停

① 古国耀:《北美自由贸易区首期成效及前景浅析》,《暨南学报》2002年第2期。

止出口阶段[①]。一般认为,美国在第一阶段到第三阶段均占有优势,这主要与美国的研究和开发实力以及管理、生产和销售的优势有关。而墨西哥在第四、五阶段有优势,因为产品进入第四阶段以后,产品生产所需要的技术已经标准化了,企业利润最大化的关键在于最低的生产成本。在这个时候,劳动力成本在产品成本中占有极大的比例,而墨西哥的劳动力成本比美国低得多。因此,通过 NAFTA 建设,相互按照比较优势进行生产,同时从对方进口自己不占成本优势的产品,降低了生产成本,增加了消费者剩余。美墨之间进出口贸易的大幅增长体现了 NAFTA 中美国与墨西哥之间显著的贸易创造效应。

经过 10 年的发展,NAFTA 成员国之间的货物贸易额迅速增长。三边贸易额翻了一番,从 1993 年的 3060 亿美元增长到 2002 年的 6210 亿美元 。由于美加已经互为最大的贸易伙伴,贸易发展稳定,因此内部贸易发展主要表现为美国、加拿大与墨西哥贸易的增长。从 1993 年到 2003 年,美国对墨西哥的出口增长了1.3 倍,是美国对全球出口增长的 1.3 倍;进口增长了 2.5 倍,是美国从全球进口增长的 1.1 倍。加拿大和墨西哥的贸易尽管规模不大,但是也增长了 5 倍,现在,墨是加的第三大贸易伙伴,加是墨的第二大出口贸易伙伴[②]。但综观三国的具体表现,NAFTA 最大受益国是墨西哥。通过该协议,墨西哥巩固其作为美国第二大贸易伙伴的地位。2001 年,美墨双边贸易超过 2450 亿美元,比签署协议前的 1993 年增长 188%,美墨间的增长率超过美国与其他主要贸易伙伴的双边贸易增长率。在美国的进口中,来自墨西哥产品的增长速度是其平均水平的两倍,进而使得墨西哥产品在美国进口市场中的比重从 1993 年的 6.8% 上升到 2002 年的 12%,墨

---

① 多米尼克:《国际经济学》(第五版),清华大学出版社 1998 年版。

② 中国亚太经济贸易合作促进会网站。

西哥取代中国成为美国纺织品最大的出口国(见表4-4)。

表4-4　近10年中国、墨西哥、加拿大对美纺织品和服装出口情况

	中国	墨西哥	加拿大
1988年市场占有率(%)	12.5	4.77	3.92
1988年排名	1	6	5
1998年市场占有率(%)	7.5	13.7	9.5
1998年排名	3	1	2
1988～1998年年均增长率(%)	10	27.26	25.1

资料来源:施小娟:《WTO框架下中国参与FTA的战略构想》,上海对外贸易学院2005年。

与贸易类似,北美自由贸易区实施以后,美墨和加墨相互直接投资却增长迅速(主要是美国和加拿大在墨西哥的投资),美加在墨西哥外资中的比重也有所增长。从1993年到2001年,美墨FDI存量从160亿美元增长到640亿美元,增长了288%,远高于同期美对非成员国FDI增长的169%。从1990年到2001年,墨西哥占美国FDI流出的比例从2.2%上升到2.9%,占加拿大FDI流出的比例从0.2%增长到1%;美国占墨西哥FDI流入的比例从62.9%上升到65%;加拿大占墨西哥FDI流入的比例从1%左右增长到3.3%。北美贸易伙伴对墨西哥FDI流入的份额相应从63.9%增加到68.3%[①]。

流入墨西哥的FDI主要是通过建立分支进行生产和加工。这不仅可以利用当地廉价的劳动力,还可以节约由便利的运输和税收优惠带来的交易成本。因此,FDI最密集的是汽车及其零部件,以及电器制造等其他加工制造业。墨西哥已经成为美国最大

① 中国亚太经济贸易合作促进会网站。

的电视出口国，和仅次于加拿大的汽车出口国。

（三）中国台湾、新西兰、澳大利亚自由贸易区

与大陆一样，最近几年，我国台湾地区也加快了对自由贸易区的研究，表4－5是台湾学者吴佳勋、徐世勋采用美国普渡大学全球贸易分析中心所研发的GTAP模型对中国台湾、新西兰和澳大利亚洽谈FTA所可能带来的经济影响的分析①。根据这两位学者的研究，当中国台湾与新西兰建立自由贸易区时，新西兰的福利增加4439万美元，中国台湾却因为资源配置效率下降和贸易条件恶化而造成总体福利下降364万美元，澳大利亚因为贸易转移效果将产生高达891万美元的福利损失，但中国台湾、新西兰、澳大利亚自由贸易区将带来区内总体福利水平的提高。

表4－5 签署自由贸易协议的福利（EV）的影响

单位：百万美元

国家或地区	中国台湾、新西兰自由贸易协定				中国台湾、新西兰和澳大利亚自由贸易协定			
	总福利变化	资源配置效果	贸易条件效果	投资储蓄效果	总福利变化	资源配置效果	贸易条件效果	投资储蓄效果
	①+②+③	①	②	③	①+②+③	①	②	③
澳大利亚	-8.91	0.56	7.76	1.71	96.41	-4.30	76.28	24.44
新西兰	44.39	-0.32	39.28	5.43	33.05	-0.14	29.05	4.14
中国台湾	-3.64	-2.12	-3.00	1.48	18.79	-7.81	15.33	11.27

资料来源：吴佳勋、徐世勋：《"台纽自由贸易协定"的洽签对台、纽、澳经济影响之一般均衡分析》，http://www.moeaboft.gov.tw。

① 吴佳勋、徐世勋：《"台纽自由贸易协定"的洽签对台、纽、澳经济影响之一般均衡分析》，http://www.moeaboft.gov.tw。

但在将澳大利亚加入 FTA 进行模拟时，则三方福利水平均有所提高，其中获益最多的为澳洲，增加福利达 9641 多万美元，而新西兰则增加福利 3305 多万美元，中国台湾福利增加 1900 多万美元，FTA 的组建为中国台湾、新西兰、澳大利亚带来巨大的福利效果。

从贸易效果来看，中国台湾和新西兰自由贸易协定的签订，将使得中国台湾和新西兰之间产生贸易扩大效果，相互增加贸易量2.49亿美元，产生的贸易转移效果导致与区域外贸易量减少 9600 万美元，总体带来相互区域内贸易量增加 1.53 亿美元。而中国台湾、新西兰和澳大利亚自由贸易协定将使得区域内贸易增加 10.01 亿美元，对区域内贸易减少 3.81 亿美元，总体贸易扩大效果达到6.2 亿美元（表4－6）。综合而言，在其签署自由贸易协定下，中国台湾、新西兰和澳大利亚组成的自由贸易区内的贸易创造效果普遍高于贸易转移效应，即 FTA 的形成有利于区域内各个成员贸易量的扩大。

表4－6　区域内外之贸易创造及贸易移转效果

单位：百万美元

			进口：区域内	进口：区域外	进口：总计
出口	域内	中国台湾、新西兰	249	－116	133
出口	域内	中国台湾、新西兰、澳大利亚	1001	－110	891
出口	域外	中国台湾、新西兰	－96	72	－24
出口	域外	中国台湾、新西兰、澳大利亚	－381	233	－148

资料来源：同表4－5。

四、FTA 经济效果的总结

从上面 FTA 的经济效果分析中可以看出，尽管 FTA 的效果有多种多样，但传统教科书中主要局限于贸易转移效果与贸易创造效果。随着 FTA 形式的多样化,有关 FTA 的经济效果议论也在不断进化之中。目前,有关 FTA 的经济效果越来越复杂,既有面临着与 WTO 哪一个对世界经济更有促进作用的争论,也有 FTA 本身随着时间的推移哪一个效果更为明显的问题。但是,通过我们前面的分析,可以得出一个暂时的结论:从某个具体的 FTA 来讲,到底是给 FTA 成员带来经济效果或者是负面影响并不能一概而论,这一切都取决于 FTA 的规模、FTA 成员国的数量、FTA 的性质、FTA 关税减让的程度、FTA 在关税以外贸易自由化的措施等因素共同作用的成果。不同的组合会带来不同的经济效果,FTA 因组合因素不同而会产生不同的经济效果。

从现实来看,在追求 WTO 框架下全球贸易自由化的大背景下,世界各国(区域)往往会从自身的政治、经济需要出发,与一些重要的贸易伙伴达成以 FTA 为中心区域经济一体化。这既是世界多边贸易体制与区域经济一体化融会的事实,也可能是各国(区域)最为现实的选择。

第五章

欧盟东扩对中国区域经济合作的影响

随着2002年12月13日欧盟委员会主席普罗迪在哥本哈根欧盟首脑会议上的一声宣布，欧盟东扩的第一批成员国的谈判终于结束。从2004年5月起，中欧10国：波兰、爱沙尼亚、捷克、斯洛伐克、马耳他、拉脱维亚、斯洛文尼亚、立陶宛、匈牙利和塞浦路斯将陆续加入欧盟。

欧盟东扩是欧洲大陆实现繁荣、和平和民主的一次机遇，更是欧洲在冷战后为了增强其在不断变化的世界经济与政治格局中的地位，在全球范围内建立伙伴关系，以求获得更大战略利益的需要。中国是欧盟的重要贸易伙伴之一，从1978年中欧缔结贸易协定开始，经过二十多年的努力，中欧经贸尽管经历了许多风雨历程，但总体上呈现着良好的发展态势，无论是货物贸易、服务贸易方面，还是在投资、经济合作及援助方面都取得了显著的成绩。2001年，中欧双边贸易总额达到766亿美元，其中出口总额达到409亿美元，进口总额达到357亿美元。2003年中欧贸易额首次超过1000亿美元大关，2004年1至6月，中国和欧盟之间的贸易总额达到807亿美元，位列中国与其他各国和地区贸易量之首。从商品结构来看，我国向欧盟的出口主要集中于服装鞋帽等轻纺制品、机电产品及运输设备、金属和非金属制品、纺织原料等按原料分类的制成品，进口则主要集中于高科技产品及一些工业原料。尤其是经过2004年5月的第五次扩大，欧盟已成为拥有

25个成员国的全球最大的经济一体化组织，扩大后的欧盟与中国贸易总额一举超过了美国和日本，成为中国第一大贸易伙伴，中欧双边贸易关系随之进入快速增长时期。从欧盟对华投资看，2003年，欧盟对华投资项目2074项，增长39.57%，合同金额58.54亿美元，同比增加29.9%，实际投入39.3亿美元，同比增长5.94%。截至2003年12月底，欧盟成员国来华投资项目数达16158个，协议外资金额658.54亿美元，实际投入379亿美元。近几年欧盟在华投资的增长速度明显高于其他国家的平均水平。欧盟已经成为中国除香港地区外第二大直接投资的来源地。从欧盟对华援助看，自欧盟于1984年开始向我提供财政技术援助至今，中欧发展合作项下已完成项目35个，正在执行的项目18个，累计援助金额约4.5亿欧元，发展合作项目涉及农业、环保、能源、教育、卫生、贸易、司法等众多领域。此外中欧在环保、农业发展、人力资源开发等领域开展了一系列卓有成效的合作。

欧盟东扩成功以后，将对中欧经贸关系产生一系列的影响。这些影响既有积极方面，也有消极方面。从大的方面来讲，欧盟东扩有利于进一步发展中欧贸易创造良机，有利于整体贸易环境的改善；另一方面，欧盟东扩会产生贸易转移效应，对外国引进外资不利，同时还有可能会助长欧盟的贸易保护主义。因此，把握未来中欧关系的走势，准确定位今后的中欧经贸关系，具体分析欧盟东扩对我国贸易、投资、经济合作等方面的影响，在此基础上寻求促进中欧经贸关系进一步发展的政策与措施，对于促进我国和欧盟今后在贸易、投资、经济合作等经贸领域的进一步合作具有很深的理论意义与现实意义。

一、中国同欧盟经贸关系的现状与问题

(一)中国同欧盟的双边经贸关系

1975年5月,中国与欧洲共同体(欧盟的前身)正式建立外交关系。1983年,中国和欧共体签署了贸易合作协定。二十多年来,双方关系虽然曾遇到了一些曲折,但总体上一直在积极地向前发展。20世纪90年代初以来,欧盟及其成员国陆续制定并通过了一些重要的有关对亚洲和对中国的新政策。特别自1993年冷战结束以后,欧盟全面实行对外经济战略调整,开始将目光转向亚洲的大背景下,中国与欧盟及其成员国在政治、经济、科教等领域的交往进一步密切,高层互访频繁,双边关系进入了全面发展的新阶段。1993年10月,德国联邦政府率先推出《亚洲政策纲要》。1994年2月,法国政府制定了"走向亚洲"的总体行动计划,提出了"进入亚洲"的10项具体措施。1994年底,欧盟通过"欧洲新战略",确定把中国作为欧盟推行"亚洲新战略"的重点目标。此后,欧盟制定和通过了一系列对亚洲和对华政策新文件,不断进行政策和战略调整,旨在发展对华关系。1995年7月,欧盟发表有史以来第一个对华关系长期政策文件,同时声称全面加强与中国在政治、经济等各个领域的关系,把中国纳入"主流社会"。1998年3月,欧盟委员会通过了《与中国建立全面伙伴关系》的文件,把欧盟的对华政策提高到与美国、俄罗斯、日本同等重要的地位,标志着中国与欧盟经贸关系进入了一个成熟稳定的发展阶段。大力推进欧中经贸关系,建立面向21世纪的"全面伙伴关系",成为欧盟实施跨世纪对外新战略的重要组成部分。中国领导人也一再重申,中国与欧盟都是当今世界舞台上维护和平、促进发展的重要力量。全面发展同欧盟及其成员国长期稳定的互利合作关系,也是中国外交政策的重要组成部分。2003年

10月,我国政府发表了《中国对欧盟政策文件》,提出加强中欧关系5年目标和基本政策,欧盟外长会议也通过了对华政策新文件,强调发展中欧战略合作伙伴关系的重要性。这不仅反映出我国和欧盟双方加强合作的强烈愿望,而且也反映出双方在发展双边关系上达成了一定共识,为今后中国对欧盟贸易发展提供了良好条件。

目前,欧盟已经跃升为中国的第一大贸易伙伴,中国也成为欧盟的第二大贸易伙伴。双方虽然社会制度不同,但由于没有重大的直接利益冲突,因而存在着战略合作与经贸互补的需求。多年来,双方关系在经贸合作的带动下,逐步走向全方位的合作交流。在贸易、投资、经济技术合作等各个领域都取得了不断的发展。

1. 中欧贸易持续大幅增长

如表5-1所示,1997年中国同欧盟的贸易总额为430.3亿美元,而到2000年双方贸易额达到690.4亿美元,比上年增长24%。2001年,在世界经济增速普遍放慢的形势下,双方贸易仍呈较快增长势头,贸易额增加到766.3亿美元,比上一年增长11%。尤其是到2003年中欧贸易达到了1252.2亿美元,比上一年增长高达44.4%。

表5-1 1997~2003年中国与欧盟双边贸易的变化

单位:亿美元

年份	双边进出口总额	年增长率(%)	中国从欧盟的进口总额	年增长率(%)	中国向欧盟的出口总额	年增长率(%)
1993	261.0	50.1	144.1	47.0	116.9	53.8
1994	315.2	20.8	169.4	17.6	145.8	24.7
1995	403.5	28.0	212.5	25.4	190.9	30.9
1996	396.9	-1.6	198.2	-6.7	198.3	3.9

续表

年份	双边进出口总额	年增长率（%）	中国从欧盟的进口总额	年增长率（%）	中国向欧盟的出口总额	年增长率（%）
1997	430.3	8.4	192.0	-3.4	238.3	20.2
1998	489.0	13.6	207.5	8.0	281.5	18.1
1999	556.8	13.9	254.7	22.7	302.1	7.3
2000	690.4	24.0	308.5	21.1	381.9	26.4
2001	766.3	11.0	357.2	15.8	409.1	7.1
2002	867.6	13.2	385.4	7.9	482.1	17.9
2003	1252.2	44.4	530.6	37.7	721.5	49.7

资料来源：中国海关统计，http://www.customs.gov.cn。

从出口商品的构成来看，中国对欧盟出口的主要商品有机电产品、纺织品、鞋类、服装、箱包、玩具、皮革制品、电器材料、家用电器、医药、塑料制品、工具、钢材、照明装置等，煤炭等初级产品也占不少比例（10%左右）。中国从欧盟进口的主要商品有技术设备、飞机、船舶、机械产品、仪器、通信电子设备、医药、化工原料、小麦、初级塑料、食用植物油、低级纸板、医药、肥料、纸烟、铜合金、铜材等。双方之间的贸易关系呈现着一种互补的关系。德国、英国、荷兰、意大利和法国是中国在欧盟内的主要贸易伙伴，中国与这5个国家的贸易额占中欧双边贸易总额的近80%。

表5-2 中国对欧盟的出口额

单位：万美元

	2001年	比去年同期增减（%）	2002年	比去年同期增减（%）	2003年上半年	比去年同期增减（%）
比利时	252978	10.0	287630	13.7	183782	44.1
丹麦	89860	14.9	91703	2.1	61187	67.4
英国	678047	7.5	806030	18.9	442808	25.7

续表

	2001 年	比去年同期增减(%)	2002 年	比去年同期增减(%)	2003 年上半年	比去年同期增减(%)
德国	975406	5.1	1137217	16.6	758434	58.6
法国	368565	-0.5	407218	10.5	305758	66.7
爱尔兰	53025	57.7	77028	45.3	54921	85.4
意大利	399259	5.0	482761	20.9	331584	49.9
卢森堡	3894	-27.4	5130	31.7	14754	431.1
荷兰	928195	8.9	910811	25.1	553224	40.7
希腊	69382	19.9	73195	5.5	50736	36.6
葡萄牙	26059	-0.1	30093	15.5	18780	35.2
西班牙	226186	6.5	257861	14.1	176813	48.0
奥地利	35369	14.5	48142	36.1	28430	33.5
芬兰	91021	8.8	115363	26.7	65811	50.9
瑞典	93162	12.5	91000	-2.3	68210	69.5

资料来源：中国海关统计，http://www.customs.gov.cn。

2. 欧盟在华投资稳中有升

自 1993 年以来，欧盟对我国的投资一直保持较高的增长速度。1993～2000 年间，以实际利用外资计，欧盟对华投资的平均年增长率为 54.09%。截至 2003 年 12 月底，欧盟成员国来华投资项目数达 16158 个，协议外资金额 658.54 亿美元，实际投入 379 亿美元。目前，欧盟已成为除香港外第二大直接投资来源地区（如表 5－3 所示）。

欧盟国家对华投资主要以英国、德国、法国这几个大国为主。但近几年荷兰、瑞典、丹麦和芬兰这些欧洲小国家也不断增加在中国的投资。如荷兰 1999 年在中国投资项目 76 个，2000 年增加到 102 个，2001 年又增加到 114 个，3 年间增长了 50%，实际投资

表 5－3　欧盟对华投资项目与金额

年份	欧盟对华投资项目数(个)	协议金额(亿美元)	实际金额(亿美元)
1999	894	40.9566	44.7906
2000	1130	88.5516	44.7946
2001	1214	51.5284	41.827
2002	1481	45.07	37.11
2003	2074	58.54	39.3

资料来源：http://www.mofcom.gov.cn。

金额也从 1999 年的 5.4168 亿美元增加到 2001 年的 7.7611 亿美元。

通过对华直接投资，欧盟企业不仅绕过中国较高的进口关税，还可以降低成本，提高欧洲产业在中国市场上的竞争能力；对中国来说，欧盟直接投资涉足的领域大部分属于资金短缺和技术相对落后的行业，欧盟企业成熟的、有的甚至是相当先进的技术投入，加上充足的资金流入，在一定程度上有助于加强中国企业的持续发展。欧盟直接投资企业还比较遵守投资接受国的法律规定，与中方的法律纠纷时间相对少，即使出现法律纠纷也能够以协商的方式解决。

3. 中欧技术合作更加开放

20 世纪 80 年代中欧双方签订了一系列经济技术合作协定，由于中国实行对外开放政策，欧共体国家同中国的双边贸易大幅度增长，经济、科技等领域的合作迅速发展。1995 年 4 月，双方签署了《中欧关于知识产权保护的会谈纪要》，中国承诺要对欧盟实体和个人的知识产权给予充分的保护，欧盟则承诺要向中国提供援助，帮助中国有效地实施知识产权保护。自此中欧经济技术合作进一步深化，合作领域不断拓宽。特别是在欧盟第四和第五科研框架计划期间（1994～2002 年）得到长足发展。根据中欧科技合作协定，总预算近150亿欧元的欧盟第五个研究与技术开发框架计划正式对华开放；中国的“863”和“973”计划也同时向欧盟开放。中国参与了一百多个欧盟的科研项目。仅2001年一年，中国就争取到了33个欧盟项目，包括19个INCO（欧盟专门支持发展中国家的合作项目）项目，总资金为1710万欧元；还有14个主题项目（欧盟框架计划的核心部分，高科技部分），总资金为2230万欧元。中欧双边合作遵循“联合研究，共同资助，共享成果”的原则，研究项目向第三国开放。今后欧洲每年分批派遣上百名年轻的经理人员来中国的中小企业学习、实践和考察。中欧合作将从传统的经贸、科技、环保等领域扩大到法制、农业发展、人力资源开发等诸多领域。

尽管中欧经贸及科技合作取得较大发展，但从中欧总体经济规模看，双方的经贸合作还有很大的发展空间，合作的领域和规模还有待进一步扩大。欧盟尽管是我国最大的贸易伙伴，但每个国家对华贸易的比重还落后于日本和美国；欧盟的对华投资仅占其对外总投资的3％。中国加入世贸组织后，为中欧经贸合作的进一步发展提供了新的契机。欧盟如果遵守世贸组织的规则，彻底改变对华贸易中的某些歧视性政策，取消对中国向欧盟出口产品的限制，取消它对华技术出口的限制，将会进一步提高中欧经贸合作水平。

4. 中欧援助合作项目成效显著

欧盟于1984年开始向我提供财政技术援助，1995年欧盟通过《中欧关系长期政策》文件，并加大了对华援助合作的力度。1991～1994年欧盟每年对华援助资金平均为2000万欧元，1995年之后增幅较大，1999年达到7000万。截至2003年，中、欧发展合作项下已完成项目35个，正在执行的项目18个，累计援助金额约4.5亿欧元，发展合作项目涉及农业、环保、能源、教育、卫生、贸易、司法等众多领域。欧盟对华援助合作项目主要集中在：支持中国的人力资源开发;向与中国经济和社会改革关系密切的部门提供培训及技术援助;通过鼓励地方经济发展,帮助解决农村及城市贫困问题;环保合作以及加强中欧商业对话和产业合作等。在中国加入 WTO 后,欧盟优先合作的领域是:为中国加入 WTO 提供支持和援助,反偷渡和非法移民、社会保险改革、电讯、环境、能源以及人力资源开发等。中欧合作项目的日益开展,既为中国的经济发展和改革开放带来了许多现实的好处,同时也提高了“欧盟在中国的知名度”。

(二)中国与中东欧国家的经贸往来

中东欧国家历史上与中国关系良好,是与中国最早建立外交关系的地区。至上世纪八十年代末,该地区大部分国家与中国的贸易为政府记账贸易。记账贸易期间,中国与该地区的贸易额曾达到较高的水平,如 1979 年与罗马尼亚的贸易额创 10.94 亿美元的历史最高水平,1989 年与捷克的贸易额达到 9.1 亿美元,与波兰的贸易额达 8.7 亿美元。从 1989 年开始,中东欧各国国内形势相继发生了二战后最剧烈和深刻的变化。

面对中东欧国家所发生的变化,中国从一开始就采取了不干涉别国内政、尊重各国人民选择的立场。中国党和国家领导人多次表示,中国希望同中东欧各国保持和发展正常的国家关系,扩大在政治、经济、贸易、科技、文化等领域的交流与合作。根据变化后的新形势,中国进一步调整了对中东欧国家的方针政策,其中心内容是:互相尊重、求同存异、平等互利、稳步发展,按照和平共处五项原则发展国家关系。在政治关系顺利发展的同时,中国与中东欧各国在新形势下的经贸、科技、文化、教育等领域的交流与合作也不断扩大。虽然在九十年代初期,中国与中东欧国家贸易形式改为现汇贸易后,双边贸易曾一度下滑。经过双方的努力,贸易额开始回升。统计表明,1998 ~ 2003 年间,中国与中东欧新入盟10国贸易额的增长率都达到了两位数。1998年双边贸易额19.6亿美元，而2002年双边贸易额达到了54.5亿美元。2003年双方贸易额达到76.52亿美元，比上年同期增长48.06%，其中出口额为62.4亿美元，增长40.73%，进口额为14.11亿美元，增长80.03%。高于同期中国对外贸易的增长速度。从国别来看，中国在该地区最大贸易伙伴是匈牙利，2003年两国贸易额达到25.88亿美元，其次为波兰和捷克，贸易总额分别达到19.8亿美元、15.6亿美元。在贸易增长的同时，进出口商品结构不断改善。据统计，中国自该地区进口的商品中，58.49%为机电产品，22.38%为原材料类商品，如有色金属、机械、化工产品、鱼粉、医药品等；而中国对该地区出口的商品中48.82%为轻纺产品，34.03%为机电产品，包括纺织品、服装、鞋、食品、医药、玩具、陶瓷、家用电器和工具等。

近年来，中国与中东欧国家双边经贸关系，由最初单一的主要依靠进出口贸易逐步发展到贸易、投资、生产合作等多种形式相结合。据统计，截至2002年底，中东欧国家在华投资项目1121个，合同投资额8.17亿美元，实际投资额3.15亿美元，涉及机械、食品、医药、化工、电力等领域，其中，波兰、捷克和斯洛文尼亚在开展对华投资方面成效突出。随着中国“走出去”战略逐步实施，以及中东欧国家即将入盟和投资环境的进一步改善，中国企业加大了对该地区投资的兴趣和力度。目前中国在该地区投资约3亿美元，多为餐饮业和贸易公司，另外也有少量机械、医药、木材加工、卷烟、农业等领域的生产企业。中国在该地区投资取得较好成效的国家主要是罗马尼亚、匈牙利和保加利亚。

根据中国与中东欧国家经贸关系发展水平和发展速度，如果大部分入盟国家能够与原欧盟成员国对华贸易保持大致相同的发展速度，则到2010年中国与上述中东欧国家贸易额很有可能达到160亿美元以上。

尽管我国与中东欧双边贸易在逐年递增，但仍存在着以下一些问题：

首先，双边贸易额相对较小。2001 年几个主要的中东欧国家对亚洲的出口在其总出口中的份额仅为 1% ~3.1%。而同期对欧盟的出口份额为 54.8% ~74.3%。2002 年对中东欧的出口仅占中国出口额的 1.34%，对中东欧的进口仅占中国进口额的 0.36%。

其次，如表 5 –4 所示那样，我国与该地区大部分国家的贸易有较大的顺差，导致贸易不平衡。例如对匈牙利出口 14.5 亿美元而进口仅 1.7 亿美元。中东欧国家对中国贸易长期处于顺差状态，对双边贸易将会产生一些不利的影响。

最后，一些国家对中国的产品设限。如波兰 1997 年 12 月以反倾销为由对中国打火机、1998 年 12 月和 2000 年 3 月以过量进口为由对我国的部分鞋类和电熨斗实行限制措施。

表 5 –4　2002 年中国与中东欧国家的贸易额

单位：万美元

国家	出口额	进口额	贸易差额
匈牙利	144850	16883	127967
波兰	116471	21865	94606
捷克	80755	15460	65295
罗马尼亚	36200	39106	–2906
爱沙尼亚	13716	3605	10111
斯洛伐克	9173	3787	5386
斯洛文尼亚	9544	2955	6589
保加利亚	9763	2148	7615
立陶宛	9823	1181	8642
拉脱维亚	6752	524	6228

数据来源：中华人民共和国商务部网站 http://www.mofcom.gov.cn。

(三)中欧经贸关系存在的问题

虽然中欧经贸关系近年来发展迅速,存在着很大的发展空间,但我们也应该看到中欧经贸关系中还存在一些不和谐因素,其中主要是欧盟频频对中国的输欧商品进行反倾销调查、停止进口中国部分农产品、维持对中国三大类非纺织工业产品的歧视性数量限制等,削弱中国产品在欧盟市场的竞争能力以及纺织品双边配额管理等,这些因素在一定程度上阻碍了中欧经贸关系的进一步发展,需要双方共同努力加以解决。这些问题主要表现在:

1. 目前双方的经贸水平与双方具有的经济规模和所处的国际地位并不对称

据中国海关统计数字,2004 年,欧盟占中国出口总额的 18.1%(而中国占欧盟进口总额不到 2%)。在投资方面,欧盟远远落后于美国和日本,其对华投资所占比重还不到其在欧盟区外投资总额的 3%。因此,欧盟的对华投资还有很大的潜力可挖。欧盟有优势的一些现代化传统产业如机械、汽车、电子等正是中国产业结构调整和现代化进程所需要发展的产业。电子信息、生物工程、新材料和航天等高新技术产业;石化、化工等基础产业,以及港口、公路等基础设施是中国今后一段时期招商引资的重点。而欧盟在这些方面具有较强的比较优势,但目前并没有在中国得到很好的发挥。

2. 欧盟对中国实行过多的配额及数量限制

欧共体从 20 世纪 50 年代以来一直对中国的出口产品实行单边数量限制。1993 年,欧盟统一市场运行前,配额问题是属于国别管理,统一市场建成后,该国别配额管理为欧盟统一的配额管理。这使得原来对华不设限的国家也变得有配额了,如过去德国对中国丝绸实行自由进口,但实行欧盟一级的配额后,中国丝绸出口到德国也要受配额限制,这在一定程度上抑制了中国产品向欧盟出口。1994 年 3 月颁布的 517/94 号法规对中国影响最大。该法规取消了各成员国实施的总数达 6417 种进口限额,代之以统一的配额,除原有的纺织品配额外,欧盟对中国有竞争力的鞋、手套、玩具、陶瓷制品、玻璃器皿等 7 大类 105 种商品设置了单方面的数量限制;对 27 类 93 种化工产品实行严密的监控、设置关税和非关税壁垒(如技术、卫生标准)。这一规定虽然适用于所有的发展中国家,但中国是这一规定最大的受损害者,因为这 7 类商品正是中国对欧盟的主要出口商品。尽管在 1999 年欧盟将中国受限制的 7 大类商品削减为 5 类,同时对其余类别商品的配额做了调整和增加,但并没有放弃设限的本质。例如,欧盟对中国双边协定以外的纺织品设限类别达 27 种,其中七部分都是中国过去对欧出口的非设限产品,这样一来,严重阻碍了中国对欧盟的出口。

3. 欧盟是对我国实施反倾销的主要国家

欧共体于 1979 年第一次对中国糖精出口进行反倾销调查,首开西方国家对话"反倾销"之先河。根据世界贸易组织的最新统计,我国是世界上出口产品受到反倾销调查最多的国家,自 1978 年以来,已经有 29 个国家和地区对我国出口产品发起了 422 起反倾销调查,而其中欧盟占 94 起,排名第一。过去欧盟反倾销调查主要集中在化工和金属制品,目前则向中国大宗出口产品方向发展,如鞋类、箱包、棉布、活性炭等产品,确定的反倾销税率比较高,一般达 30% ~60%,最高达 100% 以上,致使许多中国产品无力与欧盟同类产品竞争,被迫退出欧洲市场。

在欧盟的反倾销法中对我国的国有企业存在明显的歧视,认定国有企业享受政府的补贴,不接受相关企业提供的成本数据,而采取所谓的按照市场经济第三国同类产品成本的方法来判断与推算我国产品的倾销事实与幅度。被作为中国替代国的不仅有发展中国家,如巴西、智利、印度等,还有美国、瑞典、挪威等发达国家。反倾销调查后,对中国按产业整体裁决征收单一反倾销税，而不是根据不同企业实际倾销幅度征收不同的反倾销税。这样一方面扩大了中国被反倾销的产品范围，另一方面由于采用替代国制度，中国企业被征收反倾销税的可能性可能增加。1998年4月欧盟理事会通过了将中国从其反倾销政策中的“非市场经济”国家名单中取消的议案，这意味着今后一个企业的产品被征收了反倾销税，也不再会危及同行业所有企业。同时，在判定是否倾销的价格标准上，不再用市场经济第三国（如印度）的替代价格来判断，而是根据本国的成本来计算，但不再把中国列入“非市场经济”的名单中，并不等于欧盟承认中国已经是市场经济国家，中国企业还不能享受市场经济国家企业的待遇。在该议案中，关于衡量中国企业是否属于市场经济的五条标准和给予我国涉案企业分别裁决的八项条件的要求非常苛刻。

4. 欧盟开始逐步取消对中国商品实施普惠制

1980年，欧共体给予我国出口产品以普惠制待遇，促进了我国对欧共体的产品出口。但是欧盟于1995年开始分三个阶段实施为期十年的新普惠制度，旨在限制竞争力强的国家和地区享受这一待遇，只提供给最穷的发展中国家。新普惠制确定了新的毕业机制，即国家毕业和产品毕业。一旦某个受惠国或其产品达到欧盟制定的标准后，即不准享受关税优惠待遇。中国被列入第二类国家即属于竞争力较强的国家，被划在不再给予普惠制待遇的范围内。早在1996年，欧盟就取消了中国除化肥以外所有化工产品、服装及其附件、玻璃、陶瓷的普惠制待遇，1998年再次取消中国7大类商品的普惠制待遇。此次欧盟又决定取消对中国乳、蛋制品和天然蜂蜜、塑料和家电、橡胶制品、纸制品、玩具、钟表、光学仪器、乐器、服装、鞋帽及轻工制品等的关税优惠。根据新普惠制方案，我国共有16大类50种产品将从受惠产品名单中消失，工业制成品中继续享受普惠制待遇的只剩下工艺品和收藏品。普惠制待遇的取消，将从一定程度上影响我国产品的出口。

5. 中国出口到欧盟的商品面临诸多的技术壁垒问题

欧盟是在国家贸易中最早利用技术壁垒保护其市场的经济体,也是技术壁垒种类发明最多、条款最苛刻的贸易体。尽管至今尚未形成统一的、公开的技术性贸易壁垒政策,但相对其他国家或区域而言,欧盟的技术壁垒措施已经比较完善,且效果比较明显。各种各样的技术壁垒如:质量标准、卫生检验检疫标准、环保指数等等,在很大程度上缩减了中欧贸易额,我国对于经济发展水平还不高,很多标准还达不到欧盟严格的要求,从而影响我国对欧盟成员国的出口。

二、欧盟东扩对中欧经贸关系的影响

欧盟由欧共体演化而来,其创始成员国为德国、法国、意大利、荷兰、比利时和卢森堡六国。欧盟曾历经四次扩大(1973 年英国、爱尔兰、丹麦加入;1981 年希腊加入;1986 年西班牙、葡萄牙加入;1995 年奥地利、瑞典、芬兰加入),成为拥有 15 个成员国和 3.8 亿人口的区域一体化组织。2002 年 12 月 13 日,哥本哈根召开的欧盟首脑会议决定结束与爱沙尼亚、拉脱维亚、立陶宛、波兰、捷克、斯洛伐克、匈牙利、斯洛文尼亚、马耳他和塞浦路斯这 10 个候选国的谈判,正式邀请他们在 2004 年 5 月加入欧盟。第五次东扩的规模和意义都远远超过前四次,在北约实现历史性的东扩之际,欧盟也迎来了最大规模的扩大。欧盟的此次扩大,涉及的国家之多、地域之广、人口之众,以及候选国与成员国政治、经济、文化差别之大,在其发展历史上是绝无仅有的。用欧盟轮值主席国丹麦首相拉斯穆森的话说,此番"达成的协议,标志着一个新欧洲的诞生。"值得整个欧洲为之动容的是,协议的达成,使欧洲"结束了半个世纪的分裂状况",也显示出欧洲人民努力建设一个和平、民主、稳定和繁荣的欧洲的决心,而通过和平手段实现欧洲联合是欧洲人数百年来的梦想,也是欧洲各国领导人孜孜追求的目标。

从数字来看,欧盟得到壮大是毋庸置疑的。原欧盟有15个国家、3.5亿人口,再加上中东欧的10个国家,就发展成拥有25个主权国家、整个经济区域的面积由原来的320万平方公里,扩增为430万平方公里;总人口数亦由目前的3.7亿人,增加至4.8亿人,成为全世界最大的区域经济体。在经济实力上,欧盟东扩后GDP近10万亿美元,占世界总产值的25%,年进出口总额接近3万亿美元,占世界总贸易额的20%,成为全球最大的贸易集团和进口市场。尽管欧盟扩大的前景仍然具有难以驾驭的不确定性,但其积极因素还是不容忽视的。

首先,欧盟的扩大将有助于扫除贸易壁垒,建立世界上最大的单一市场,新老成员都将从中获益。中东欧国家加入欧盟后,欧盟将通过新规定和经济援助来加快和深化已有的经济和政治改革,这其中,将大部分国有资产私有化,削弱政府的经济职能,建立充分运转的市场经济是重中之重。这不仅会激活中东欧国家的经济,还可能使西欧国家重新焕发生机,为欧洲民主国家大家庭的未来提供一个更加乐观的前景。

其次,像美国得益于大量移民进入一样,欧盟扩大将增加数以千万计的文化上相容、富有活力、勤勉且价格低廉的劳动力,而"这正是出生率和人口预测极低的欧盟老成员国在未来几十年里为保持现有经济活力水平所急需的"。不仅如此,更多具有不同文化背景、意识形态的人口的融入,也有助于遏制欧盟在过去几年里出现的极右倾向,如果土耳其、阿尔巴尼亚这样一些国家能够加入欧盟,欧盟就会在真正意义上建立一个超越民族和宗教的多元社会,而一个宽容的欧洲将是异常强大的。

再次,欧盟扩大受益者当属中东欧国家。中东欧国家加入欧盟,有利于促进中东欧国家的经济体制改革、增加投资、扩大对外贸易、推动中东欧国家的经济增长。根据欧盟委员会的估计,欧盟东扩将促进中东欧国家的GDP每年提高1.5个百分点,原欧盟

15国的GDP每年提高0.1个百分点。在经济上,欧盟已经成为东欧国家主要的贸易伙伴和外资来源,入盟就意味着可以进一步扩大出口、吸引外资,并能够享受大量的财政补贴,同时有助于建立有竞争力的开放市场经济体制。事实上,此前由于即将成为欧盟成员,中东欧国家已经吸引了数十亿美元的外资,而加入欧盟将有助于这一地区保持稳定和吸引更多的投资者,从而刺激和保持经济的长久发展。对东欧国家来说,加入欧盟不仅可以获得心理上的认同感,也可得到多方面的安全保障,同时还能捞到经济实惠,可谓一举多得,这也是这些国家兴高采烈加入欧盟的原因之一。在哥本哈根,与会领导人已商定三年内向新成员国提供408亿欧元援助,这对新成员的国内政局具有进一步稳定的作用,还可能因为共同的经济利益和欧盟的居中协调而消除它们之间的紧张关系。

欧盟原是中国的第三大贸易伙伴,东扩后成为第一大贸易伙伴。从长远与宏观看,欧盟东扩有利于中欧经贸关系的发展,扩大后的欧盟给我国提供了一个更广阔的市场,并促进双方经贸关系的进一步发展;但近期来看,对中国的影响弊大于利。因此,面临着欧盟东扩带来的机遇和挑战,我们应该采取积极有效的行动,以实现中欧经贸关系的"双赢"。

(一)欧盟东扩对中欧贸易产生的积极影响

1.新成员国整体经济环境将得到极大的改善

虽然新成员国在政治经济仍存在诸多变数和不稳定性,但随着这些国家的加入,在欧盟统一的贸易管理体制下,商业环境进一步改善,市场管理将更加规范,企业投资的经营风险也随之下降。例如,为了改善新入盟国家的投资环境、政治结构和社会治安,欧盟一方面继续实施原有的对中东欧国家的经济援助项目(PHARE计划,每年拨款15亿欧元),支持新入盟国家农业和农村发展特别项目(SAPARD 计划,每年拨款 10 亿欧元)和政治结构改革项目(ISPA,每年拨款 5 亿欧元);另一方面,从 2002 年开始,欧盟加大了对新入盟国家的投入,专门设立"入盟后财政支持拨款",2002 年投入 60 亿欧元,并逐年增加,到 2006 年将达 180 亿欧元。欧盟对新成员国的援助,将极大促进新成员国内经济的发展速度。目前国际知名的信息、电子、汽车等产业巨头,纷纷直接赴东欧国家投资设厂,而大厂的投资动作往往也吸引下游卫星厂商前往投资,更促使商品的供应链趋于完整。联合国贸易与发展会议(贸发会议)2003 年报告指出,进入中、东欧的外国直接投资 2002 年达到 290 亿美元,比 2001 前增长了 15%。经营环境的改善和外资流入,促使各新成员国的商业部门需求增强,进一步提高就业率及收入水平。2000 年,捷克、波兰及匈牙利三国的工资月薪比 1996 年分别增加了 35%、39% 和 78%;再以波罗的海三国为例,爱、拉、立三国的人均月薪分别从 1995 年的 158 欧元、130 欧元和 92 欧元增长到 2002 年的 392 欧元、307 欧元和 332 欧元,年均增长率为 18.5%、17.0% 和 32.6%。贸易环境的改善和消费需求的提高有利于促使新入盟国家建立起比较完善的市场运行机制,国内市场更加开放,生产要素的流动性不断增强,要素配置更趋优化,增加了进口需求,产生贸易创造效应。以中国与波罗的海三国之间的贸易为例,波罗的海三国经营环境的改善,导致人民的一般收入提高,增加了对中国的进口需求(如表 5-5 所示)。

表 5-5　波罗的海三国对中国进口额

单位:百万欧元

年　　份	1999	2000	2001	2002
爱沙尼亚对中国进口额	41.6	163.7	418.2	264.9
拉脱维亚对中国进口额	14.0	25.4	30.2	45.4
立陶宛对中国进口额	61.3	90.8	140.1	192.6

资料来源:中华人民共和国商务部网站。

2. 新成员国部分关税的下调有利于我国商品更多地进入欧盟市场

欧盟扩大最直接的好处,便是这些新成员国关税税率的降低(参见表5－6)。由于新入盟国的进口关税均普遍较原欧盟15国高,加入欧盟后,新入盟10国的关税要按照欧盟的统一标准降低,因此部分国家现有的关税壁垒将有望消除。例如,波兰现在对进口钟表、玩具、游戏、运动用品及人造饰品的税率为12%～35%,而同类商品欧盟的税率还不到5%,捷克的服装和汽车的增值税也由原来的22%降为19%。而以前为保护本国某类产品而设置的贸易壁垒也会按照欧盟统一的标准进行调整甚至废除。关税的降低,无疑有助于中国企业扩大出口。

表5－6 欧盟、捷克、匈牙利及波兰现行进口关税最惠国关税率

产品	控制编号	欧盟	捷克	匈牙利	波兰
旅行用品及手袋	4201～4205	2%～9.7%	3.8%～6%	6%～10%	18%～21%
服装及配饰	61	8%～12.4%	2%～9.7%	3%～13%	18%
	62	6.3%～12.4%	2.9%～15.5%	7%～12.1%	18%
鞋子	64	3%～17%	2%～9.6%	6%～12.1%	9%～17%
人造首饰	7117	4%	7%	5%～18%	21%
袖珍计算机	8470	0	0	7%～8.9%	0
电脑产品	8471	0	0	0	0
电脑零件及配件	8473	0～3%	0～3%	0～3%	0～9%
玩具、游戏及运动用品	95	0～4.7%	0～7%	0～11.4%	12%
钟	9103～9105	0～4.7%	2.2%～5.1%	7.5%～10%	12%
表	9101～9102	4.5%	3%	15%～25%	20%～35%
眼镜、镜片、眼镜架	9002～9004	0～6.7%	2.9%～4.4%	8.5%	6.7%～12%
电视机	8528	0～14%	0～13.2%	5%～15%	5%～21%
电话及电讯产品	8517	0	0	0～10%	0～8%

资料来源:World Tariff On-line Database。

对我国企业来说,欧盟东扩带来关税下调而特别受惠的产品主要包括钟表、玩具、游戏、运动用品和人造首饰等。由于原欧盟15国对这些产品实施的关税均在5%以下。而中东欧各国征收的税率却较高。以10国中最大的波兰为例,该国的手表关税高达20%~35%,人造首饰的税率也高达21%。显而易见,新成员国将调低关税,有助于我国产品扩大销路,更好地进入欧盟市场。

3. 新成员国产品技术标准的统一有利于扩大市场准入

在加入欧盟以前,各个新成员国有各自的技术标准,这给第三国出口商带来了诸多不便,阻碍了中东欧各国贸易的开展。例如,在欧盟东扩前,我国出口到新成员国的电子和电气产品的主要障碍是,不同国家的技术要求而非进口关税,即使我国出口的产品已获得原欧盟成员国的认证,仍需各新成员国有关当局个别审批。由于技术要求不同,我国出口商可能需要改动产品的技术设计,从而增加成本,减少利润。有时,不同的技术要求甚至使一些出口商不愿将产品出口到这些国家,因为其市场较小,不值得为不同的技术设计而增加额外成本。

然而在加入欧盟后,新成员国执行欧盟现行的产品技术标准,目前,各成员国现在正逐步向欧盟统一的欧洲产品技术标准看齐,其中包括评估机构、认证机构、标准化和市场监督等。在这种情况下,根据欧盟标准获得认证的产品,不但在原欧盟成员国、并且在新入盟的国家得到认可。技术标准的统一将给第三国出口商带来更多方便。对于我国来说,不仅限于电子及电气产品,还包括其他多类消费品和食品,都是按欧盟标准取得认证或符合欧盟标准,因而在入盟后不须再另行批准就可出口到新成员国。技术标准的统一,除了有利于扩大我国在新成员国的市场外,还可因产品同时在原成员国和新成员国销售而取得更大的规模经济效益。

4. 欧盟东扩有利于降低中国产品进入新欧盟的整体行政成本

由于欧盟是目前世界最大的单一市场，实行的是统一的贸易制度，在东扩完成后，欧盟 25 个成员国将对中国实行统一的贸易规则、统一的关税、统一的行政手续。欧盟统一大市场的扩大，汇市交易成本下降，原中东欧各国的国家贸易壁垒将被明确性、规范性与透明度水平更高的欧盟统一贸易政策所取代。这些都会简化中国商品在欧盟范围内的操作程序，提高效率，降低中国商品进入 10 国的整体成本。此外，欧盟东扩后，新成员国对外贸易结算将更多地使用欧元，这有利于简化中国与新成员国之间贸易金额的货币结算。同时，欧元近年来一直保持坚挺，据中国银行外汇牌价数据显示，2004 年 4 月初欧元兑人民币已比上一年 1 月份升值了 16.8%，欧元的升值也将有利于中国产品出口的扩大。

（二）欧盟东扩对中欧贸易产生的消极影响

从长远与宏观看，欧盟东扩将促使新成员国改善市场环境，提高市场需求，给中国提供一个更广阔、更统一、更稳定的市场。但近期来看，对中国的影响弊大于利。对中国的挑战与影响涉及贸易市场（原成员与新成员）与贸易条件，体现在贸易转移、纺织品、农产品、关税配额、反倾销措施、技术标准、原有的双边互惠贸易协议失效以及投资等诸多方面。同时，欧盟东扩后也不可避免地带来一些如配额限制、技术壁垒、反倾销等不利因素，对中欧经贸关系产生了消极影响。

1. 欧盟东扩将形成贸易转移效应

欧盟扩大产生贸易转移效应，对中国的影响包括两方面：一是老成员转向从新成员购买原从中国购买的产品；二是新成员实施欧盟“共同贸易政策”抬高对区外贸易门槛后，阻碍中国产品进入原市场[1]。由于欧盟内部实行零关税,这10国加入欧盟后,将促使东西欧双方从对方进口成本下降,使双方在更大的范围内实现了资源更好的配置。区域内贸易比重将进一步上升,同时减少对外部贸易的依赖程度。经济发达的老成员将把新成员变成他们的制造业和农副产品生产基地,减少从区域外进口同样的产品。实际上,这种效果在早些年已经有所体现。至1998年初,原欧盟15国基本取消除少数农产品外来自中东欧国家的出口商品关税和配额限制。由于贸易障碍的消除,双方贸易迅速扩大。从1990年至2000年,欧盟原成员国对中东欧国家的出口年均增长15%,从中东欧国家的进口年均增长13%。目前东西欧的经济关联度已很高,中东欧国家与西欧国家的贸易比重占这些国家贸易额的一半以上,其中波兰、匈牙利、捷克三国各占本国的70%、60%、50%,达到了欧盟内部发达国家之间的水平。由于中国与10国的经济发展水平、产业贸易结构、产品价格、技术含量水平相近,比较优势不是十分明显,而且这些国家占有地理位置、文化习俗及语言等方面的优势,欧盟区域内成员国的商品将可能替代从中国进口的商品,中国对欧盟出口的部分商品将可能有所减少。加上中国与新加入的欧盟10国的对外贸易一直处在顺差状态,届时与这些国家的贸易摩擦有可能也会随之增大。

另外,区域自由贸易程度的扩大,将又会进一步扩大区域内生产要素的流动。中东欧国家劳动力素质较高,当前中东欧国家的教育普及率高达98%,人民的教育素质普遍比较高,但劳动成本低于欧盟发达国家,目前中东欧国家的平均月工资以波兰、捷克、匈牙利、及波罗的海三国较高,但也仅仅为500美元左右,较欧盟原成员国有一定差距。因此,中东欧国家加入欧盟后将进一步促进生产要素的流动,扩大欧盟在中东欧地区的投资。

---

① 刘德标:《近忧中国与欧盟经贸关系》,《中国经贸》2004年第7期。

事实上，欧盟扩大带来的贸易转移效果已经在其他国家中得到了印证。例如，根据1975年欧共体与非洲、加勒比、太平洋46个发展中国家签订的洛美协议，欧盟一直单方面向这些前殖民地国家提供最优惠的贸易待遇。从20世纪70年代中期至20世纪80年代末，它保证了这些发展中国家在欧盟进口市场一直保持近7%的份额。然而进入20世纪90年代，尽管参加协议的发展中国家已从最初的46个增加到71个，但其在欧盟的市场份额却从1985年的7%降至2000年的4%。产生这种情况的原因是多方面的，但欧盟从新成员国进口的迅速增长所产生的贸易转移效应是一个重要因素。特别是近年来，西欧国家为利用东欧廉价的劳动力、东西欧地理接近等优势，大量到东欧国家投资设厂，更加剧了中东欧国家在工业制成品方面与中国等发展中国家的竞争（参见表5－7）。

表5－7　欧盟15国分别与中国和入盟10国贸易额及所占比例对比

年份	原欧盟15国与中国的贸易			原欧盟15国与入盟10国的贸易		
	1980年	1990年	2001年	1980年	1990年	2001年
进口（百万欧元）	2097	10435	75914	23429	40998	101004
占欧盟15国份额（%）	0.8	2.4	7.4	5.6	7.5	9.6
出口（百万欧元）	1963	5789	30099	29955	51419	118023
占欧盟15国份额（%）	1.0	1.5	3.1	6.4	9.6	12.6

数据来源：欧盟统计局网站。

从上表可以看出，虽然近年来欧盟15国与中国和入盟10国贸易都在增长，但是入盟国与欧盟15国的贸易无论是从绝对数量还是从相对数量上都远比我国增长得更多。而且在欧盟东扩后，将进一步提高区域内贸易比重，减少对外部贸易的依赖程度。中国将因此而蒙受贸易转移效应的影响，并失去与区域内成员国之间的大量贸易机会。

2. 欧盟东扩进一步助长欧盟内部的贸易保护主义势力

近年来，随着全球贸易自由化的开展，欧盟对外贸易量也不断扩大。但从整体上看，欧盟区域内贸易量仍然占整个对外贸易量约60%，明显表现为一种贸易保护主义倾向。为了逃避WTO的约束，近年来，欧盟在抬高贸易壁垒时采取了更为隐蔽的手段，打着技术标准、卫生检疫、环保等名义，实施非关税壁垒。例如，欧盟不久前通过的禁止出售含偶氮染料的服装，禁止使用一批可能对环境造成污染的化肥，都对中国相关产业造成了不小的影响。欧盟在2004年实施的废旧电子产品处理和化工产品条例，意味着中国出口欧盟的家电产品将被征收2%～3%的废物回收费，这将大大影响中国对欧盟的家电产品的出口。据专家预测，光是废旧电子产品处理法规一项指令，就将使中国的彩电、电脑显示器等电子产品对欧盟的出口减少20%左右。

欧盟内部的贸易保护主义势力在欧盟东扩后将进一步增强。目前，中东欧入盟国经济普遍落后于欧盟原有15个成员国，抵御外来市场竞争的能力较弱，根据欧盟委员会2003年3月公布的一份报告显示，以平均购买力计算，新入盟的10国人均国民生产总值仅相当于原有15个成员国的40%，因此，为兼顾新成员国的利益，欧盟在对外贸易政策、技术标准、法律法规与入关规定、卫生、安全标准等方面设置了更高的门槛，更加带有贸易保护主义的色彩，这样我国产品在欧洲面临的门槛将越来越高。

3. 纺织品出口将面临着越来越多的考验

欧盟扩大前，中国与加入欧盟的中东欧10国有较大的纺织品贸易额。欧盟东扩后，为了不影响10个新成员国与中国原有的纺织品贸易关系，从2004年5月至12月这8个月的时间里，欧盟增加了对中国的纺织品贸易配额。但欧盟配额少于原欧盟与东欧10国的原配额的总和，这就意味着中国对25国的纺织品出口配额在实际上呈现减少趋势。中国出口中东欧国家的纺织品将受到欧盟的配额限制。

2005 年 1 月后,WTO 规定的纺织品配额完全取消,也并不意味着中国对欧盟纺织品出口畅通无阻。扩大后的欧盟,纺织服装业直接从业人员将达 250 万,营业额 2000 亿欧元,成为世界第一大纺织品出口地区,同时也将是第二大服装出口地区(仅次于中国),2003 年年底,出于东扩和 2005 年配额取消后对中国纺织品的担心,欧盟出台了《扩盟后纺织服装业的未来》文件,将采取一系列旨在救助其纺织服装工业的政策和措施。此外,面对中国纺织品出口的压力,欧盟一些成员国和行会纷纷向欧盟委员会施压,要求保护欧盟纺织业,对中国实施“特保条款”。欧盟扩大后,该条款将适用于 10 个新成员国限制中国纺织服装业出口。这意味着中国对欧洲纺织品出口面临的障碍增多了。

4. 新成员国执行欧盟的贸易歧视政策将使我国进入欧盟市场的门槛提高

欧盟是个经济一体化程度相当高的国家联盟,各成员国合作建立了关税同盟,实行统一的对外贸易政策。欧盟扩大后,欧盟现有的某些歧视性贸易政策与措施,都适用于 10 个新成员国,众所周知,欧盟对进口产品在安全、环保、卫生等方面有严格标准,而且技术标准纷繁复杂,产品质量标准有 10 万多个,几乎涉及所有的进口产品,而新入盟的 10 个成员国以往在技术标准等方面的要求相对比较低和宽松,新成员国将按照欧盟的要求统一产品标准,意味着目前欧盟实施的所有 TBT、SPS 等技术性贸易壁垒将扩大至新入盟国家,这样将使我国进入新成员国的门槛提高。例如,欧盟已以健康理由而实施指令,禁止手表、首饰等与皮肤接触的物品使用含镍物料,欧盟关于电子电气设备的两个指令以及禁止销售含禁用偶氮染料的服装、鞋类及床上用品的法令及规定都适用于新入盟的国家。再如,欧盟原有的 15 个成员国对中国产的鞋、陶瓷、餐厨具3类产品有配额限制,而匈牙利等10个新入盟的新成员国对中国没有设限。随着这些国家正式成为欧盟的一员,它们就按欧盟有关政策对从中国进口的鞋、陶瓷和餐厨具3类产品不设过渡期而直接采取配额限制。欧盟对中国这3类产品所设的配额限制也随之适用于新成员国,使得许多在中东欧经营的中国企业一下子面临着"东扩尴尬"。

对中国企业而言,更重要的是新成员国还将执行原15个成员国的反倾销措施。当前欧盟是当今世界上使用反倾销措施最多的经济体之一,而中国是欧盟最大的反倾销目标。据2004年最新统计,欧盟对我国出口产品实施贸易保护措施共38起,其中反倾销案37起,保障措施案1起,涉及五矿、化工、纺织、机电、土畜等多行业的产品。而中东欧10国在入盟前对中国的反倾销措施较为宽松。除了波兰对中国的袖珍打火机、鞋类及电熨斗反倾销外,大部分国家目前对中国产品并无类似行动。这些国家入盟后,欧盟严厉的反倾销规则及措施将会自动适用于新成员国,我国企业今后在欧盟遭遇反倾销指控的几率也会提高。这项政策将影响到中欧经贸总量的10%。中东欧国家的经济发展水平与中国差不多,所以,他们有可能利用反倾销政策施加不利于中国的影响。这将对中国产品出口欧洲造成一定的打击,甚至会导致一些中国产品被迫退出中东欧市场。

5. 中国与新成员国出口商品的相似性使中国对欧盟的出口处于不利地位

中东欧国家总体上与我国经济发展水平和产业结构大致相同,出口商品结构比较接近,商品互补性差,竞争性强。20世纪80年代后半期,中国的原材料、能源、农产品及食品的出口下降而制成品出口增长;中东欧国家在20世纪90年代中期也出现了相同的趋势。2000年,中东欧国家总体制成品出口占其出口总额的84%,中国的这一比例达到88%。欧盟东扩会使得中国对欧盟的出口处于不利地位。特别是近几年来，中东欧国家在服装、电子、电器和工具制造等领域的国际竞争力大幅提高，而中国对原欧盟成员国的强项也在于此。根据维也纳国际经济比较研究所的一项研究报告显示，1995 年至 2001 年间，除美国、韩国外，中国与中东欧国家在欧盟市场所占份额增长最为迅猛。中东欧国家的服装、电子、电器和工具类产品快速占领欧洲市场，同中国同类产品展开了竞争之势。而与中国相比，中东欧国家与原欧盟国家同在欧洲大陆，历史和文化上有不可分割的联系；两者地理上相邻，交通运输便利，最主要是中东欧国家已正式成为欧盟的一员，在政策上又占有优势，因此，中国尽管在劳动力成本方面占有优势，但在欧洲市场上，新成员国已对中国构成了潜在的威胁。

6. 中国的引资地位将受到欧盟东扩后新成员国的挑战

中东欧国家要符合欧盟的入盟条件，就必须在各方面加快建设的步伐，这就需要大量的资金投入，在同等条件下，欧盟当然会把资金更多地投向中东欧国家，不断增加直接援助，在贷款方面给予优惠的条件。

除此之外，东扩完成后，欧盟有义务对中东欧国家投入大量的人力、物力和财力，这样势必会影响欧盟的对华投资，极不利于中国对欧盟资金的利用。同时，东欧地区自身也具有吸引外资的优势，其魅力主要来自地理位置、人才和发展潜力三大优势。首先，东欧在地理上与西欧相连，交通便利，不仅有利于人员流动，而且大大降低物资运输的成本，这对吸引西欧发达国家起了重要的作用。其次，从现状来看，东欧地区拥有大量成本低廉却经验丰富的高素质人才，而与此形成鲜明对比的是西欧地区人力资源成本在不断提高，尤其是德国等重要的欧盟经济大国。相比之下，东欧劳动力成本却只有西欧的三分之一。例如，目前，包括西门子公司在内的越来越多的西欧高科技领域信息通信和软件开发公司将其研发中心和相关业务东移了。最后，近两年世界经济增长乏力，西欧经济更是在衰退中挣扎，而中东欧地区在经历了多年的改革和调整后，经济出现较快的恢复和增长势头，据统计，从1995年到2004年的10年间，东欧国家的国民生产总值增长了近40%。同时由于出口的增长使工业生产飞速提高，同期劳动生产率在波兰和匈牙利等国提高了100%以上。因此，在未来的时间里，东欧新成员国的劳动力优势与经济增长将吸引越来越多的欧洲企业选择东欧作为投资所在地。

新成员国的劳动力成本和经济发展水平与中国接近，同时又具备欧盟统一大市场内部优势，贸易和生产成本较低，并拥有一大批高技能、价格低廉的劳动力等。这些优势将在全球（尤其是欧盟15国）范围内与中国引进外资形成竞争。据德国科隆经济研究所发布的研究报告表明，2004年5月欧盟东扩后，波兰、捷克、匈牙利、斯洛伐克等国吸引外资的能力将进一步增强，并将成为中国吸引德国企业直接投资的主要竞争伙伴。

此外，如前所述，为了改善新入盟国家投资环境、政治结构和社会治安，欧盟一方面继续实施原有的对中东欧国家经济援助项目，另一方面从2002年开始加大了对新入盟国家的投入，专门设立"入盟后财政支持拨款"，到2006年此项拨款将达到180亿欧元。在欧盟大力支持下，新入盟国家的投资环境将会得到明显改善，从而使包括中国在内的发展中国家在吸引外国直接投资，特别是争取官方发展援助方面受到较大压力。

三、中欧经贸关系总体发展思路

国际政治关系的改善与发展是推动双方经贸合作的重要力量，这在中欧关系的发展历程中尤为明显。欧洲经济不景气已持续十多年，主要的经济大国与美国相比显露出疲软与萧条的窘态。推行欧元之后的欧盟市场也缺乏强劲动力和有力主题，法德等国急于摆脱经济困境，中国大市场自然成为其显著目标之一。

中国在大型基础建设中引进的德国磁悬浮铁路技术,连续大笔购买法国的空中客车等举动,都为法德两国停滞不前的经济注入动力。而从中国二十多年的国际合作经验看来,在贸易和科技互补性方面,中国与欧盟的关系比中美之间的关系更强,摩擦与冲突也比美日相对要少。

因此,尽管短期内中国与欧盟之间仍然存在着许多不确定的因素。但是由于两者之间并没有根本的利益冲突,从中长期来看,随着欧盟东扩,使得其实力进一步得到加强,对中国的重要性日益增大,在双方的共同努力下,中欧经贸关系必将被推向更高的水平,并朝着建立更加紧密的"全面伙伴关系"方向发展。

(一)发展中欧关系经济贸易合作关系的基础

在全球战略格局中,中欧之间不存在根本的战略冲突。稳定的中欧关系,为双方开拓出了战略空间,因此可以说,中欧间全面的战略伙伴关系,是世界稳定之"锚",是欧亚大陆稳定之"锚"。发展全面的战略伙伴关系,将在欧亚大陆上形成一个相互支持的战略合作轴心。

未来中欧经济贸易合作关系建立在"双赢"的基础上,这种关系主要基于以下几个重要因素:

1. 经济全球化趋势的不断增强为进一步发展双边经贸关系创造了有利条件

20世纪90年代以来,随着冷战结束,经济全球化呈现加快发展之势,它表现为生产的全球化、分配的全球化、消费的全球化、市场的全球化、投资与贸易的全球化、科技的全球化等。在全球化这一世界性的浪潮之下,世界各国都将别无选择地置身其中,迎接它的挑战、接受它的洗礼。经过二十多年的改革开放,中国综合国力得到极大提高,为挑战全球化浪潮奠定了坚实的物质基础。中国政府积极加入"世界贸易组织"的气魄,表明了我们勇于面对全球化浪潮的挑战。为顺应时代发展潮流，中国和欧盟都在重新调整对外经济战略，进一步打开国门，推进经济国际化。正是在此背景下，中欧双边关系开始进入一个新的发展阶段。邓小平南方谈话之后，中国改革开放的步伐进一步加大，在对外经贸关系领域，实行“全方位”战略，进一步重视加强发展同西欧国家之间的关系。20 世纪 90 年代初以来，欧盟及其成员国也实行对外经济战略新的重大调整，加紧推行对外经贸地区“多元化”，尤其把中国和亚洲作为欧盟“进入”的重点目标。由此可见，经济全球化正在使国家之间以及地区之间经济上相互依赖日益加深，它将成为推动今后中欧经贸关系新发展的重要驱动力。

2. 中欧良好的政治关系已为今后双边经贸关系的稳定发展奠定了坚实的基础

中欧关系处在历史上最活跃、最富有成果的时期。中欧之间的通商和交往已有两千多年历史，也走过曲折的道路。1949 年新中国成立，奠定了近代以来中国与欧洲国家平等互利发展关系的基础。1975 年以中欧建交为标志，中欧关系开始了新的篇章。中国改革开放，又为中欧关系发展注入了新的活力。目前，扩大后的欧盟成为中国的第一大贸易伙伴，中国是欧盟的第二大贸易伙伴。欧盟国家的一些知名企业和品牌已在中国家喻户晓。中国作为第一个非欧盟国家参加了“伽利略计划”。中欧旅游目的地国协议的签订大大便利了民间往来。这些都标志着中欧合作的领域不断拓宽，合作水平不断提高，双边关系正步入成熟、健康、稳定发展的新阶段①。中国是世界上最大的发展中国家，欧盟是世界上发达国家最为集中的区域集团，双方经济互补性强，发展经贸合作潜力巨大。中欧关系进一步发展具备坚实的基础。虽

① “国务院总理温家宝出席在荷兰海牙举行的中欧工商峰会并发表重要演讲”，《人民日报》2004 年 12 月 10 日第三版。

然中欧双方的政治制度不同，社会、文化背景各异，经济发展水平有一定的差别，在一些问题上存在不同的看法，但中欧之间没有根本的利害冲突，更多的是共同利益，双方在重大国际问题上有广泛的共识，在经济上具有很强的互补性。欧盟可以给中国带来现代化建设需要的资金、技术和管理经验，中国则以丰富的人力资源和广阔的市场给欧盟带来巨大商机。双方各自拥有的灿烂文明，成为世界多样性文化的重要组成部分。这种基于共同利益的合作是最牢靠、最持久的。中欧经贸关系的健康发展符合双方的共同利益。只要双方坚持平等互利、优势互补的原则，认真解决双边经贸关系中的问题，中欧经贸关系就一定能够在新世纪取得更大的进展。在诸如人权等问题上存在分歧是正常的。差异和分歧不应当成为双方发展互利合作的障碍，而应成为双方积极开展对话和交流、增进相互理解的动力。中欧双方可以通过平等政治对话，求同存异，妥善解决。中欧关系只要从战略的高度和长远发展的大局出发，建立在相互尊重、求同存异、平等互利的基础上，双方合作的前景是十分广阔的。为了更好地发展中欧双边关系，进一步推动中欧建设性全面经贸关系的发展，欧盟应减少非关税壁垒方面的保护措施；建立欧亚大陆桥的陆路交通网；各国政府制定与 WTO 相一致的法律法规，创造更加稳定的双边贸易环境。

3. 随着欧盟在东亚地区影响力的增大，中欧的合作空间进一步拓宽

与美国相比较，欧盟在东亚地区的影响一直较弱。20 世纪 90 年代初，随着东亚经济的飞速发展，欧盟及其成员国对该地区的兴趣和重视程度显著增大。1994 年，欧盟发表《走向亚洲新战略》，提升了东亚在其全球外交战略中的地位。中国是欧盟对亚洲新战略的中心。1996 年 3 月，首届亚欧首脑会议在曼谷召开，并决定每两年举行一次。亚欧会议将经贸合作、政治对话、文化交流作为两大洲合作的“三大支柱”，通过一系列积极的“后续行动”，加强了欧盟在整个东亚的影响力，也为中欧合作提供了新的重要渠道。毫无疑问，欧盟加强对华关系的一个重要考虑是经济利益，但是，也并非像一些美国学者和官员所说的完全是受商业利益所驱动。欧盟十分重视中国在“全球和地区安全及全球经济稳定”等方面的作用。2001 年，欧盟在其通过的《新亚洲战略文件》中再次强调了加强对华关系的重要性，指出中国已“牢固”地确立起其作为地区大国的地位；“大量海外投资和技术的流入使得中国经济在技术上升级迅速”，加入 WTO 必将进一步增大中国经济的效率和竞争力；经济实力的增强将使中国在地区和国际事务中的作用更加重要。事实上，近年来欧盟在发展对华关系的过程中越来越深刻地认识到，中国拥有世界 1/5 的人口，中国的发展不仅对欧盟有利，而且对整个世界都有利。欧中广泛而深入的合作符合双边以及欧盟各国的根本利益。

4.《中国对欧盟政策文件》的发展奠定了中国进一步加强中欧合作的决心

2003 年，中国政府发表了《中国对欧盟政策文件》，这是中国发表的首份对欧盟政策文件，也是中国有史以来发表的首份对外政策文件，标志着中国政府对欧盟的重视程度大大提高了。《中国对欧盟政策文件》的发表，标志着中国对欧政策正在发生三个重要的转变。其一是由过去比较重视欧盟成员国到更加认识到欧盟层面的重要性；其二是由以往主要重视经济，到现在经济与政治同时看重；其三是由过去发展对欧盟及成员国关系时受外在因素较大到对欧盟自身因素的重视程度的增加，而对欧盟的重视也不仅只重视其硬实力（人口、GDP 等），同时也日益看到其软实力的作用和影响（政治影响、制定游戏规则的影响力等）。[①]

---

① 冯仲平：《中国与欧盟走得更近》，《世界知识》2003 年 第 23 期。

5. 中欧关系有着广阔的发展空间

基于以上的基础，中欧关系有着广阔的发展空间。发展中欧关系，特别是发展与扩大后欧盟的经贸合作对促进双方共同发展具有重大的战略意义。首先，欧盟具有重要的战略地位。从政治上看，欧盟扩大使国际政治舞台上出现了重要的一极，欧盟已经成为并将继续成为促进世界政治健康发展的主要力量；从经济上看，东扩使欧盟总体经济实力更加强大，国内生产总值将增加5%以上，将超过美国成为世界第一大经济体。其次，中国的国际地位不断上升，成为促进世界政治经济发展的重要力量。中国与欧盟建立战略性合作关系可以促使双方社会经济健康、协调、持续发展，有助于建立多极世界共存互动的新格局；有利于双方进一步提升在世界经济中的地位，更加积极地参与影响国际规则的制定；有利于中国和欧盟两大市场互为依托，共同繁荣。

（二）发展中欧经贸关系的总体思路

面向21世纪，中欧经贸关系的总体思路是：按照互利互惠的原则，从最大限度地发挥各自的比较优势出发，相互之间开展分工与合作；在世界贸易组织的框架下，妥善处理在经贸关系中出现的问题，使中欧经济贸易合作不断走向良性循环。

1. 大力开展“走出去”战略，努力实现贸易与投资的连动

区域经济一体化在促进欧盟各个成员国间贸易、投资便利的同时，给区域之外的国家造成更高的壁垒。欧盟东扩后，其成员国的经济发展水平参差不齐，这虽给一体化的进程带来一定障碍，但垂直分工体系的建立能使欧盟各国的比较优势得到淋漓尽致的发挥。以前依靠区外贸易、区外投资才能解决的问题，现在一体化内部就能解决，各成员国对外部资源、外部市场的依赖大为减少，高贸易壁垒不可避免。同时，在入盟初期，由于竞争力相对较弱，中东欧国家必会敦促欧盟对非成员国的工业制成品进口

在技术标准、商品流通与入关规定、安全卫生标准等方面设置更高的门槛,而欧盟出于对区域经济共同发展的愿望,也势必会加大对中东欧国家的优惠照顾。因此,为了促进中欧经贸关系,仅仅停留在贸易方面是不全面的。近些年来,在中欧贸易中,中国一直处于顺差状态,欧盟处于逆差状态。中国企业急速地以贸易进入欧盟市场的方式和价格竞争战略很容易引起欧盟的极度警惕并采取相应的保护措施,从而使中国输欧产品成本上升。理论和实践均表明,贸易与投资存在着紧密的关联性,当直接贸易成本上升时,投资就是市场进入的最好方式。因此,发展中欧经贸关系可以通过实施"走出去"战略来规避贸易壁垒,实现贸易与投资的连动发展。

实施"走出去"战略,扩大对欧盟的直接投资,无疑能规避现实与潜在的贸易壁垒。目前我国已初步具备对外直接投资的条件。第一,我国经济发展已达到一定层次,2004 年,沿海的上海、苏州、杭州等城市的人均 GDP 水平已达到和超过 4000 美元,已进入邓宁的对外投资发展阶段论的第三阶段①。第二,我国一些产业发展已日趋成熟,比如家电业,经过多年的发展,我国拥有了较为成熟的技术及大量的专用资产,而国内市场已趋于饱和,导致生产能力过剩。第三,我国已成长起一批拥有一定比较优势的企业,如:海尔、TCL、联想等,这些企业或拥有产品的核心技术和规模效益,或具有丰富的跨国管理经验和品牌效应,均已在国际投资中初获成效。第四,经济全球化以及我国的入世为我国企业的

① 根据直接投资量和 GDP 的高低,邓宁的投资发展阶段论将国家分为最贫穷的发展中国家、发展中国家、中等发达国家和发达国家。这 4 类国家代表了经济发展的 4 个阶段:第一阶段,没有所有权优势和内部化优势,欠缺区位优势,所以几乎没有直接投资流出和流入;第二阶段区位优势增加,直接投资流入增加,但所有权优势增加有限,直接投资流出很少;第三阶段,所有权优势和内部化优势大大增强,对外直接投资流出大大增加;第四阶段,投资的流出量超过流入量,有较强的所有权优势和内部化优势,并能发现和利用他国的区位优势。

"走出去"战略提供了制度保障。经济全球化使资源的全球配置成为可能,而根据乌拉圭回合达成的《与贸易有关的投资措施协定》,投资方将享受东道国的国民待遇,诸如"当地含量要求"、"输出要求"等对国际贸易产生扭曲的投资措施被予以禁止。

从投资区位分析,目前我国的对外投资大部分集中在港澳、美国、非洲等地,对欧洲的直接投资较少。欧盟东扩将有利于扩大我国对欧洲,尤其是中东欧国家的投资。中东欧国家不仅是我国进入欧盟市场的跳板,而且现阶段的进入成本也相对低廉。从投资战略考虑,较早进入经济转型国家,既可以充分享受这些国家在引资初期的各种优惠条件,又能在较早占领市场后,构筑新进企业的进入壁垒,从而获得长期而又稳定的经济利润。

目前,随着我国"走出去"战略逐步实施,以及中东欧国家即将入盟和投资环境的进一步改善,中国企业加大了对该地区投资的兴趣和力度。据不完全统计,2004 年我国在该地区的投资约 3 亿美元,多为餐饮业和贸易公司,另外也有少量机械、医药、木材加工、卷烟、农业等领域的生产企业。中国在该地区投资取得较好成效的国家主要是罗马尼亚、匈牙利和保加利亚。

2. 按照 WTO 规则,积极开展与欧洲的经贸关系

我国已于 2001 年 12 月加入世界贸易组织,这对于发展我国向欧盟的出口贸易是有利的。首先,利用世界贸易组织提供的多边贸易规则,拓展欧盟市场。我国加入 WTO 的目的,就是要争取一个平等的国际贸易环境,促进我国外经贸的大发展。我国作为一个成员国应充分利用 WTO 规则争取我们应有的权利,争取更多市场准入机会,提高市场进入能力,扩大对欧盟的贸易规模。其次,要积极运用 WTO 规则,就欧盟对我国出口产品实施的不公正待遇开展有利有节的斗争,包括磋商谈判和利用争端解决机制,以争取我国应有的贸易利益。例如,在欧盟对我国出口商品所采取的不公正待遇中,数量限制是一种直接违背世界贸易组织

规则的贸易保护措施。这一措施在双边贸易关系中是不受约束的。第三，用足用活 WTO 规则中的有关保护条款，适度保护我国的市场、产业和产品。第四，充分利用 WTO 规则给予发展中国家的差别和特别待遇，打好发展中国家这张牌。

3. 不断优化出口商品结构

欧盟作为一个动态中的经济体，内部情况比较复杂，与独立的一个国家有较大的差别，因此，发展对欧盟的经贸关系，应注意对欧盟各种具体情况的研究，以制定中国的具体进入对策。为此，就要对欧盟进行细化，包括贸易政策与法规细化、欧盟内部地区与市场细化、对欧出口产品细化、销售方式细化等。通过对欧盟细化，从而有效地对欧盟市场开展多层次、多角度、全方位的进入。

优化出口商品结构并不意味着所有出口商品都是高尖端的商品，应针对出口市场的具体实际优化出口结构。优化的内涵很广泛，总之要以适销对路、高效和容易进入为原则，配置我国出口欧盟市场的商品结构。毫无疑问，欧盟的核心国家经济水平较高，要求的商品质量相对较高，对此，从长远来看，我国应努力提高商品的质量档次，改变低价竞争的局面，实行低成本、高质量、高价格战略。与此同时，对中低收入阶层以及欧盟内的外围国家则可实行高、中、低多层次商品输出战略，并尽量避免单一商品出口与过度集中的局面。对于我国目前来说，提高商品档次、质量和商品附加值是应重点努力实现的目标。

4. 在互利互惠的基础上开展产业合作

我国与欧盟在经济技术合作方面具有很好的发展基础。双方根据 1978 年签订的贸易和经济合作协定，开展了多种形式的合作，如合作生产和合资经营、共同开发、技术转让、财政合作、咨询服务、培训人才等，涉及的部门颇广。已建成的重大项目有武钢的冷轧机、宝钢的热轧设备、鲁布革水电站设备、秦皇岛港煤码头工程、上海地铁、广东大亚湾核电站等。

欧盟国家在技术水平、管理方法和中小企业发展等方面都有许多值得我们学习的地方，而我国经济增长强劲，市场活跃，在对外贸易和吸引外资方面潜力很大。因此，中欧双方可以优势互补，共同发展，尤其在基础设施建设、机械设备、金融和中小企业等领域可进一步开展合作。

欧盟国家近期允诺可通过放松对技术出口的限制和灵活运用政府贷款、技术扶助等多种形式，扩大其在我国的市场份额。为了扶助我国的工商业，欧盟提出通过促进私有部门间的合作，促进企业之间的直接接触，以支持我国与世界经济的接轨。为了帮助我国扶贫，欧盟将直接为少数民族地区和贫困地区提供人道主义援助。为了帮助我国改善环境和促进人民健康，欧盟将支持我国政府在此方面所做的努力。

从中方来讲，在发展中欧经济合作方面也做了不少的努力。首先，我国自 1979 年以来实行改革开放，经济体制逐步由计划经济体制转向社会主义市场经济体制，我国经济与世界经济的联系越来越紧密。随着我国国民经济的高速增长，投资环境也日臻完善。其次，从 1996 年开始，我国政府对进口税收进行了改革和调整，对外商投资项目的审批按照国际上的通常做法行事，保证了投资者的利益。第三，在外汇体制方面，早在 1994 年我国就实现了汇率并轨，企业出口实行银行结售汇制，取消了外汇券。1996 年 6 月，我国政府又宣布，到当年年底实现经常项目下人民币可兑换，外商投资企业同我国国内企业一样并入银行结售汇制。我国采取上述措施，正是为了同国际贸易法规接轨，同时增强了欧盟与我国进一步开展经贸合作的信心。

随着欧盟范围的不断扩大，欧盟在世界经济的重要性将不断增加。中国是世界上最有活力和发展潜力的市场，加入到这个市场有利于欧盟提高其工业在世界上的竞争力。如电信、信息、能源、航空、环保和金融保险部门，都是欧盟工业、企业界大有可为的部门。对于我国来讲，欧盟一直是我国技术进口的主要来源之一，它在我国的经济技术合作中，不仅生产性项目多，而且资本、技术密集型占相当大的比例，在技术转让和成套设备提供方面做得比较好，经济效益和社会效益也都不错。只要双方共同努力，在互利互惠的基础上开展分工与合作，中欧经贸合作前景非常光明。

5. 以人为本，开展全方位的合作

影响中欧经贸关系发展的因素很多，但从根本上来讲则是人才问题。中国加入 WTO，获得了更多参与竞争的机会，能够在同样的游戏规则中获得成功，关键在于人的素质。因此，发展中欧经贸关系，拓展欧盟市场必须坚持以人为本的战略思想。应培养大批在理论和实践上熟悉 WTO 规则的人才，培养大批懂得国际经贸业务，熟知法律及国际惯例，熟悉涉外税收会计及外语水平较高的人才，应培养一批熟知欧盟各方面情况的“欧盟通”，包括理论家、政府官员和企业家、谈判家、中间商等。应重视对中国留学生特别是在欧盟各国学习、工作的中国留学生的挖掘和使用，这在一定程度上可以加快进入欧盟市场的速度，降低成本和提高效率。同时，也要加强对开展网络人才的培养和引进。人才问题是中国推进中欧经贸关系快速发展的重要保障和关键因素。

进一步扩大双边贸易与投资是发展中欧关系的首要任务。欧洲经济基本上是出口型经济，而入世后中国的市场潜力对欧洲来说无疑具有巨大的吸引力。欧盟对华政策报告指出，经过 20 多年的持续增长，中国经济已经发生了深刻的变化。中国现已成为世界第 4 大贸易大国。2003 年，中国已成为世界上第一大吸引外国直接投资国。“在诸如电讯、运输、能源及环境等方面正在或已经成为具有全球影响的市场”。随着中国改革的深入、西部开发战略的实施和经济进一步融入世界，欧盟在中国出口、引进资金、技术和人才等方面的重要性将更加突出。中国加入 WTO 为中欧双边进出口贸易的增长创造了更为有利的条件,中国实行公开、透明、平等的竞争,遵守 WTO 规则,将创造更好的投资环境,使欧洲投资者更有信心和稳定感,这一切均有利于中欧经贸关系的深入发展。欧盟委员会主席普罗迪认为,按照近年来的发展势头,欧盟将有可能发展成为中国最大的贸易和经济合作伙伴。

加强政治、安全对话与合作是推动中欧关系全面深入发展的重要内容。中国和欧盟国家历史、文化、价值观念、政治制度不同,经济处于不同发展阶段,在人权等问题上存在不同看法是正常的。中欧保持定期的人权对话,增大了相互了解和理解。近年来,随着中欧对全球问题关切程度的加大,双方均对政治与安全对话采取积极的态度。目前,双方多层次政治对话机制已基本建立。在双边方面,欧盟一些主要成员国如法国同中国已建立了国家元首、政府首脑、部长以及外交部各级别的定期会晤机制。中法领导人还设立了热线。在多边方面,除亚欧首脑会议及中欧领导人定期会晤外,还有欧盟“三驾马车”(指现任、下任轮值主席国和欧盟委员会代表)与中国的定期对话机制。在 2001 年 9 月举行的第四次中欧领导人会晤中,双方领导人特别强调,“应加强相互政治对话,通过更经常性的高官与专家会议在各层次就中欧关系和共同关心的国际及地区安全问题更深入地交换意见和进行磋商,包括讨论不扩散、军控及裁军问题”。中国与欧盟同属欧亚大陆,加强在打击恐怖主义、非法移民、跨国犯罪、毒品走私、洗钱,维护欧亚大陆稳定和繁荣方面的进一步合作符合双方共同的利益。

中欧双方还应重视扩大民间交往,加强相互了解。鉴于媒体对中欧相互认识和了解对方起着至关重要的作用,首先需加强媒体的交流。加强体育界的交流也势在必行。在双方各有优势的领域交流运动员和教练员,取长补短。为成功举办 2008 年北京奥运会，在体育基础设施建设、环境保护方面中国可加强与欧洲国家的合作。世界是丰富多彩的，扩大定期文化交流项目非常重要。更多地派遣反映现代中国风貌的文化使团到欧洲各国访问，同时接受更多的欧洲文化使团来华，以加深彼此间的进一步认识，共同维护世界文化的多样性。

当前，中国和欧盟都进入了新的重要历史发展阶段，国际形势也在经历着复杂而深刻的变化。中欧同为世界上正在上升的力量，具有广泛、一致的战略利益。中欧双方都反对国际事务由某一国说了算，主张改革现有国际政治经济秩序，共同推动世界朝着多极化方向发展；双方都立足于和平与发展，主张通过对话与互信来加深双边关系，反对对抗，反对动辄制裁。因此，中欧双方今后在根除恐怖主义根源、加强南北关系、发挥联合国作用、塑造未来全球经济秩序以及在经济全球化过程中消除贫富差距拉大等方面，需要进一步加强沟通和协调。同时，要加强双方在重要国际机构和组织中的磋商与协作，使中欧全面伙伴关系长期稳定地向前发展。

6. 经贸合作方面的具体领域与措施

中国致力于发展中欧富有活力和长期稳定的经贸合作关系，并期待欧盟成为中国最大贸易与投资伙伴。要做到这一点，必须在具体经济与贸易领域采取一系列新的措施。

在经济合作方面，首先，中欧双方应该在 WTO 规则的框架下，充分发挥经贸混委会机制作用，加强经贸监管政策对话，适时考虑更新《中欧贸易与经济合作协定》，妥善解决不合理限制及技术性壁垒，放宽高技术出口限制，发挥技贸合作的巨大潜力。为了加强双方的合作，欧盟应该尽早给予中国“完全市场经济地位”，减少并消除对华反倾销及有关歧视性政策和做法，慎用“特保措施”。其次，加强中欧在世界贸易组织新一轮谈判中的协调与合作，共同推动谈判获得成功。在此基础上，加强双方投资对话，推动建立双边投资促进机构，积极引导双方企业相互投资，扩大中小企业合作。再次，中国应该采取一系列优惠政策，鼓励欧洲增加对华发展援助，特别是在环保、扶贫、卫生保健、教育等领域的援助。同时不断拓宽合作领域，尤其是对中西部的人员培训、中国参与多边贸易体制的能力建设等方面发挥作用。

在金融合作方面，通过建立健全中欧金融高层对话机制，扩大中欧央行间的政策交流，深化在防范金融危机、反恐融资和反洗钱方面的合作。中国欢迎欧盟成员国银行拓展对华业务，并希望妥善解决中国金融机构在欧盟的市场准入问题。

在环保合作方面，中国在环境保护上的不足与欧盟过高的环境要求是双方加强经济贸易合作的一大障碍。为此，双方应该加大在环境方面的合作，启动中欧环境部长对话机制，制定环境保护合作框架文件，探讨建立环境合作信息网络，加强双方在环境立法与管理、气候变化、生物多样性保护、生物安全管理以及贸易与环境等问题上的合作，并共同推动落实约翰内斯堡可持续发展世界首脑会议后续行动。鼓励民间环保组织的交流，鼓励欧方企业通过平等竞争更多进入中国环保市场。

第六章

《日本和新加坡新时代经济伙伴关系协定》案例剖析

《日本和新加坡新时代经济伙伴关系协定》(Agreement between the Republic of Singapore and Japan for a New Age Economic Partnership),简称《日本和新加坡新时代经济伙伴关系协定》,于2002年1月正式签署,并于同年11月30日生效。作为东亚地区第一个自由贸易协定,《日本和新加坡新时代经济伙伴关系协定》的正式启动标志着东亚地区的区域经济一体化进程翻开了新的一页。深入了解《日本和新加坡新时代经济伙伴关系协定》的签订背景及其内容,对于东亚地区的区域经济一体化具有一定的借鉴意义。

一、日本经贸政策的转变及《日本和新加坡新时代经济伙伴关系协定》产生的背景

(一)日本经贸政策的转变

作为亚洲经济的霸主,日本长期以来奉行多边贸易体制,对于两国间及地域间的FTA基本上是采取否定的态度。正如上一章所指出的那样,伴随着经济全球化进行,世界区域经济一体化也在同时迅速展开。面对WTO缓慢的进程,世界各国都在大力加速推进FTA,以期能够不断地推进本国的贸易自由化。与此相对应的是亚洲区域经济一体化长期以来一直处于落后的状态,以

至在20世纪末，全世界GDP排名处在前30位的国家和地区中，没有加入任何FTA的国家及地区只有日本、中国、韩国、中国台湾、中国香港。面对世界区域经济一体化的潮流，日本的经贸政策也于20世纪末开始发生了动摇。1999年，在日本原通产省发表的《1999年通商白皮书》中，首次对世界迅速发展的FTA给予了肯定的评价，并着手从贸易、投资的角度，对区域经济一体化的效果进行了实证分析。而2000年的通商白皮书则对FTA进行了认真的研究，认为FTA并不一定是保护主义的措施，其本身有着积极的经济效果，这种效果不仅仅是传统意义上的贸易转移、贸易创造等静态经济效果，而且包括市场扩大、促进竞争、促进投资、加速国内结构调整等动态经济效果。对FTA看法的改变，导致了后来日本与新加坡签订了第一个自由贸易协定。

（二）与新加坡缔结《日本和新加坡新时代经济伙伴关系协定》的过程

1999年12月8日，新加坡总理吴作栋与当时的日本首相小渊惠三在进行首脑会谈时，建议两国开始着手缔结自由贸易协定的谈判。根据新加坡总理吴作栋的提议，日本与新加坡的自由贸易协定将与传统的自由贸易协定不同，重点不在以货物贸易为中心的贸易自由化，而是在信息、技术、留学生交流等新的领域，为此，新加坡总理吴作栋将其命名为新时代的自由贸易协定（New Age Free Trade Agreement）。根据上述提议，两国首脑就双方从产、官、学的层面上共同开展FTA的研究达成了一致的意见。

根据两国首脑达成的协议，日本与新加坡双方共同抽调了25名专家共同组成了日本和新加坡自由贸易协定研究（JSFTA）小组，开始就自由贸易协定的对象、范围、战略目标、经济利益等问题进行了共同研究，并于2000年9月完成了最终研究报告。由于报告的内容除了通常的商品贸易自由化以外，还涉及服务贸易、知识产权、投资等诸多领域的经济合作,所以,报告书首次将其命名为《经济伙伴关系协定》(Economic Partnership Agreement——EPA)。根据这个报告书,在2000年10月22日举行的两国首脑会谈中,日本当时的首相森喜朗与新加坡总理吴作栋就2001年开始举行正式会谈,并就2001年底以前完成谈判达成了一致协议。根据两国首脑达成的协议,两国政府先后开展了4个回合的谈判。在2001年10月10~12日的第4个回合的谈判中,两国政府就《日本和新加坡新时代经济伙伴关系协定》的实质内容达成了一致的意见。10月20日在上海举行的日新首脑会谈结束后,日本首相小泉纯一郎与新加坡总理吴作栋就两国FTA谈判成功发表了共同声明。2002年1月13日,日本首相小泉纯一郎与新加坡总理吴作栋在新加坡签订了《日本和新加坡新时代经济伙伴关系协定》。2002年11月30日《日本和新加坡新时代经济伙伴关系协定》正式生效。

(三)日本选择与新加坡缔结FTA的理由

日本最早开始就FTA进行共同研究的国家并不是新加坡,而是墨西哥。早在1998年,墨西哥商务工业部与日本贸易振兴会就共同设立了日墨经济伙伴关系委员会,并着手开展两国间的自由贸易协定研究。同年12月,根据韩国的提议,日本贸易振兴会与韩国对外经济政策研究院开始共同研究两国的FTA。为什么日本签订自由贸易协定的对象并不是起步更早的墨西哥和韩国,而是后来的新加坡呢?其主要原因是与新加坡之间签订FTA的障碍最小,具体说来可以归纳为以下几点:

首先,在农业问题上日本与新加坡障碍最少。在WTO多边贸易体制中,农产品贸易与服务贸易的自由化是两大难点。对于日本的贸易自由化来说,最大的障碍是农产品贸易自由化问题。由于日本长期以来坚持保护农业的立场,无论是在多边还是双边交涉中，日本对农业的自由化一直表现出强烈的抵抗态度，这也是日本在区域经济一体化中落后的主要原因之一。由于新加坡是一个港口城市国家，基本上不生产也不出口农产品，农产品占GDP的比重非常低，日本从新加坡进口的农产品只占其全部农产品进口的0.5%（1999年数据），几乎可以忽略不计，因而自由贸易协定不会对日本的农业造成大的冲突，这是日本选择新加坡作为第一个双边FTA对象的重要原因。相比之下，日本与韩国的双边FTA自1998年便开始谈判，至今仍未签署，主要是"卡"在农产品问题上。

其次，从服务贸易来看，由于两国经济发展水平比较接近，服务贸易的商品也非常类似，相互之间的服务贸易基本上处于平衡状态。在这样的背景下，相互开放服务贸易市场不会对任何一方构成大的冲击，相反，伴随着市场的扩大，双方将可以在更大的空间开展合作，从而有利于双方自由贸易的发展。

再次，从削减关税来看，由于新加坡在《日本和新加坡新时代经济伙伴关系协定》缔结之前就已经取消绝大部分商品的关税，整体关税水平已经很低，几乎为零；而日本从新加坡进口的商品中，绝大部分属于零关税的商品，因而双方在取消关税壁垒的障碍也比较少。

二、《日本和新加坡新时代经济伙伴关系协定》的主要内容

《日本和新加坡新时代经济伙伴关系协定》实际是一个双边自由贸易协定，但它又不同于以往传统的商品自由贸易协定，涵盖面大大超过了传统自由贸易协定，体现出近几年来风行全球的新一代双边自由贸易协定的新特点。

《日本和新加坡新时代经济伙伴关系协定》从内容上可分为"自由化和便利化"及"伙伴关系和合作"两大部分，"自由化和便

利化”部分主要包括货物贸易、原产地规则、相互承认协定、服务贸易（含金融、速递和通讯服务）、投资、自然人流动、政府采购等七项；“伙伴关系和合作”部分则包括海关程序、无纸贸易、知识产权、竞争政策、金融服务、信息和通讯技术、科学和技术、人力资源管理和开发、促进贸易和投资、中小企业发展、广播等12项内容。后一部分内容基本上是多边贸易体制中没有包括进去的，是《日本和新加坡新时代经济伙伴关系协定》的精华部分，这也从一定程度上说明了该协定的目标不仅仅局限于传统的货物贸易，而且包括双方经济领域中的广泛合作，旨在建立21世纪新时代的全面经济伙伴关系。下面就《日本和新加坡新时代经济伙伴关系协定》的内容进行一些简单的说明①。

（一）货物贸易

2001年双方的贸易总额为201.92亿美元，其中，日本向新加坡出口为147.81亿美元，占整个日本对外出口的3.7%，是日本第7大出口国；日本从新加坡的进口为54.11亿美元，占整个日本进口的1.5%，在日本的所有进口国家中，名列第18位。

根据《日本和新加坡新时代经济伙伴关系协定》，日本将进一步开放化学、石油、纤维等工业品市场，除10个石油化学产品将在10年内逐步降低关税之外，其他6928个产品都将在协定生效之日起予以免税，从而使得从新加坡进口到日本的免税商品比例由以前的84%扩大到94%。作为自由贸易协定的例外，除了木材、酒等商品实行零关税以外，其他的绝大部分农产品没有纳入到《日本和新加坡新时代经济伙伴关系协定》的贸易自由化中来。另一方面，新加坡在《日本和新加坡新时代经济伙伴关系协定》以

① 以下的内容是根据《日本和新加坡新时代经济伙伴关系协定》（日文版）、日本贸易振兴会《日本贸易投资白皮书2002》、浦田秀次郎编著《自由贸易协定手册》日本贸易振兴会2002年中的相关内容编辑整理而成。

前只有对来自日本的4类酒产品征收关税,《日本和新加坡新时代经济伙伴关系协定》中这4类酒产品也取消了关税,因此,日本出口到新加坡的产品将全部予以免税,实现完全意义上的自由贸易。

根据WTO有关最惠国待遇例外的条件,两国及多国之间缔结的FTA必须符合GATT第24条的3个条件,其中有问题的是第2个条件,即区域内成员相互之间应该取消所有贸易障碍。由于应该取消所有贸易障碍没有明确的标准,而在《日本和新加坡新时代经济伙伴关系协定》中,日本与新加坡两国的免税商品种类占两国全部贸易商品的98%,农业部门也没有完全除外,双方认为《日本和新加坡新时代经济伙伴关系协定》应该达到了取消所有贸易障碍的条件。

为了防止东南亚的其他国家通过新加坡向日本出口农产品,《日本和新加坡新时代经济伙伴关系协定》规定了严格的原产地规则。

(二)保障措施

作为WTO规则中的安全阀,为了防止贸易自由化带来的进口的急剧增加给国内产业造成重大损害,WTO规则中允许WTO成员在符合一定的条件下使用贸易保障措施条款。作为贸易保障的附加条件,进口方必须证明进口商品急剧增加、对国内同类产业造成损害、进口商品急剧增加与产业造成损害之间有因果关系。同时,保障措施实施期间原则上为4年,并可以延长4年。其目的是为了防止进口国滥用保障措施条款。

由于日本与新加坡两国之间在《日本和新加坡新时代经济伙伴关系协定》缔结之前本身的贸易壁垒比较低,基本上是处于自由贸易状态,因此两国认为,取消一部分商品的关税不会对两国的市场造成大的冲击。鉴于这样的状况,《日本和新加坡新时代经济伙伴关系协定》中的保障措施条款比WTO规则更加宽松,主要包括:不使用数量限制、发动期间原则上在1年之内、保障措施条款的使用期限在生效后10年之内。

(三)服务贸易

2001年,日本对新加坡的服务贸易呈现10.9亿美元的贸易赤字,其中出口为35.73亿美元,进口为45.82亿美元。日本出口的主要服务贸易商品为中介贸易,进口的主要服务贸易商品为海上运输。

与货物贸易取消关税不同的是,服务贸易的自由化是通过市场开放承诺来实现的。在《服务贸易总协定》(GATS)中,总共有155个贸易自由化领域,日本已经承诺在102个领域实行市场开放,而新加坡已经在62个领域实行市场开放。在《日本和新加坡新时代经济伙伴关系协定》中,日本增加了32个领域,新加坡增加了77个领域的服务贸易自由化项目,新加坡和日本分别承诺开放90%和87%的服务业领域。日本在《日本和新加坡新时代经济伙伴关系协定》中新开放的领域主要包括流通、金融、医疗、运输等领域,而新加坡进一步开放的领域包括通讯、流通、教育、环境、金融保险、运输等领域。

对于金融与电器通信部门,《日本和新加坡新时代经济伙伴关系协定》通过附加文件做了进一步的补充。在金融领域,双方承诺对于新的金融服务提供便利;而在通信部门,双方将采取措施防止不正当竞争。

(四)投资规则

根据日本财务省的统计,2001年日本对新加坡的投资为9.77亿美元,占整个日本对外投资的3.1%;新加坡对日本的投资为2.47亿美元,占整个新加坡对外投资的1.4%。日本对新加坡投资的主要领域为电机、商业、服务业等。

在 WTO 规则中，并没有专门的投资协议，只是在《与贸易有关的投资措施》(TRIM)中，对与贸易有关的投资措施进行了粗线条的规定，其中禁止采取的措施包括当地成分要求、贸易平衡要求、进口用汇限制、国内销售要求等 4 项内容。《日本和新加坡新时代经济伙伴关系协定》中对于投资的规定远远超出了 WTO 规则的规定，其主要条款包括：确保国民待遇、禁止有碍于相互投资的措施、保护投资与投资者、建立投资争端解决机制等。

(五)自然人的移动

作为服务贸易四种形式之一，自然人的移动是最不容易进入贸易自由化的领域，大多数 WTO 成员国都对此进行了严格的限制。在 GATS 中，日本只对服务业人员开放 90 天以内的短期商业访问和企业内部的转职。而在《日本和新加坡新时代经济伙伴关系协定》中，除了 GATS 所承诺的市场开放以外，双方进一步放开了对方公民入境限制。一是允许商业游客和企业内部调派的职员逗留更长时间，二是将市场开放进一步扩大到制造业。另外，两国还同意设置专门的委员会，继续探讨设立互相承认专业人士资格的机制。一旦达成协议，两国的专业技术人才将可自由地到对方国家工作。

(六)知识产权、政府采购与竞争政策

在知识产权方面，《日本和新加坡新时代经济伙伴关系协定》规定，对于同一发明人所拥有的专利，如果在日本通过了审查，再向新加坡专利部门申请专利的时候，在审查登记费用方面将给予优惠。根据测算，通过《日本和新加坡新时代经济伙伴关系协定》制度，日本人在新加坡申请专利时，每项节约 15 万日元。除此之外，双方还承诺将新加坡的知识产权搜索网(SurfIP)与日本的知识产权电子图书网进行联网。

在政府采购方面,除建筑服务外,《日本和新加坡新时代经济伙伴关系协定》降低了受制于 WTO 政府采购协议项下的政府采购价值门槛,由 WTO 政府采购协议规定的 13 万特别提款权降低到 10 万特别提款权。

在竞争政策方面,双方强调将共同控制反竞争活动,在竞争部门加强合作。

(七)经济伙伴关系和合作

《日本和新加坡新时代经济伙伴关系协定》的目标主要有两个:一是促进两国之间货物、人员、服务、资本和信息的自由流动,减少经济活动中的障碍;二是促进两国之间的经济伙伴关系以及各经济领域(贸易、投资、金融服务、通讯技术、人力资源开发等)的相互联系。前一个目标基本上与 WTO 多边贸易体制的目标是相一致的,《日本和新加坡新时代经济伙伴关系协定》在此基础上做了进一步的扩展。而经济伙伴关系和合作则是《日本和新加坡新时代经济伙伴关系协定》在区域经济一体化所做的一项探索,其目的是为将来两国的进一步经济合作展示一个方向。与自由化和便利化部分不同,经济伙伴关系和合作部分的大部分内容基本上不属于政府直接管理的范围,因而这部分内容并不是《日本和新加坡新时代经济伙伴关系协定》的主要内容,而是通过首脑共同声明的形式向外公布,主要是为将来民间的经济合作提供一个远景的目标与方向。

根据协议,在金融领域,两国将通过共享信息来促进两国及亚洲金融资本市场的发展,加快金融市场基础设施的建设;在信息通信技术方面,将努力创造有利于电子商务发展的环境,加强在技术标准、保护个人隐私、缩小数字鸿沟、电子证书的确认等方面的合作;在人力资源开发方面,将大力促进学生、公务员、学者之间的交流,共同设立为发展中国家提供咨询服务的培训机构。

此外,双方还承诺将在促进中小企业的发展、加强广播电视服务的信息交换、大力发展双方的旅游经济等领加强进一步的合作。

三、《日本和新加坡新时代经济伙伴关系协定》的基本特点

与传统的自由贸易协定相比,《日本和新加坡新时代经济伙伴关系协定》具有一些新的特点,概括起来,主要有以下几点:

(一)具有新一代自由贸易协定(FTA)的特色

传统的FTA内容大多集中在货物贸易的自由化上,核心部分是取消关税壁垒、扩大免税范围、确定原产地规则等。上述核心内容几乎是所有FTA都必须涉及的内容。而新一代的FTA涵盖面要广泛得多,相当一部分内容WTO规则中并没有涉及,不仅应该包括一些什么样的内容在新一代FTA中没有达成统一的意见,就是这些内容应不应该放进FTA中目前仍然存在着争议。以至于新一代FTA连名称都不使用自由贸易协定,而是使用"经济伙伴关系协定"、"经济合作协定"。《日本和新加坡新时代经济伙伴关系协定》这一名称突出的是两国的"经济伙伴关系",因为其中有关经济伙伴关系和合作的内容已超过贸易自由化的内容。而且,《日本和新加坡新时代经济伙伴关系协定》中的合作内容许多是深层次的,如知识产权、竞争政策、反倾销、相互承认、自然人流动及投资自由化、科技合作、金融合作等。随着这种全面的经济伙伴关系的深入发展,不仅仅是局限于贸易领域,日、新两国的经济联系将日益密切,从而将促进两国的经济融合。

(二)服务贸易自由化成为FTA中的一项重要内容

服务的国际化已被视为经济全球化的一个特征,服务贸易的自由化也成为WTO谈判的一个重要领域。相比货物贸易自由

化,服务贸易自由化起步比较晚,涉及的内容比较多,因而多边谈判达成统一意见的难度更大。但在双边谈判中,问题的解决相对要容易一些。日、新两国同属于发达国家,服务业已经在国民经济中占据着主导地位,服务业和服务贸易都比较发达,促进服务贸易自由化是日、新两国的共同需要。在《日本和新加坡新时代经济伙伴关系协定》中,绝大部分的服务贸易领域都实行了贸易自由化,甚至还涉及广播、媒体等一些敏感行业。

(三)涉及了大量WTO规则外的领域

《日本和新加坡新时代经济伙伴关系协定》作为"新一代FTA"不仅强调与作为全球多边主义象征的世界贸易组织(WTO)规则相一致,而且在内容上还超出其规定的要求或范围。两国在《日本和新加坡新时代经济伙伴关系协定》下所承诺开放的程度,超越了世界贸易组织成员之间的协议范围。在世贸组织的协议中,新加坡和日本所承诺的免税产品比例分别为70%和34%。而在《日本和新加坡新时代经济伙伴关系协定》中,两国承诺的免税产品比例分别提高到100%和94%。另外,《日本和新加坡新时代经济伙伴关系协定》有不少内容已超出WTO的管辖范围。除免除进出口关税和放宽双方的投资限制外,协定内容还包括了许多非WTO领域,如人力资源开发、科技发展、中小企业合作等。

所谓与WTO相一致,是指新一代FTA应当遵循WTO对区域自由贸易协定的有关规定,主要是符合GATT第24条的规定。对照WTO对区域自由贸易协定的3条规定及《日本和新加坡新时代经济伙伴关系协定》,我们可以发现,《日本和新加坡新时代经济伙伴关系协定》的内容基本上满足了WTO对区域自由贸易协定的3条规定。按照目前主流观点的看法,如果区域自由贸易协定能够遵循WTO的规则的话,那么就不会对全球多边主义造成伤害,而且还会成为它的有益补充。

四、《日本和新加坡新时代经济伙伴关系协定》的经济与政治效果

作为日本及东亚的第一个双边自由贸易协定,《日本和新加坡新时代经济伙伴关系协定》的实施不仅会促进日、新两国的贸易和投资,推动两国的经济发展,而且会对东亚区域经济一体化产生一定的影响。

(一)具有一定的经济效果

日本是新加坡的第三大贸易伙伴,也是新加坡的第四大出口市场,2001 年新加坡向日本出口的产品总值为 167 亿新元,需向日本缴纳关税的产品主要是化工、石油以及牛奶制品,其中包括 40 种化工产品。根据《日本和新加坡新时代经济伙伴关系协定》,日本将进一步开放化学、石油、纤维等工业品市场,为此,新加坡出口商在协议生效后的第一年就可节省约 3300 万美元的关税,节省的关税总额可在 5 年内增加到每年 1.81 亿美元左右。

《日本和新加坡新时代经济伙伴关系协定》缔结之前,新加坡实际上只对 4 种来自日本产品征税,即啤酒、黑啤酒、药酒和烧酒。协议生效后,新加坡取消了对来自日本的啤酒、黑啤酒、药酒和烧酒征收关税,但由于品种有限,且本身出口量不是很大,因而对日本的贸易效果影响相对比较少。尽管如此,《日本和新加坡新时代经济伙伴关系协定》生效后对日本的啤酒市场还是产生了一定的影响。例如,朝日啤酒与青岛啤酒共同设立了深圳青岛朝日啤酒有限公司,从 1999 年开始生产“舒波乐”啤酒,除了在中国国内市场销售以外,一部分出口到新加坡、中国香港、马来西亚、菲律宾等国家和地区。《日本和新加坡新时代经济伙伴关系协定》生效以后,由于新加坡对来自日本市场的啤酒实行免税,从日本出口到新加坡的价格反而比中国出口到新加坡的便宜,因而,

朝日啤酒将深圳生产的“舒波乐”啤酒向新加坡出口改变为从日本直接向新加坡出口。《日本和新加坡新时代经济伙伴关系协定》对贸易转移效果在日本的啤酒出口中得到体现。

(二)推动了日本及东亚其他国家建立双边 FTA

《日本和新加坡新时代经济伙伴关系协定》是一个符合时代发展要求的、新型的自由贸易协定,为日本及东亚其他国家和地区建立双边 FTA 树立了一个榜样。继《日本和新加坡新时代经济伙伴关系协定》之后,日本加快了与其他国家缔结 FTA 的研究,一些国家和地区也纷纷要求同日本开始 FTA 的谈判。目前,日本墨西哥自由贸易协定经过多个回合的谈判,已于 2004 年 9 月签署,并于2005 年4 月 1 日生效。与菲律宾之间的谈判已基本结束,目前正在着手签署条款的调整。与马来西亚的谈判基本上已经结束,与 ASEAN 的谈判已经于2005 年4 月启动,与韩国的谈判已经经过 6 个回合的交涉,双方已经达成在 2005 年结束谈判的意向。此外,日本还同印度、智利、澳大利亚等国家和地区开展了政府间 FTA 的研究,日本正在以《日本和新加坡新时代经济伙伴关系协定》为起点,加快推进以东亚为中心的 FTA 战略。

同时,《日本和新加坡新时代经济伙伴关系协定》正在对东亚经济体彼此或与地区外经济体建立 FTA 起了催化剂作用。目前,东亚经济体与区内外经济体筹措、谈判的双边 FTA 已超过 30 个,东亚地区正在加快 FTA 的进程,以适应全球区域经济一体化的潮流。

(三)为东亚地区经济一体化进程提供了一个样板

东亚的区域一体化究竟走什么样的道路? 长期以来一直是悬而未决的课题。《日本和新加坡新时代经济伙伴关系协定》为东亚地区的区域经济一体化提供了一个样板,那就是:从双边到多边,再到地区。实践证明,东亚经济体直接走到一起是有困难的,东亚一体化必须分步进行。东亚经济体各自在本地区内找好对象,先建立双边 FTA,随着条件的逐步成熟,双边 FTA 可以扩大为三边、四边甚至多边,或几个双边 FTA 连成范围更大的 FTA,逐渐把东亚成员都纳入,届时"东亚自由贸易区"便会瓜熟蒂落。《日本和新加坡新时代经济伙伴关系协定》不仅是东亚成员之间第一个双边 FTA,而且是把东北亚(日本)与东南亚(新加坡)连接起来的一座桥梁。从这个角度看,它对东亚地区的融合无疑起着积极的推动作用。

五、《日本和新加坡新时代经济伙伴关系协定》的借鉴意义

根据日本经济研究中心的研究报告《扩大的自由贸易协定与日本的选择》的测算①,《日本和新加坡新时代经济伙伴关系协定》只能给日本带来提高 GDP 0.07% 的经济增长效果,基本上可以忽略不计。尽管《日本和新加坡新时代经济伙伴关系协定》的内容涉及方方面面,但日本和新加坡签署新时代经济伙伴关系协定后,实际上发生的变化只体现在 3 个方面: 一是扩大了免税品种的范围,二是达成了一系列相互承认的条款,三是在新加坡建立承认日本专利的机制。其他规定并没有改变现状,仅仅是对双方基本姿态的一种表态,是禁止现行政策出现倒退的保险性条款。换句话说,日本和新加坡新时代经济伙伴关系协定的象征意义大于现实意义,日本从《日本和新加坡新时代经济伙伴关系协定》中获得的经济效果比较少,而更多的是象征意义。那么,日本为什么要与新加坡签署新时代经济伙伴关系协定? 其具体意义在什么地方呢? 我们可以从中借鉴什么呢?

---

① 日本经济研究中心《扩大的自由贸易协定与日本的选择》(日文)2002 年1 月。

(一)日本与新加坡缔结新时代经济伙伴关系协定的目的

1. 顺应世界潮流，迈出区域经济合作的第一步

对于日本来说，与新加坡缔结新时代经济伙伴关系协定的最大目的是想向内外表明，日本已经从单纯重视 WTO 多边合作向重视发展双边 FTA 关系的战略转变。为了尽快实现目标，日本选择最容易实现的新加坡作为区域经济合作的对象，并很快达成了一定的成果。日本与新加坡缔结新时代经济伙伴关系协定从提议到正式签署只有两年的时间，这在 FTA 的历史上是比较少见的。但这也从一定程度上反映了日本迫切想达成一些成果的心理，哪怕成果本身的价值比较小。

以与新加坡缔结新时代经济伙伴关系协定为契机，日本加快了与其他国家签订自由贸易协定的步伐。日本—墨西哥自由贸易区已经于 2005 年 4 月 1 日生效，与东盟、马来西亚、韩国等国家间的 FTA 正在紧锣密鼓的进行当中（表 6-1）。

表 6-1　日本与东亚国家进行 FTA 谈判的现状

	东盟	泰国	马来西亚	韩国
启动	2002 年 11 月 5 日	2002 年	2003 年	2002 年 3 月
进展情况	2003 年 10 月签订实现经济伙伴关系的框架协议，于 2005 年 4 月启动谈判，预计两年内完成	2003 年 12 月 22 日开始正式谈判，但因农业问题，谈判举步维艰	2004 年 1 月正式谈判，2005 年 5 月完成谈判，预计年底签署协议	至 2005 年 2 月，日韩 FTA 谈判尚未进入取消货物进口关税阶段

资料来源：日本经济产业省网站 http://www.meti.go.jp。

2. 利用 FTA 来推进国内体制改革

在泡沫经济破灭后，日本经济已经陷入了十多年的停滞状

态。虽然期间有许多次恢复的苗头,但都是昙花一现。日本经济持续低迷的原因虽然很多,但国内政策限制太多,产业结构调整缓慢是一项重要的原因。要解决这些问题对日本来说并非容易的事情,长期形成的官商勾结使得日本的多次调整都以失败而告终。而通过 FTA 这种对外经济制度创新来实现国内市场的开放,促进内外之间的竞争,将有可能打破 90 年代以来的经济低迷,促进国内产业结构调整,并在地区合作事务中发挥更多作用。在这种依靠外力来推进国内改革开放的思想主导下,短短几年时间,日本不但已经完成有史以来的第一个 FTA——《日本和新加坡新时代经济伙伴关系协定》,而且正在积极推进与东盟、智利、韩国等国家之间的 FTA 研究与磋商,甚至由民间机构出面启动了与中国台湾地区的双边 FTA 研究。

3. 与中国、韩国争夺东南亚的主导权

从日本 FTA 的交涉过程来看,尽管日本在 20 世纪末已经着手开始与一些国家开始了 FTA 的研究及谈判,但一直没有什么大的进展,原因之一是日本并不是十分着急与东亚的国家和地区达成 FTA。2000 年 11 月在新加坡举行的 10 +3 领导人会议上,东盟 10 国与中、日、韩达成了共同开展东亚自由贸易区研究的构想。与此同时,中国提出了与东盟建设自由贸易区的建议,并于 2001 年 11 月与东盟就 10 年内建成中国—东盟自由贸易区达成了一致的意见。此后,韩国也提出了与东盟建立自由贸易区的设想,并着手进行了共同研究。这一系列行动极大地刺激了亚洲的经济大国——日本。作为长期以来一直是亚洲经济实际上的领头羊日本,无论如何都不希望在亚洲区域经济一体化方面落后于中国、韩国,从而失去亚洲区域经济一体化"领导者"的地位。为了对抗中国、韩国的行动,日本也打出了与东盟建立自由贸易区的设想,并着手进行共同研究。日本与新加坡达成的新时代经济伙伴关系协定以及后来日本与东盟其他国家进行的 FTA 谈判,从一个侧面反映了日本这种心理。

（二）从《日本和新加坡新时代经济伙伴关系协定》获取的借鉴意义

1. 选择最容易的国家作为突破口以迅速取得成果

日本长期以来奉行多边贸易体制，对于两国间及地域间的FTA基本上是采取否定的态度。形成这种政策的一个主要根源是日本担心自由贸易协定会冲击日本的农业，因为农业一直是日本不能开放的“圣域”。由于农产品贸易等问题的影响，日本的FTA政策面临着国内以农业部门为代表贸易保护主义势力的强大压力。为了避免激化国内矛盾，日本政府选择了一些能够回避敏感领域的对象，优先进行双边FTA谈判，以便能够迅速取得成果。正像前面所指出的那样，新加坡是一个已废除绝大多数关税的国家，日本与新加坡两国间贸易总额的84%已经处于零关税状态。由于在日本和新加坡的贸易结构中，农产品所占的比例极小，仅占全体贸易的1.7%，因此可回避日本的农业保护问题①，谈判的障碍最小，进展也较为顺利。日本和新加坡新时代经济伙伴关系协定就没有开放这个“圣域”而使日本获得了一定的成果，这也从一个侧面上刺激了日本加快推进FTA战略的决心。

2. 从国益最大化出发选择FTA对象国

从《日本和新加坡新时代经济伙伴关系协定》中可以看出，与WTO不同的是，FTA是一种在介于贸易自由化与贸易保护主义之间的有效的政策手段，一个国家可以通过FTA来达到自己在开放中来保护国内幼稚产业的目的。而选择FTA对象和确定不同组

① 1998年墨西哥、1999年智利、2000年澳大利亚、2001年加拿大都分别向日本表达过希望与日本签订FTA的意向，但都因为日本农业保护政策而没有成功。为避免激化国内矛盾，日本政府特选择一些能够回避敏感领域的对象，优先进行双边FTA谈判。

合的优先顺序是一个国家制定对外经济合作战略的基础性工作。各国基本上是按照“由易到难”的原则,从缓解国内压力、发挥互补性和追求经济利益等角度出发来选择谈判对象的。日本选择新加坡作为第一个谈判对象的主要原因在于可以回避对方农产品可能对本国农业带来的压力,在东南亚地区发挥更大影响。通过与新加坡建立自由贸易区,日本达到了避免日本在全球 FTA 战略中被“边缘化”的危险,以对外经济制度创新打破上世纪 90 年代以来的经济低迷,在东亚区域经济发展中发挥更多的作用等一系列目的。尽管与新加坡建立自由贸易区的象征意义大于实际意义,但日本和新加坡新时代经济伙伴关系协定给日本带来了巨大的政治利益。

实际上,日本的这种从国益最大化出发选择 FTA 对象国在后来的日本—墨西哥自由贸易区中得到了很好的反映。日本选择墨西哥作为第二个签订 FTA 的国家,已经不再是像新加坡那样主要追求象征意义,而主要是出于谋求本国经济利益的目的。对于日本来说,急于与墨西哥签订 FTA 的重要性主要表现在以下两个方面:

首先,墨西哥对于日本来说在经济战略上具有重要地位。墨西哥是一个拥有 1 亿人口、GDP 达五千多亿美元的市场,在拉丁美洲是仅次于巴西的第二大经济大国,其经济实力接近东盟 10 国。不仅如此,墨西哥与多个国家签订过 FTA,是 FTA 的轴心国。

其次,如果日本和墨西哥没有签订 FTA,会使日本经济受到现实的损害。日本企业在墨西哥具有大量的投资,如果日本和墨西哥没有签订 FTA,从日本出口到墨西哥的商品都要被课以平均 16% 的关税,而美国和欧洲由于和墨西哥签订了自由贸易协定,可免税向墨西哥出口。这样一来,与欧美企业相比,日本商品在墨西哥市场上明显处于劣势地位。如日本出口到墨西哥要被征收 20% ~30% 的进口关税,以致 2002 年日本出口到墨西哥的汽车仅2.2万辆,而同年欧洲因为与墨西哥建立起FTA关系,出口量达到为11万辆[1]。

3. 利用FTA来增强在区域事务中的话语权

日本与新加坡建立自由贸易区尽管在经济上没有什么利益,但在增强东亚区域事务中的话语权方面,日本达到了一定的目的,建立了东亚地区第一个自由贸易协定。实际上,日本选择韩国作为下一个伙伴也主要为了发挥贸易和技术优势获取经济利益的同时,遏制中国的影响,在地区事务中掌握主导权。

韩国选择智利作为第一个谈判对象,除了有意选择一个较小经济体进行FTA方面的尝试以外,尽快启动FTA避免在区域经济合作中处于被动也是一个重要的原因。而东盟与中、日、韩、美等大国分别进行FTA的谈判,除了有利于东盟产品进入这些世界主要市场以扩大对外贸易之外,更重要的目的是作为零关税连接各主要市场的生产基地,在各国经济大国中形成自己的地位。我国目前除了正在积极推进与东盟、中国香港之间的FTA之外,尚未形成一整套清晰、立足于长远发展需要的区域多边和双边制度性合作战略与优先安排顺序。其主要原因在于缺乏对于未来区域经济一体化趋势和作用的足够认识,没有建立适应形势发展需要的国家战略应对体制。

① 张祖国:《日本积极推进FTA战略的若干问题》,《日本学刊》2004年第3期。

第七章

中国—东盟自由贸易区的制约因素与发展前景

进入 20 世纪 90 年代以来，伴随着世界区域经济合作的迅速发展，中国与东盟在经济合作也出现了前所未有的势头，双方贸易发展大大加快，贸易额呈稳步上升趋势，合作领域不断扩展，涉及范围不仅仅局限于贸易领域，投资、区域开发、科技合作、金融等新的领域也在不断地进入到中国与东盟的合作范围之内。随着 1999 年 4 月 30 日柬埔寨作为最后一个东盟正式成员国被接纳，东南亚 10 国以一个大东盟的形象面向中国、面向世界，作为与东南亚在自然地理、政治经济和民族文化等方面联系最为密切的中国，与东盟的经贸合作关系越来越密切。

一、建立中国—东盟自由贸易区的背景

在中国加入 WTO 的谈判已经基本结束，成为 WTO 成员已经是指日可待的时候，中国和东盟经贸关系之所以能进入全面合作状态的时机也基本成熟。在这样的背景之下，中国领导人提出了关于建立中国—东盟自由贸易区的设想，这个建议经过一段时间的酝酿，很快比被东盟国家采纳。新世纪之初，中国—东盟自由贸易区这一设想从提出到着手实施并非偶然，它既是世界性双边自由贸易迅速发展的结果，也是中国和东盟实现双赢的理智选择。

(一)顺应世界性双边自由贸易的发展潮流

正如前面所议论的那样,随着全球经济一体化和贸易自由化的迅速发展,各国都谋求在世界范围内进行资源配置,以求达到提高资源利用效益之目的。面对世界区域经济一体化的迅速发展的形势,中国已感到自己在经济集团化方面越来越处于不利的地位。为了适应世界上的这股潮流,进入20世纪90年代以后,中国一改过去长期对经济集团化持谨慎态度的立场,加快了区域经济合作及建立双边自由贸易伙伴的步伐。在大力推进APEC、东亚经济合作、上海合作组织、东盟10+3的同时,中国开始寻求更为实际的自由化目标。东盟是中国的近邻,历史上有长期经济合作的基础,近年双方自发的合作不断扩大,加强与东盟的进一步实质性合作自然成了中国最现实的选择。

对于东盟来说,地理相近而经济迅速增长的中国是其较为理想的合作伙伴。从总体上看,东盟国家科技水平偏低,这已经成为制约东盟国家科技发展的主要因素。中国是最大的发展中国家,不但有完整的基础技术部门和大量正在开发的中间技术,而且在某些高新技术领域也有相当的基础。这样一来,同处在不同发展阶段、有不同技术优势的东盟各国都可以和中国进行广泛的经济技术合作。

(二)有利于东盟区域的经济发展和安全保障

包括东盟在内的东亚地区是"雁行模式"的受益者。日本在战后的经济腾飞和其后的产业迁移使得东盟国家逐渐成了东亚乃至世界的低成本制造中心,东盟的经济也因此得到了迅速的发展,一度被世界银行称为"世界的奇迹"。然而,随着日本经济持续的衰退,东盟国家的经济在20世纪90年代是一路走低,最终爆发了亚洲金融危机。危机使东盟经济遭受了前所未有的重挫,尽管在其后的一两年时间里出现了一些复苏的迹象,但自9·11事件以后,受全球经济衰退特别是美、日、欧三大经济巨头经济持续低迷的影响,东盟经济又陷入了经济低迷的泥潭。与此相反,中国自改革开放以来,一直保持着高速的增长,即使在世界普遍处于不景气的情况下,中国经济仍然一枝独秀保持着 GDP 7% 的增长率。特别是在中国加盟 WTO 以后,市场前景进一步明朗。在不能依赖过去的火车头美国和日本的情况下,东盟开始把目光收回到了自己身边,在亚洲地区内寻找自我发展的空间,而充满巨大发展潜力的中国无疑成了东盟的首选目标。尽管现阶段东盟和中国之间依然存在着竞争的关系,但与中国形成自由贸易区以后同样会带来巨大的发展机会。况且经济全球化和贸易自由化是一个不可抗拒的国际潮流,中国已经加入到全球经济一体化这一浪潮之中,东盟只有正视这一进程所带来的挑战,并在这一挑战中把握住机遇,才能在全球经济一体化重新获取新的发展机遇,重振昔日的辉煌。

早期东盟成立的背景之一是为了防止来自大国,特别是来自邻国中国的挑战。在相当长的一段时间里,由于有李光耀和马哈蒂尔这样具有战略眼光的政治家,再加上其充满活力的经济和特殊的地理位置,东盟在世界经济舞台中曾发挥着举足轻重的作用。正因为如此,东盟成了大国在处理国际事务中争夺的一个对象。东盟发起的东盟地区论坛等多边合作组织和机制,为促进东盟本身和地区的经济发展起到了不可替代的作用。然而,随着李光耀的引退和马哈蒂尔的高龄,东盟在世界政治舞台的影响力越来越小。特别是亚洲金融危机之后,东盟大国印度尼西亚受到沉重打击而一蹶不振,核心大国的缺位使东盟的多数国家转而都把大部分精力放在处理国内事务上,从而使东盟作为一个整体的凝聚力日趋低下。要想重新恢复昔日在安全保障中的作用,惟一的出路是扩大自己的范围。越南等4个国家的加盟,10+3等多种组织的形成反映了东盟的这样一种要求。但包括越南在内的新成员经济基础薄弱，缺乏在国际舞台上发挥主导作用的经验，且未适应东盟的运作机制，因而东盟要想在国际舞台中发挥自己在维护世界安全保障中的作用，必须依赖新的力量。在亚洲金融危机中，中国坚定地代表着发展中国家的利益，为了维护区域经济的整体利益，不惜代价地坚持人民币不贬值，阻止了金融危机的蔓延，承担了作为一个邻国的重要责任。不仅如此，在 APEC、10+3等组织中，中国积极加强与包括东盟在内的所有国家的协调，在区域经济合作中发挥了重要的作用。这使得东盟国家认识到，一个强大的中国，不仅不会构成对东盟国家的威胁，而且有利于地区的安全与稳定。尽管在过去的三十多年中，东盟国家花费了大量的精力来围堵和节制中国，但中国一直只是东盟假想中的安全威胁，并没有对包括东盟在内的任何国家进行领土扩张，相反，上海五国组织的建立，和俄罗斯结存伙伴关系、大力发展和东北亚国家的合作、反映了中国谋求与周边邻国合作的强烈愿望。东盟与中国的合作，不仅有利于亚太地区的安全与稳定，而且有利于世界在安全势力上的平衡。

随着两极体制解体和世界向多极化发展，各种集团的力量纷纷登上世界政治舞台。为维护东亚地区的和平与安全，为在国际舞台上获得更大的话语权，中国与东盟双方都从实际情况出发，及时调整本国的对外政策，高度重视发展双方友好关系。

（三）中国的经济发展需要加强与东盟国家的合作

经过二十多年的改革开放，中国对外开放的进程在不断加深，与世界各国的联系也越来越密切。中国与东盟国家有着悠久的经贸合作历史，近年来，双方的合作领域不断扩展，合作规模也不断扩大，东盟已经成为中国对外投资和经贸合作的重点地区之一。据海关统计，2004 年，中国与东盟的双边贸易总额首次突破千亿美元大关，达到 1058.8 亿美元，比 1990 年的 66.9 亿元增长了 15 倍以上，东盟成为继日本、美国、欧盟、中国香港地区之后中国的第五大贸易伙伴。而据东盟的官方统计，中国已成为东盟的第六大贸易伙伴。

在双边贸易增长的同时，中国与东盟国家之间的相互投资也有了较大的发展。自 1979 年以来，东盟国家的商人便陆续到中国投资，进入 90 年代东盟国家加快了向中国投资的步伐，投资项目和金额明显增加。据我国商务部统计，截至 2004 年年底，东盟在我国投资项目 24297 项，占我国吸引外资项目总额的 4.77%，合同外资金额为 723.23 亿美元，占我国吸引外资总额的 6.60%，实际利用金额 353.54 亿美元，占我国实际利用外资总额的 6.29%。

在东盟不断扩大对我国投资的同时，从 20 世纪 90 年代后期开始，我国的许多企业也纷纷走出国门，到东盟地区投资建厂。根据我国商务部提供的资料，截至 2004 年年底，我国企业在东盟 10 国的投资项目达 947 个，中方投资 11.65 亿美元，占同期我国对外投资总额的 7.70%。中国与东盟市场的一体化将会进一步消除中国与东盟之间存在的各种贸易与投资障碍，从而有利于中国与东盟之间贸易与投资合作的进一步发展。

另外，北美自由贸易区和欧盟统一大市场形成以后，它们都对包括中国在内的东亚产生了排斥效果。特别是欧盟—墨西哥自由贸易区协定在 2000 年 11 月正式生效以后，北美自由贸易区和欧盟之间就形成了更为密切的联系。这样一来，在不断分化的国际市场上，包括中国在内的亚洲国家已经处于越来越不利的地位。因此，中国要走向世界首先就必须加强与包括东盟在内的东亚地区的合作，否则显得力单势薄。

当今，世界经济正朝着区域集团化的方向发展。不论是欧盟，还是北美自由贸易区，都在本区实行非关税壁垒政策，而对其他国家则采取贸易保护主义政策,特别是亚太地区的日本和韩国受到严峻挑战,中国与俄罗斯也受到极大影响。近年来,亚太地区经济合作势头迅猛,但由于诸多因素,使亚太地区紧密的经济合作关系很难在短时间内形成。于是,人们把目光投向发展潜力巨大的东北亚地区。可以说,不断发展的东北亚区域经济合作良好关系,是世界经济区域集团化日趋加强的产物。20 世纪 80 年代以来,东亚经济快速发展,成为世界上经济发展最快的地区,创造了举世瞩目的"亚洲经济奇迹"。随着经济的发展,东亚国家之间的经济联系也越来越紧密,互相依存度日益提高。同时,在经济实力增强之后,东亚国家也希望提高自身在国际谈判中的地位,突出亚洲的力量和声音。一些东亚国家开始酝酿成立东亚国家之间的经济合作组织,但由于各种原因而进展缓慢。

(四)中国经济的强劲势头为东盟的经济发展带来巨大的市场

1978 年改革开放以来,中国经济一直保持强劲增长的势头,1979 ~2004 年的二十多年间,中国经济保持着 9.4% 的增长速度,2004 年 GDP 已经超过 1.6 亿美元,位居美国、日本、德国、英国、法国、意大利之后,排名世界第七①。2004 年中国对外贸易总额达到 11547.4 亿美元,首次突破了万亿美元的大关,超过日本而位居世界第三。在规模增长的同时,出口商品结构进一步改善,机电产品和高新技术产品出口占总出口的比重分别达到 54.4% 和 27.7%,我国已成为名副其实的世界贸易大国。

进入到 21 世纪以后,中国的经济仍然保持一枝独秀,在世界

---

① 根据 2005 年全国经济普查的结果,中国国家统计局中国公布了 GDP 历史数据修订结果。根据这个修订结果 1979 年至 2004 年中国 GDP 年均增长率应该为 9.6%,比原核算数提高了 0.2 个百分点,2004 年 GDP 现价总量应该为 159878 亿元,折合 1.9 亿美元。按照这个调整后的数据,中国 GDP 超过了意大利,在世界排名第六。

经济保持低速增长的背景下，2004 年中国经济仍然保持着 9% 以上的增长速度。按照中国 2020 年实现小康社会的目标，到时候中国的国民生产总值将达到 4 亿美元，国内商品零售总额将达到 2.5 亿美元，成为世界上仅次于美国的第二大市场。巨大的市场意味着中国可以为世界各国提供很多的发展机会，对世界各国都具有强大的吸引力。因此，从东盟国家的角度看，建立中国—东盟自由贸易区则有利于东盟国家在抢占中国的市场份额中取得先机。

二、建立中国—东盟自由贸易区的制约因素

在当前区域经济集团化的推动下，同处于工业化及工业化向信息化进军时期的中国与东盟在经济上有着很强的互补性和互动性，这既是推动中国—东盟自由贸易区建立的直接动力，也将对中国、亚洲乃至世界经济产生十分重大而深远的影响。但是，由于区域内还存在着许多制约因素，因而贸易自由化的进程将是曲折的。

（一）区域内经济水平差距较大

与当今其他世界经济集团相比，亚太以及东亚地区国家之间的经济水平差异十分悬殊。根据联合国的统计数据，2004 年中国—东盟（10 + 1）的人均 GDP 低于 1000 美元的国家有 6 个，最低的柬埔寨人均 GDP 不到 300 美元，属最落后的发展中国家，而最高的新加坡则超过 20000 美元，进入了发达国家的收入行列。由于经济发展水平差距巨大，各国在技术水平、产业结构、资金、产品竞争力方面也存在着巨大的差异，因而各国在推进一体化的目标和进程也存在着明显的差异，谈判中各自的想法就不容易一致。一些成员为了自己的利益都会提出一些保护部分产品的要求，这无疑会影响自由贸易区的进程。

（二）各国经济结构之间存在着竞争性，过度依赖外部市场

紧密的经济联系是建立自由贸易区的基础，在东亚传统经济发展的“雁行模式”中，中国产业结构并不是领头雁地位，而是处于中下游。尽管中国与东盟在产业结构上存在着一定的互补性，但由于双方都处于相同或相近经济发展水平层次上，产业结构与出口结构上在相当程度具有一定的相似性。双方都是凭借劳动力资源丰富的优势，生产服装、纺织、鞋类以及组装类电子产品等劳动密集型产品的出口，因而更多的是雷同的一面，这是由东盟国家区域特点和发展模式决定的。长期以来，东盟经济的发展一直依赖于区域以外的力量，区域内商品贸易量低，各国市场也相对封闭，商品的主要出口市场和利用外资渠道主要集中于美国和日本等发达国家。而中国和东盟尽管在产业分工上存在着一定的互补性，但由于中国的经济发展水平与东盟相近，在一定程度上，仍然像东盟国家一样，产业主要集中在劳动密集型产业上，市场也主要依赖于美、日、欧市场。

由于中国与东盟国家均以美、日、欧作为主要的贸易伙伴，中国与东盟之间相互并不是最重要的贸易伙伴，尽管近年来双边贸易增长速度很快，然而，相互贸易在各自对外贸易中所占地位不高。虽然中国—东盟之间的市场一部分是建立在垂直型的产业分工的基础上的，但由于这种内部贸易的最终目的并不是为了服务内需，而是为了对外出口，因而这种分工对扩大内部交易作用非常有限。

类似的产业构造和共同的对外贸易市场非常不利于谈判各方将中国—东盟自由贸易区的建立放到战略地位来对待。结果可能是东盟利用与中国建立自由贸易区，提高其在整个区域一体化进程中的身价，特别是加强与日本、韩国的谈判能力，从而维护其在东亚的影响力；中国有可能将中国—东盟自由贸易区作为增

强与周边国家政治关系及提升在东亚区域中影响力的策略。由于双方从自由贸易区中获取的经济利益不是很大，直接从中受益的企业又不是很多，当遇到来自受冲击行业利益集团的阻力时，支持建立自由贸易区的力量对比就有可能发生变化，国家就会难以做出应有的让步，这将大大增加谈判的难度[①]。

经济结构和出口市场的雷同使得东盟国家之间、中国与东盟之间相对优势比较小，存在着争夺世界市场的矛盾。特别是随着中国制造能力的不断提高，东盟国家的纺织服装、鞋帽、玩具、塑料等产品将面临着中国产品的激烈竞争。在这种条件下，如何调整经济结构，搞好区域内和国际上的合理分工，形成既合作又竞争的良性格局是中国—东盟自由贸易区需要面对的一项重要课题。

（三）双方在吸引外资方面存在着竞争关系

无论是东盟还是中国，双方近年来都在加大吸引外资的步伐，都希望通过加大吸引外资的力度，以此来提升本国产业结构的提高，进而促进本国经济的发展。但是，由于中国在经济政策、投资环境、人才储备等方面具有比较大的优势，近几年已经成为世界投资的重心地区。中国连续 12 年位居发展中国家和亚洲引资国首位，2004 年以 610 亿美元继续领先，在全球范围内仅次于美国的 960 亿美元和英国的 780 亿美元。而外国在东盟 10 国的投资总共只有 200 亿美元左右。外国投资在中国的快速增长自然引起了东盟国家的一些疑虑和担心，甚至引起误解。应该看到的是，流入中国内地的外来资金主要来自中国香港、中国台湾、美国、日本和韩国、新加坡等国家地区，其中中国香港、中国台湾在

---

① 国务院发展研究中心课题组：《中国—东盟自由贸易区影响因素及难点分析》，《国际贸易》2003 年第 8 期。

内地的投资占实际投资额的比重在50%以上。他们看好的是中国内地廉价的劳动力资源和经济持续稳定增长的巨大内需市场。而这部分外商投资即使不流入中国内地也不会流入到东盟或其他国家，所以从这个意义上讲，在吸引外资方面中国不是东盟国家的竞争对手。但是东盟的许多国家并没有认识到这一点，往往认为中国经济的崛起会同东盟争夺外国投资，从而构成对东盟经济上的威胁，这种担心和顾虑将会对中国—东盟自由贸易区建设的顺利进行产生一定的负面影响。

（四）社会制度和历史文化背景差异较大

从区域经济集团化发展的历程来看，中国—东盟（10+1）自由贸易区的建立必然要涉及到政治、经济、文化等非经济方面的交流与合作，要实现经济一体化，成员之间必须建立相互信任的关系。但是，东盟内部及东盟和中国之间由于社会制度和历史文化背景差异较大，相互之间要达成统一的看法难度较大。

首先，东盟内部及东盟和中国之间存在着历史积怨和领土主权争端。东盟成员国内部的领土争端一直存在，历史上越南入侵过柬埔寨，至今两国关系貌合神离。近年来，马来西亚与印尼出现了关于西巴丹岛和利吉丹岛的主权争执，马来西亚与新加坡之间出现了关于白礁岛的争执。由于历史的原因，中国与东盟之间还存在着南中国海主权的纠纷。中国对南沙群岛拥有无可争辩的主权，但为了维护东南亚合作的大局，同意暂时搁置争议而留给今后协商解决。但由于有关国家的不理解，常常借故挑起事端，从而使得南沙群岛的领土之争成了中国与东盟国家之间经济贸易合作的一块绊脚石。

其次，在民族宗教、社会文化方面存在着巨大的差异。东盟内部宗教信仰不同，马来西亚、印尼和文莱是传统的伊斯兰教国家，泰国、柬埔寨和缅甸则遵从佛教，菲律宾大部分国民信奉天主教，而越南和老挝基本上不信仰任何宗教。近年来，随着伊斯兰原教旨主义势力的抬头及回教徒与欧美等西方国家的矛盾不断激化，再加上恐怖主义和伊斯兰教徒间存在的千丝万缕的联系，不同宗教信仰间冲突时有发生。

再次，中国和东盟在政治制度、经济体制方面也存在着巨大的差异。例如，在政治制度方面，存在着社会主义、资本主义与其他制度；在经济体制上，存在着计划经济、市场经济和转轨经济体制的区别。

由于上述的差异，东盟内部及中国与东盟之间在领土争端、民族宗教、社会文化、经济体制的磋商与协调中。必然需要耗费大量的时间，区域内协调体制的建立将显得非常困难。

（五）缺乏强有力的统一领导

从传统的自由贸易区来看，自由贸易区的建立往往需要强有力的国家及领导者。北美自由贸易区依赖美国的强力领导，而欧盟主要有德国和法国的有力推动。在东盟成立之初，由于只有五个国家，加上当时印度尼西亚、马来西亚的经济发展迅速，而且有像马哈尔蒂、苏哈托这样的强力领导者，因而具有比较强的凝聚力。

但是，随着东盟成员的不断扩大，加上其内部实行“共同一致”决策原则，每一个成员均具有否决权，从而使得东盟秘书处领导与协调难度非常大。印度尼西亚经济的衰退、马哈尔蒂的引退使得东盟中缺乏强有力的领导力量，而对自由贸易区最为热情积极的新加坡和泰国，其经济实力和政治实力均不足以真正起到强力领导的作用。由于东盟没有一个实际上的领导国家，我国与东盟就建立自由贸易区进行谈判，但并不是与一个代表东盟的机构进行谈判，而是与十个东盟国家分别进行谈判。在这种条件下，与任何一个成员谈判不顺利，都会影响我国与其他国家的谈判进程。因此,谈判难度可想而知。

而面对未来中国—东盟自由贸易区的领导权问题上,东盟成员是疑虑重重。由于东盟缺乏一个强有力的领导国家,东盟成员的经济实力又远远低于中国,东盟担心中国—东盟自由贸易区的领导权会落在中国身上。例如在2001年6月在中国—东盟高官会议上,东盟秘书长塞夫里诺提出,"中国—东盟自由贸易区"的倡议必须保留东盟的核心地位,充分考虑东盟的利益。为了照顾东盟的要求,中国同意在"中国—东盟自由贸易区"中,以东盟现有自由贸易区为基础,不另起炉灶,并同意对东盟中不发达成员——越南、老挝、缅甸三国实行特别优惠关税待遇。即使这样,东盟对其领导权仍有疑虑。东盟深知,从区域合作的历程来看,区域经济合作的主导权最后是由经济实力决定的。而目前东盟任何一国的经济实力都远远比不上中国,即使作为一个整体,东盟的实力也与中国相差比较大。东盟担心,随着中国实力的进一步强大,中国—东盟自由贸易区领导权问题由自己说了算,还是由经济实力来决定。

另一方面,随着区域经济集团化的发展,中国—东盟自由贸易区与日韩自由贸易区结合为"东亚自由贸易区"也是大势所趋。对于"东亚自由贸易区"的设想,东盟、韩国、日本各自有各自的打算。东盟国家大多希望保持"10+3"现有的模式,以东盟自由贸易区和东盟投资区计划为基础,吸收中、日、韩三国参加,最后建立"东亚自由贸易区",避免东盟的领导地位和核心作用旁落。

三、中国—东盟自由贸易区的合作内容

2002年11月4日,在柬埔寨首都金边举行的东盟—中国峰会上,签署了《东盟—中国全面经济合作框架协议》(Framework Agreement on Comprehensive Economic Co-operation Between the Association of South East Asian Nations and the People's Republic of China，以下简称《框架协议》）。《框架协议》是未来中国—东盟自由贸易区法律基础，共有16个条款，总体确定了中国—东盟自贸区的基本架构，其主要内容包括以下几个方面[①]。

（一）中国—东盟自由贸易区的主要内容

根据《中华人民共和国与东南亚国家联盟全面经济合作框架协议》，中国和东盟各国都同意以在10年内建立中国—东盟自由贸易区为目标而迅速地进行谈判，并通过下列措施加强和增进合作：在实质上所有货物贸易中逐步取消关税与非关税壁垒，逐步实现涵盖众多部门的服务贸易自由化；建立开放和竞争的投资机制，便利和促进中国—东盟自由贸易区内的投资；对东盟新成员国提供特殊和差别待遇及灵活性；在中国—东盟自由贸易区谈判中，给各缔约方提供灵活性，以解决它们各自在货物、服务和投资方面的敏感领域问题，此种灵活性应基于对等和互利的原则，经谈判和相互同意后提供；建立有效的贸易与投资便利化措施，包括但不限于简化海关程序和制定相互认证安排；在各缔约方相互同意的、对深化各缔约方贸易和投资联系有补充作用的领域扩大经济合作，编制行动计划和项目以实施在商定部门/领域的合作。

从上面的合作内容可以看出，中国—东盟自由贸易区将包括货物贸易、服务贸易、投资和经济合作等内容。其中货物贸易是中国—东盟自由贸易区的核心内容，除涉及国家安全、人类健康、公共道德、文化艺术保护等WTO允许例外的产品以及少数敏感产品外，其他全部产品的关税和贸易限制措施都应逐步取消。

① 以下内容摘录于《中华人民共和国与东南亚国家联盟全面经济合作框架协议》（中文译文）。

(二)中国—东盟自由贸易区的时间框架

《框架协议》规定,货物贸易的谈判将从2003年初开始,2004年6月30日前结束。关于服务贸易和投资的谈判将从2003年开始,并应尽快结束,以依照相互同意的时间框架付诸实施,实施时需要考虑各缔约方的敏感领域及为东盟新成员国提供特殊和差别待遇及灵活性。在经济合作方面,双方商定将以农业、信息通讯技术、人力资源开发、投资促进和湄公河流域开发为重点,并逐步向其他领域拓展。中国和东盟双方从2005年起开始降低关税,2010年中国与东盟老成员,即文莱、印度尼西亚、马来西亚、菲律宾、新加坡、泰国等6国建成自由贸易区,2015年和东盟新成员,即越南、老挝、柬埔寨、缅甸4国建成自由贸易区,届时,中国与东盟的绝大多数产品将实行零关税,取消非关税措施,双方的贸易将实现自由化。

(三)"早期收获"方案的主要内容

为使中国和东盟双方尽快享受到自贸区的好处,双方制订了"早期收获"方案,决定从2004年1月1日起对五百多种产品(主要是《税则》第一章至第八章的农产品)实行降税,到2006年这些产品的关税将降到零。

为了加快"早期收获"方案的实施,《框架协议》包含了临时原产地条款。《框架协议》要求适用于"早期收获"计划所涵盖产品的临时原产地规则在2003年7月以前谈判并完成制定。在"早期收获"方案细则完成之前,WTO条款有关承诺的修订、保障措施、紧急措施和其他贸易补偿措施——包括反倾销措施、补贴及反补贴措施等方面的条款,将临时性地适用于"早期收获"计划涵盖的产品。一旦各缔约方谈判达成的相关规定执行以后,上述WTO的条款应被这些相关规定替换和取代。

早期收获计划所选择的降税产品，都是我国和东盟国家出口潜力大、互补性强的产品，包括蔬菜、水果、肉类、禽蛋、奶制品。据海关统计，2004 年我国与东盟早期收获产品的贸易额达到了 19.7 亿美元，比 2003 年增长 39.8%，高于我国与东盟国家贸易的总体增幅。其中，我国进口 11.5 亿美元，增长 46.6%；出口 8.2 亿美元，增长 31.2%。从进出口产品结构看，早期收获计划实施后，我国与东盟受益比较多、增长比较快的产品主要是蔬菜、水果、水产品这三大类。

(四) 其他规定

为了帮助尚未加入 WTO 的越南、老挝、柬埔寨尽快地实施贸易自由化，中国承诺给予东盟非 WTO 成员以多边最惠国待遇。《框架协议》规定，中国与东盟将制订原产地规则，反倾销、反补贴、保障措施、争端解决机制等贸易规则，以保证未来中国—东盟自由贸易区的正常运转。

2004 年 11 月 28 日，在老挝首都万象召开的东盟 10 + 3 峰会上，中国与东盟发表了《落实中国—东盟面向和平与繁荣的战略伙伴关系联合宣言的行动计划》。会后，双方签署了《中国—东盟全面经济合作框架协议货物贸易协议》(简称《货物贸易协议》)、《中国—东盟争端解决机制协议》。《货物贸易协议》一共有 23 条，3 个附件，主要包括关税的削减和取消、数量限制和非关税壁垒、保障措施、加速执行承诺、一般例外、安全例外、机构安排和审议机制等内容，涉及的降税商品达到七千多种。根据《货物贸易协议》的规定，在 2010 年前我国与东盟 6 个老成员（文莱、印度尼西亚、马来西亚、菲律宾、新加坡和泰国）绝大多数正常商品的关税降为零，在 2015 年前我国与东盟 4 个新成员（柬埔寨、老挝、缅甸和越南）也要把绝大多数进口商品的关税降到零。对于少量敏感产品，我国与东盟 6 个老成员将在 2015 年，与东盟 4 个新成员将在2018年把关税都降到50%以下。

《中国—东盟全面经济合作框架协议货物贸易协议》已经于2005年7月1日正式实施，双方用20天的时间对彼此的关税减让表进行技术性核查，并调整相关的海关数据系统。从2005年7月20日起，正式开始按照协议规定的时间表，对原产于中国和东盟的产品相互给予优惠关税待遇。

四、中国—东盟自由贸易区的发展前景

尽管建立中国—东盟自由贸易区还存在着许多制约性的障碍因素，但它毕竟顺应了世界双边贸易迅速发展的潮流，并符合双方的经济利益，因而具有广阔的发展前景。双方通过加强合作，从短期来看，可以缓解各国当前的经济困难，维护本区域经济的稳定和发展；而从长期来看，广泛的交流与合作可以促进区域内经贸发展，增强各国的国际竞争力，抵抗全球一体化带来的各种风险，从而不断提高区域内国家在全球经济中的地位，达到双赢的结果。

(一)我国与东盟经贸关系步入快速发展时期

随着中国—东盟自由贸易区谈判的不断深入及各项贸易自由化措施的提前实施，我国与东盟经贸关系步入快速发展时期。双方在贸易、投资等各个领域的合作将进一步加强，我国与东盟的贸易与投资也将面临新的契机，具有极大的增长空间与发展潜力。

2004年，我国与东盟的双边贸易额首次超过1000亿美元大关。其中，我国向东盟出口达到429.02亿美元，同比增长38.7%；从东盟的进口额增速虽然有了回落，但是依然保持了33.1%的较高水平，达到629.78亿美元。我国与原东盟五国(新加坡、马来西亚、泰国、菲律宾和印尼)的贸易额增至970.97亿美

元，与 1999 年的 251.75 亿美元相比增长了近三倍。在东盟的新成员中，我国近年与越南的贸易关系发展较快。1999 年，中越贸易额仅为 13.18 亿美元，而 2004 年则达到 67.43 亿美元，增长了 4.12 倍。

1998 年亚洲金融危机之后，受国内宏观经济的影响，东盟的一些重要国家对我国投资一度出现了下降趋势。但是，随着东盟经济的复苏以及《框架协议》下经贸合作的深入开展，东盟对我国的投资出现了新的增长势头。从 2001 年到 2004 年，每年新增投资项目都在 1200 个以上，2004 年新增项目数再创新高，达到 2438 个；新增合同外资金额也保持了年均 33.50% 的快速增长，从 2001 年的 33.73 亿美元增加到 2004 年的 80.26 亿美元。

在东盟对我国投资快速增长的同时，我国对东盟的投资也出现新的进展。据我国商务部统计，2004 年，对东盟新增投资项目为 90 个，同比增长 38.46%，新增投资额为 2.24 亿美元，占我国对外直接投资总额的比重达到 6.02%。虽然同日本、美国、欧盟、韩国相比，我国对东盟投资相对较少，但具有较大的发展潜力。

此外，近年来，我国公司在东盟国家的对外工程承包和劳务合作进展也很顺利。2004 年，我国在东盟国家新签合同 2650 个，合同金额 44.21 美元，在我国公司对外工程承包和劳务合作合同总额中比重为 15.96%；完成营业额 27.95 亿美元，占我国公司完成营业总额的 13.08%。

（二）对全球和亚太的贸易格局将产生比较大的影响

中国目前已是世界第 3 大贸易国，而东盟整体对外贸易额居世界第 5 位。双方对外贸易总额约有两万亿美元，国内生产总值（GDP）之和达 2.5 万亿美元，人口接近 18 亿。2010 年，中国—东盟自由贸易区人口将达到 20 亿，GDP 将超过 4 万亿美元，外贸额也将超过 3 万亿美元。就人口规模而言，它将成为世界最大的自由贸易区，就经济、贸易规模，在全球自由贸易区中也将名列前茅。有人甚至预测，到2020年，整个自由贸易区的GDP将超过5万亿美元，区内贸易将达到接近欧盟和北美自由贸易区的水平，其经济实力将超过日本，仅次于北美自由贸易区和欧盟，成为世界经济的第三极①。

（三）促进中国与东盟双方的经济发展与区域经济合作

由于中国具备比较完整的工业体系、较大的经济规模和生产能力，通过区域经济合作，双方可以在许多产业上进行合作，实现产业发展的双赢。不仅如此，近年来中国经济发展迅速，商品市场越来越大，对于市场规模容量有限的东盟来说，中国—东盟自由贸易区的建立将为东盟成员国的经济发展提供广阔的市场，东盟各成员国几乎都能在与中国实施自由贸易的过程中结合自身特点开拓发展机遇，为各国百姓带来切实利益，使各国从FTA中受益。

为了分析中国—东盟自由贸易区的经济效果，一些学者通过运用CGE模型对其产生的经济效果进行了预测。根据薛敬孝、张伯伟的研究，在中国—东盟自由贸易区建成之后，中国及东盟各国的GDP、贸易、福利（消费者剩余和生产者剩余）都有不同程度的增长（表7－1）。其中，马来西亚和泰国从中获利最多，福利增长分别达到了194.94亿美元和123.22亿美元，贸易顺差也分别为76.27亿美元和52.56亿美元，GDP的增长为4.99%和2.18%。越南、菲律宾由于经济发展水平比较低，从中得到的好处非常有限。中国虽然从中国—东盟自由贸易区获取的利益比不上马来西亚和泰国，但无论是GDP增长率还是贸易盈余中国都

① 沈骥如：《中国经济合纵连横 区域合作全面开花》，中国经营报2004年6月11日。

有一定的改善。从表中可以看出，中国的福利变动增加了74亿美元，GDP增长达到了2.40%，贸易平衡出现了42.10亿美元的顺差。不过，由于中国和东盟在产业结构上具有一定同构性，面临的出口市场也基本上同样是欧、美、日等发达国家，自由贸易区的成立，将加大中国与东盟各国在出口方面的竞争程度，从而使得中国的贸易程度恶化。

与中国及东盟各国从中国—东盟自由贸易区受益形成明显对照的是，日本、韩国由于被排除在中国—东盟自由贸易区之外，贸易转移效果将使得上述两个国家的经济福利效果受到一定的影响。由于日本与东盟经济关系比较密切，双方在贸易、投资方面已经建立了全面的合作关系，中国—东盟自由贸易区的建立将给日本带来比较大的负面影响。按照表中的预测，日本的福利效果将下降150.89亿美元，贸易平衡出现了623亿美元的逆差。正因为如此，在中国宣布与东盟建立自由贸易区的时候，日本感受到了巨大的压力，也表示要与东盟开展自由贸易区的谈判。前面提到的《日本和新加坡新时代经济伙伴关系协定》就是在这个大的背景下出台的。相对日本来说，由于韩国与东盟各国的经济交往相对来说要落后一些，中国—东盟自由贸易区对其产生的负面影响也要少一些。

表7－1　中国—东盟自由贸易区的宏观经济影响(%)

国家和地区	GDP变动	出口变动	进口变动	贸易平衡(亿美元)	贸易条件变动	福利效果(亿美元)
马来西亚	4.99	83.00	83.04	76.27	10.18	194.94
泰国	2.18	40.21	34.19	52.56	7.27	123.22
中国	2.40	48.08	51.99	42.10	－2.87	74.00
印度尼西亚	0.35	31.42	29.52	10.60	5.18	62.70
新加坡	0.34	97.29	94.28	2.48	2.89	58.58

续表

国家和地区	GDP 变动	出口变动	进口变动	贸易平衡（亿美元）	贸易条件变动	福利效果（亿美元）
越南	6.74	57.41	40.76	3.09	5.57	22.45
菲律宾	2.85	62.49	47.86	3.02	-3.45	5.77
韩国	-0.15	-4.26	-3.48	-14.05	-1.20	-38.71
日本	-0.05	-2.19	-1.15	-63.00	-1.15	-150.89

资料来源：薛敬孝、张伯伟：《东亚经贸合作安排的比较研究》，《世界经济》2004 年第 6 期。

注：福利效果包括生产者剩余和消费者剩余。

另外，中国商务部研究院亚非研究部在《建立中日韩自由贸易区的可行性研究》中利用 GTAP 模型对中国—东盟自由贸易区的效应加以模拟。该模拟结果显示，中国—东盟自由贸易区的建立将使得中国和东盟国家的贸易都有较大幅度的增加：东盟对中国的出口将提高 48%，而中国向东盟的出口将提高 55.1%；双边贸易中纺织服装、电器和其他制成品之间的产业内贸易会扩大①。

（四）中国—东盟自由贸易区的建立符合东盟各国的愿望

中国将成为促进中国—东盟经济一体化的强大动力。东盟国家希望通过自由贸易区的建立，从中国蒸蒸日上的经济发展中获益。东盟秘书长鲁道夫·塞维里诺说："要么避开中国，要么更密切地与它接触。尽管一些行业会受到影响，但自由贸易区对中国和东盟的整体影响将是有利的"。正如前面所表明的那样，中国—东盟自由贸易区的建立与发展，将可以为东盟新成员国更多地参与到与中国经济合作中来，促进他们的产品向中国出口及吸

① 中国商务部研究院亚非研究部：《建立中日韩自由贸易区的可行性研究》，www.mofcom.gov.cn。

引来自中国的投资,增强各国国内产业的竞争力。由于区域经济一体化和贸易自由化在促进本国经济发展过程中所起到的作用越来越大,东盟国家将会加快消除贸易壁垒的努力,通过建立中国—东盟自由贸易区自由,实现与中国经济的同步发展。

(五)它将促进东亚地区的合作

虽然在目前的世界上,区域化比全球化的发展趋势更明显,发展的速度也更快,但亚洲区域经济一体化的进程要相对落后得多。亚洲金融危机减慢了日本主导的亚洲区域集团的发展,也使东南亚国家联盟的运行处于停滞状态。随着东南亚国家联盟从政治安全组织逐渐经转变为经济集团,东盟成为亚洲区域经济一体化发展最快的地区。这就为中国—东盟的经济一体化组织的建立腾出空间。中国和东盟各国,都可以很好地利用这个先机,迅速建立和巩固中国—东盟自由贸易区。

目前,以 10+3 为形式的东亚合作正在进行中。从长远看,东亚地区需要建立包括 10+3 全部成员在内的“东亚自由贸易区”,这样,才能应对来自北美自由贸易区、欧盟的挑战。但是,实现这一构想仍有一定困难,其中日本的态度并不积极。不过在中国的影响下,日本与东盟也签署了建立全面经济伙伴关系的宣言。但日本的动作显然落后于中国。无疑中国正在成为推动东亚合作的主角,而中国—东盟自由贸易区有可能成为未来东亚自由贸易区的基石。近些年来,东亚经济一体化呈现活跃、快速的发展态势,这与中国—东盟自由贸易区建设有着密切关系。中国—东盟自由贸易区既是东亚经济一体化的催生剂,又是东亚经济一体化的重要组成部分,其结果必将惠及整个东亚。

五、建立中国—东盟自由贸易区的政策措施

经验证明,组建自由贸易区是一项复杂的系统工程,在 10+1

这个面积最大、人口最多、各方面都有很大差别的地域组建自由贸易区无疑是一项更加艰巨而又复杂的工作。为了保障中国—东盟自由贸易区的顺利建成，除了各国以积极、认真的态度，做好细致耐心的工作外，在具体行动上，还需要各国采取有效的措施，努力消除现有的各种政治上、体制上、文化上的种种障碍。尤其是要抓住以下几个方面的工作：

（一）加强政治上的相互信任，共同培育相互理解、和睦相处的环境

政治上的相互信任是双方开展经济合作的基础。在不断拓展中国与东盟经济合作的同时，有必要进一步加强双方的政治对话与合作，增进相互间的了解和信任。这是中国与东盟建立长期经济合作关系的基础。10+1地区幅员辽阔，社会制度不同，经济发展水平差异较大，经济结构也呈现多样的特点，要在这样一个地区建成一个完整的地区集团，没有坚实的信任基础是不可能达成的。目前，中国已经在一系列重大问题上对加强与东盟的合作表现出了诚意，亚洲金融危机期间，人民币面临着强大的贬值压力，为了不致引发东南亚国家货币的竞相贬值，中国宁可自己受损失也坚持人民币不贬值；为了使南海局势更加稳定，中国决定暂时将南海领土主权问题搁置一段时间，并打算早日完成和东盟签署有关南海问题的行为准则工作；中国与东盟领导人已于1997年确定了双方建立睦邻友好关系的方针，并成立了中国—东盟联合委员会，建立了高官磋商机制，这已成为中国与东盟对话、联系和合作的重要渠道；此外，双方还在反对恐怖主义、打击贩卖毒品活动方面开展了卓有成效的合作。今后，只要双方以政治互信为基础，以和平、对话方式解决国家之间的矛盾争端，经济上的合作就好办了。

(二)努力拓展经济合作的空间,大力发展多层次、多领域的合作

要提高中国和东盟之间的区域合作水平,必须不断拓展经济合作的空间,大力发展多层次、多领域的合作。自由贸易区是一种广泛的经济合作,它需要多层次、多领域的合作基础。由于参加自由贸易区是互利的而不是损人利已的,中国和东盟根据东盟经济一体化的需要和东盟与中国之间各自的优势,已经决定将农业、信息通讯、人力资源开发、相互投资和湄公河开发作为新世纪开展合作的五大重点领域,并在逐步地赋予实施。在农业领域,双方已经签署了中长期合作备忘录;在人力资源开发领域,2001年双方利用中国—东盟基金资助了9个合作项目,随后中国还提出了7个新的合作项目。为了进一步推进双方的合作,加快双方的合作步伐,中国对柬埔寨、老挝、缅甸3个最不发达的国家提供单方面优惠关税,并决定出资500万美元用于湄公河清淤通航以及承担曼谷—昆明公路老挝段80公里工程的费用等。此外,中国还从2002年起在中国昆明出口交易会上,专门推出了“中国—东盟贸易投资和发展合作国际研讨会”,来自多个国家(地区)、国际组织和跨国公司的工商界人士、专家参加了会议,并就中国—东盟经贸合作的前景、方式和途径、投资便利化、建设自由贸易区对我国西部大开发的发展机遇进行了讨论。

(三)在充分发挥各国比较优势的基础上调整产业结构,形成内部的整体竞争优势

亚洲金融危机给东亚国家带来的深刻教训之一就是要调整产业结构,逐步实现区域内产业结构的循环和从传统经济到知识经济的过渡。目前,中国与东盟之间产业结构竞争性比较强,而互补性却显得不足,今后应大力加强双方的结构调整,进一步优

化其内部的产业结构和经济结构。首先,应不断扩大区域内的市场,在不断降低关税的同时,努力挖掘和发挥各自的比较优势,使中国作为大国在市场、技术和人力方面的优势,同东盟各国在外向型经济和已形成的分工体系优势结合起来,逐步形成区域内的贸易循环,减少对外的依赖程度。其次,加快产业结构的升级,使以信息技术为核心的高新技术逐步成为中国—东盟自由贸易区的主导产业,由于中国和东盟之间技术水平都比较低,在发展知识型、外向型、自主型的高技术过程中,应加强相互之间的分工与协作。另外,各国还应不断开拓多元化市场,以避免或减少相互间的贸易恶性竞争。

(四)由易到难,循序渐进

尽管中国—东盟自由贸易区的建立有利于双方扩大市场、整合经济、增强经济活力,但由于贸易自由化将不可避免地冲击着各国一些弱小的产业,造成一定的失业和产业的破坏,因而各国思想上都会存在着一些疑虑。例如,担心开放本国市场降低关税以后,会对本国工农业生产不利,并造成外资进入本国数量的减少等。因此,在贸易自由化的方法和步骤上应由易到难,循序渐进,以便尽量减少对经济发展水平落后国家的冲击。为了贯彻这个原则,中国首先提出先向东盟各国开放市场,然后东盟初始 6 国开放,最后是其他 4 国分阶段开放,这样消除关税障碍的问题就迎刃而解了。比起关税壁垒来,非关税壁垒的降低显得更为复杂和困难,因而必须花费更大的精力和耐心。在降低非关税壁垒上,同样必须按照由易到难,循序渐进的原则,在坚持世界贸易组织有关规定的前提下,围绕着有利于区域内比较优势的发挥,逐步打破各种市场垄断和政府的过度保护,使区内货物、服务、资金实现高效率的流动。

启动中国与东盟自由贸易区谈判成为我国在 FTA 领域的一

个新的实践，也是我国加入 WTO 之后在参与经济全球化和区域经济一体化、发展开放型经济方面的又一个重大举措。加强与东盟的制度性合作既有利于我国的经济发展和结构调整，也有利于周边区域的繁荣与稳定，具有重要的长期性、综合性和战略性意义。

第八章

中国的FTA战略

自从上世纪70年代末中国开始实施改革开放以来，我国与世界的经济联系越来越密切，特别是通过大力引进外资来发展出口导向型对外贸易战略取得了极大的成功，使得中国成为世界上名副其实的贸易大国。根据海关总署的统计，改革开放开始的1978年，我国对外贸易总额仅206.4亿美元，其中出口97.5亿美元，进口108.9亿美元，在世界中排名第32位，处于无足轻重的地位，而2004年我国对外贸易总额达到11547.4亿美元，世界排名上升到第3位，仅次于美国、德国而成为世界贸易大国。在大力发展对外贸易的同时，我国还大力鼓励外国企业来华投资。自1993年以来，中国一直是发展中国家吸收外国直接投资最多的国度，而进入到2003年，进入中国的外资超过了美国，我国成为世界上吸引外资最多的国家。截至2004年年底，累计吸收外国直接投资达到5600亿美元。加入WTO后，实行了更加自由更加开放的贸易与投资体制，在发展中国家中，中国对外开放的程度已经处于相当高的水平，中国经济正在一步步地融入全球经济一体化的浪潮之中。

二十多年的改革开放实践表明，坚持对外开放的基本国策，积极发挥比较优势、参与经济全球化进程是中国实现经济持续增长目标的基本经验之一。正因为如此，今后相当长一段时期，中国将要进一步融入到经济全球化中去。但是，正如前面所指出的那样，中国同样面临着经济全球化的风险，这种风险突出表现为中国的一部分产业面临着被跨国公司淘汰、国家的宏观经济政策及形势越来越容易受到外部因素的制约，产业结构调整进入了一个非常艰难的时期。为了实现中国经济持续稳定的快速增长，我国除了继续通过参与全球多边贸易自由化获取经济发展的要素条件和更多机会之外，还应当积极加入区域经济一体化进程，通过区域经济一体化来化解经济全球化的风险，其中，与周边国家签署多边与双边自由贸易协定就是推动地区经济合作的一种新途径。

一、经济全球化的风险正在逐步释放

正像前面所指出的那样，经济全球化带来的全球产业分工，为中国制造业开辟了广阔的海外市场，提供了资本、技术、管理知识来源，创造了数以亿计的就业岗位，充足的贸易顺差使中国得以进口先进的技术设备和日益紧缺的能源矿产原料，帮助中国成功地摆脱了困扰绝大多数发展中国家的资本、外汇“双缺口”局面，抵御住了席卷东南亚的金融风暴侵袭。二十多年来，世人交口称羡的所谓“中国奇迹”，相当大的成分得益于中国不断融入经济全球化，通过充分发挥政局稳定、生产要素低廉、制造业基础较好等一系列比较优势来实现的。然而，经济发展规律告诉我们，任何一个国家经济成功发展中都隐含有否定性因素，超过合理的限度，否定因素就有可能占上风，事物的发展就有可能走向反面。不断融入到经济全球化的产业分工中尽管在中国的实践之中取得了巨大的成功，但其成本也是相当高的，随着时间的推移，其带来的负面影响也越来越大。

(一)对外贸易依存度大幅度攀升的风险不断增大

伴随着经济全球化的推进，我国的对外贸易一直呈现出高速增长的势头，其增长速度一直超过了国民经济的增长速度。尽管我国的 GDP 只占全球的 4% 左右，排名世界第六，但对外贸易总额约占全球的 12%，排名世界第三。对外贸易增长持续高于国民经济增长的结果是对外依赖程度不断攀升。从数字看，1978 ~ 2004 年，中国对外贸易年均增长超过 16%，比国民经济增长快了近 7 个百分点，高出世界贸易增长速度 10 个百分点。伴随着对外贸易量的扩大，中国的对外贸易依存度也在显著上升①。1979 年中国的对外贸易依存度仅为 11.3%，1990 年则达到 30%，2004 年又进一步升至 70% 左右。从国际比较来看，中国的对外贸易依存度明显高于一些发达大国（如美国、日本等）和发展中大国（如巴西、印度等）。另一方面，从国际贸易收支来看，上世纪 80 年代中国对外贸易基本上是一直处于逆差状态，而进入 90 年代以后几乎来了个 180 度的大转弯，除了个别年份之外，对外贸易一直保持着顺差状态，1998 年全年贸易顺差最高，达到 435 亿美元。

外贸依存度的不断提高，既是中国抓住经济全球化机遇、扩大对外开放、国力不断增强的表现，同时也意味着外部环境变化对中国的影响在进一步加深。尽管从总体上看，简单地对中国外贸依存度下一个过高的结论还为时尚早（这一点在国内也存在着诸多的争议），但对外贸易依存度大幅度攀升的风险在不断加大却是一个不争的事实。中国经济对国际市场的过度依赖，带来受外来冲击的风险在加大，面临的挑战也在增多，国民经济稳定增长的程度下降。

近几年，我国的出口大幅、快速增加对国际市场形成一定压力和冲击。特别是在当今世界经济增长缓慢的背景下，“中国输

---

① 当然，中国现实的贸易依存度存在着严重的高估现象。主要原因有两点：一是中国的国内生产总值由于第三产业统计范围太窄、非贸易商品多等因素被大大低估；二是中国的加工贸易比重较大，如果扣除加工贸易额中的非净出口额和进口额部分，中国的贸易依存度将大大降低。

出通货紧缩”的论调正在悄悄蔓延，它所要证明的无非是中国的经济正在威胁世界的发展。“中国输出通缩论”只不过是新形势下“中国经济威胁论”的又一翻版。首先提出这一观点的是摩根斯坦利公司发表的《中国因素》的报告，报告声称“中国正在通过商品出口把自身的通货紧缩转向全球”。此后，日本及东南亚国家主要媒体转载并发表评论，也认为中国是当前世界经济通缩的重要来源之一。似乎世界经济的不景气，都是中国惹的祸。不仅如此，有关“中国经济威胁论”的观点在不断翻新。先是说，中国的发展会与周边发展中国家争市场、争资金、争机会，后来又说，中国的发展造成了周边较发达经济体的“产业空心化”。现在，又从国际金融的角度，指责中国成为发展中国家和发达国家的共同经济威胁。尽管提出“中国经济威胁论”的观点多是出于对中国经济现状的无知，其目的是渲染中国发展的负面影响，并对中国施压，但因为这些观点极有诱惑力，很容易成为一些国家抑制中国发展的口实。

而进口的大量增加又容易引发世界可供应资源跟不上中国需求的增加，从而导致世界商品价格上扬。我国钢材生产能力已达 2.3 亿吨，在建生产能力 1.3 亿吨，建成之后生产能力将达 3.6 亿吨以上，超过美日欧俄生产能力之和；我国的水泥生产能力已达 8 亿吨，加上在建能力将超过 10 亿吨，生产能力已经超过世界总能力的一半以上。再加上其他高消耗产业的发展，将使能源、原材料的供应处于严重短缺局面，进而引起国内及全球相关产品价格的上涨。2004 年，日本新日铁率先就年度铁矿石进口价格上涨 71.5% 达成协议后，中国钢铁业“被迫”接受国际矿业寡头所要求的同一涨幅就是一个最好的例证。对全球最大钢铁进出口国中国来说，这是一个灾难性价格，国内无数钢铁厂的生意因此受挫。而此次铁矿石价格最主要的上涨动力是来自全球生铁（钢材的主要原料）特别是中国生铁产量上升的推动。我国已有过多次将国际铁矿石、铜、石油、棉花等商品价格大幅推高的教训。数据显示,2004 年我国生铁产量同比增加 24%,达 4891 万吨,生铁增量占全球全年生铁增量的 84%;在此带动下,我国的铁矿石进口量从 2003 年的 1.48 亿吨上升到 2.08 亿吨,同比上升 40%,占世界铁矿石贸易量的 1/3。

在这样高度依赖世界市场的背景下,如果全球经济放缓或与发达国家贸易摩擦的加大,中国的对外贸易将严重萎缩,并由此带来一些重要的进口产品资源(高新技术、电子设备、资源等)短缺和大量出口资源(纺织、钢铁、家用电器等)的过剩,进而影响国民经济持续稳定的发展。受美国对包括中国在内的进口钢铁征收 8% 到 30% 保护性关税的影响,中国钢铁出口全面受阻,整体效益出现了大面积的滑坡就是一个最好的例证。

(二)对外贸易摩擦越来越大

随着我国出口规模不断扩大,印有“中国制造”的产品遍布于世界各地,中国逐步被人们认为是世界的加工厂,这当然是好事。然而,与之相伴随的却是频繁且形式日趋多样的贸易摩擦。我国出口遭遇国外反倾销和保障措施调查明显增多。自 1979 年至 2004 年,共有 34 个国家和地区发起了 673 起针对或涉及中国产品的反倾销、反补贴、保障措施及特保措施调查案件,其中反倾销案件 600 起,其他案件 73 起,涉及四千多种商品,影响了中国约 191 亿美元的出口贸易。美国、欧盟、印度、阿根廷、土耳其、澳大利亚、南非、墨西哥、加拿大、巴西成为对中国发起贸易救济措施调查的前十位国家。目前对中国的纺织、服装、家电等主要出口产品实行贸易制裁此起彼伏,而且有不断升级之势。例如,2004 年 6 月中旬,欧盟宣布对原产于中国的聚酯长纤面料展开反倾销调查,涉案金额高达 5.8 亿美元左右,是到 2004 年为止中国纺织品反倾销涉案金额最高的案件,涉及大约 1000 家中国企业。而

2004年9月17日凌晨，在位于西班牙东南部的小城埃尔切市，约400名不明身份的西班牙人聚集街头，放火烧毁了中国温州商人准备在当地销售的商品鞋，造成了约800万元人民币的经济损失，更是将中国的对外贸易摩擦推向了"顶峰"。

伴随着对外贸易顺差的不断累积，对外摩擦还呈现从贸易领域向投资、金融、汇率等领域延伸的趋势。特别是有关人民币升值问题一直受到来自日本、美国等主要贸易伙伴的巨大压力。美国一些人攻击中国操纵人民币汇率导致汇率人为偏低的言论甚嚣尘上。美国国会议员和政府官员在多种场合不断向中国施加压力，甚至有人建议国会迫使美国政府向世界贸易组织（WTO）提出诉讼，控告中国操纵人民币汇率违反了入世承诺，也违反国际货币基金组织的规则。

与贸易摩擦不断扩大相对应的是中国对外贸易摩擦主要集中在一些特定的国家与特定的产品。由于中国的出口导向贸易战略主要是立足于比较优势，这就决定中国参与全球贸易分工是将生产的劳动密集型商品出口到发达国家与地区，而从发达国家和地区进口资本密集型与技术密集型商品。自1991年起，中国开始实施市场多元化战略，对美、日、欧盟和中国香港四大传统市场出口所占比重，从1991年的77.4%下降到2003年的68.6%，减少了8.8个百分点；对发展中国家等新兴市场的出口比重从23%提高到32%，上升了近9个百分点。但是，中国出口高度依赖四大传统市场的局面并没有太大的变化，特别是对美国市场出口的份额上升到21.1%，加上经中国香港转口部分，接近40%。中国对美国的顺差也不断扩大，按照美方统计已达到1240亿美元，巨额顺差已成为引发中美贸易摩擦、影响政治关系的一个重要原因。对外摩擦的不断蔓延和升级，不仅意味着中国参与全球国际分工实施越来越困难，而且还会对宏观调控和对外政治外交关系造成严重干扰。

(三)经济全球化并没有带来中国国际竞争力的提高

从自由贸易最基本的假设前提出发,按照比较优势进行分工,并进行国际贸易必定给双方带来利益,否则,另一方可以拒绝开展国际贸易。但按照比较优势进行自由贸易有可能使发展中国家在国际分工中过于偏重劳动密集型产品,虽然依旧能获得些许利益,但在长期中一个发展中国家专注于劳动密集型产品生产的时候,它很有可能被锁定到劳动密集型产业的专业分工当中,从而丧失了技术进步的机会,进而会面临贸易结构不稳定,总是落后于人的"比较优势陷阱"。这一陷阱以两种方式出现,一是发展中国家由于长期在国际分工中处于低附加值环节,使得贸易利润下降,缺乏改善贸易结构的物质基础,并形成了对劳动密集型产品生产的路径依赖;二是发展中国家在发展高新技术产业贸易时过于依赖发达国家的技术引入,进而缺乏创新能力,以至于长期陷于技术跟进状态,被迫受制于人。在过去几十年的历史中,许多发展中国家确实发生了面临"比较优势陷阱"的困境。来自联合国贸发会的一项研究表明,在墨西哥、菲律宾、阿根廷、巴西等很多国家,与出口部门扩张同时发生的还有逆工业化过程,这些经济体一方面经历着出口的迅速增长,但同时也伴随着投资、技术进步的停滞不前①。

中国的情况稍好于墨西哥、菲律宾、阿根廷、巴西等这些国家,尽管现在就说中国已经陷入"比较优势陷阱"还为时尚早,但中国已经面临踏入"比较优势陷阱"的风险已经是不争的事实。其突出的表现是对外贸易长期依赖于劳动密集型产品的粗放型出口,这种增长并没有带来国家竞争力的相应提高。尽管造成这种现象的原因多种多样,但经济全球化使得中国难以进行有效的

① 杨育谋等:《反思中国出口模式"出口导向"战略忧思》,《大经贸》。

结构调整是一个重要的因素。

(四)实行区域经济一体化是化解经济全球化风险的手段

面对来自上述经济全球化风险,我国政府正在采取加大宏观调控的力度,促进产业结构升级、放宽人民币的波动区间等手段来化解这种风险。按照国际上的经验,借助于区域经济一体化,可以化解经济全球化所必然要产生的消极影响,促使经济全球化真正成为一种促进各国福利提高的过程。

传统贸易保护主义以国家贸易壁垒为基础,其主要手段是关税和非关税。但是,随着 GATT/WTO 框架内贸易自由化深度与广度的不断扩展,国家与国家之间的贸易壁垒正在不断降低,取而代之的新贸易保护主义开始从全球范围的贸易壁垒向区域性贸易壁垒过渡。目前,区域性贸易壁垒正在逐步取代传统的贸易保护主义而成为世界自由贸易壁垒的主要形式,国家贸易壁垒即由一国贸易保护演变为区域性贸易保护。与国家贸易壁垒不同的是,区域性贸易壁垒仅仅对区域外国家实行共同的关税壁垒。而在区域范围内,国家之间仍实行自由贸易。这方面最典型的例子是欧盟的贸易政策。欧盟不仅通过关税同盟与共同的农业政策对外筑起贸易壁垒,而且将这种区域保护范围扩大到有关国家(如对 46 个发展中国家实行了优惠制),从而使得欧洲的工业品和农产品市场在内部不断开放的同时而对外越来越封闭。作为贸易自由化的旗手,美国在 20 世纪 80 年代全球贸易体制上的挫败使其不再坚持反区域性贸易壁垒的立场,转向提倡自由贸易全球化与实行贸易保护区域化的双轨政策。北美自由贸易区的建立,标志着美国由片面的全球自由贸易退到强调"互惠"的区域自由贸易的立场上。面对区域化贸易壁垒,最好的突破方法就是通过自己也参与到区域经济一体化中去,以达到化解区域经济一体化的堡垒。

二、中国区域合作的演变与进展

“不结盟,不称霸、不当头”是20世纪70年代以后我国一贯奉行独立自主和平外交政策的具体体现,也是我国几十年外交经验的总结。20世纪50年代,为了反对以美国为首的帝国主义,我国与前苏联结成战略同盟。20世纪70年代我国同美国结成事实上的同盟以对抗前苏联。尽管这是在特定历史条件下做出的无奈选择,但后来的事实证明:两次结盟都损害了我国的国家利益。鉴于上述教训,我国在与其他国家进行区域经济合作、结成经济伙伴关系一直持有非常慎重的态度。

在这样的背景之下,对于如何处理与世界各国的经济贸易合作,我国一直将希望寄托于GATT/WTO身上,坚持通过多边贸易体制来处理与世界的经贸关系,而对于国家与国家之间签订FTA并不热衷。加上我国建立市场经济体制时间比较短,为了达到GATT及WTO成员的条件,早日实现恢复关贸总协定及加入WTO的愿望,中国面临着巨大的国内市场体制改革的任务。在这样的背景之下,我国对于迅速发展的FTA并没有给予太多的关注。

尽管如此,面对世界迅速发展的区域经济一体化浪潮,我国又感到巨大的压力。在经济全球化与区域经济一体化的两股浪潮中,我国在20世纪90年代初选择一种折中的道路,即在积极参与多边贸易体系、融入世界经济的同时,逐步重视区域经济合作。其具体体现就是在区域合作中坚持“开放的地区主义”原则,即在推进区域合作的同时,对区域组织外的国家实行非歧视的政策。像FTA这样的区域制度性安排并没有成为中国区域合作政策的重点。

(一)我国重视 FTA 的背景

1999 年 11 月,中美就中国加入 WTO 达成协议,入世面临的最大难关得以清除,加入 WTO 指日可待。在这样的背景之下,中国开始努力强化与邻近各国的关系,以此作为其“多极化战略”的一环。原以为只要进入 WTO,中国商品进入到主要的出口市场——北美市场就会比较顺利,但北美自由贸易协定又成了中国商品的一条拦路虎,在这个时候,我国开始意识到 FTA 的重要性。加上 1998 年后亚洲的两国间 FTA 不断出现,中国已经成为几个少数没有参加任何自由贸易协定的国家,参与到 FTA 的必要性也逐步提上了政府的议事日程。另外,从 20 世纪 90 年代开始,我国相继参加了上海合作组织、APEC、东盟论坛(ARF)等一些松散的国际多边政治、经济等活动,从中获得了很多与多国家进行积极对话的经验,并从这些对话的过程中逐步认识到多国之间开展合作的好处。尤其是在消除地区内根深蒂固的“中国威胁论”方面,通过 FTA 来开放中国市场不失为一种有效的手段。

在入世已经指日可待的 20 世纪 90 年代末,我国开始研究 FTA 政策。根据当时有关政府部门及研究机关的成果,围绕着中国与东亚尤其是与东盟的区域经济合作,基本上达成了以下一些基本的看法:通过与 ASEAN 实现区域性经济一体化,可以拉动对外贸易的增长,促进国内已经饱和的产业对 ASEAN 的投资,从而延长国内夕阳产业的寿命;另外,相互开放市场、降低商品的流通成本可以实现更加合理的资源配置,从而有利于增强中国企业的竞争力。当然,像其他 FTA 一样,市场的开放会使得一部分弱势产业,比如农业等受到一定的打击;一部分与 ASEAN 有竞争关系的商品将面临着更为激烈的竞争;市场的开放会使得中国市场更容易受到国际市场的冲击。尽管如此,总的来说,中国与 ASEAN

建立 FTA 对中国经济是利大于弊①。基于以上的认识,我国在坚持 WTO 多边贸易体制的同时,开始探索中国自身的 FTA 战略。

(二)中国 FTA 战略的历程及最新进展

1. 从开放的地区主义 APEC 起步

APEC 是中国加入的首个区域经济合作组织,也是中国与其他国家进行区域经济合作的一次尝试。亚太地区是中国对外贸易的主要市场,在中国对外经济关系中具有十分重要的地位,中国对外贸易约 80% 和吸收外资约 90% 来源于亚太地区。由于在 20 世纪 90 年代中国经济发展还只能说处于起步阶段,产业结构层次比较低,竞争力比较差,因而不得不是"开放的地区主义",因此,加入 APEC 不失为中国启动区域经济合作的一个现实选择。

但是,由于 APEC 成员过多,而且实行贸易与投资自由化的自愿原则,缺乏像 FTA 那样的制度安排,因此,APEC 在推动成员间的贸易与投资自由化方面作用有限。尽管如此,中国加入 APEC 后,在贸易与投资自由化方面取得了很大进展。为了配合 APEC 的单方面行动计划,中国单方面逐渐降低了关税水平和非关税壁垒。从 1992 年到 1997 年,中国分四次降低了关税,使算术平均关税水平从 43.2% 降低到 17%,加权平均关税水平从 32.7% 降低到 13.3%。在 1997 年温哥华举办的 APEC 领导人非正式会议上,中国宣布到 2005 年将工业品平均关税降到 10% ②。不仅如此,在 APEC 的单边行动中,中国通过一系列的承诺,在降低非关税措施、增加非关税壁垒的透明度、开放服务贸易市场、提高投资政策的透明度、加强对知识产权的保护,为外国投资提供

---

① 对外贸易合作部、国际贸易经济合作研究院编:《2001 年形势与热点——中国融入世界经济大潮》,中国对外经济贸易出版社 2001 年版。

② 隆国强:《中国的区域经济合作政策》,国务院发展研究中心网站 2005 年7 月。

更多的便利等诸多方面取得了实质性的进展。从这个层面上看，APEC为以后中国的双边及多边区域经济合作奠定了一个很好的基础。

2.《曼谷协定》——中国加入的第一个制度性区域安排

进入新世纪以后，中国在建立制度性区域贸易安排方面开始变得积极。2000年4月3至5日，《曼谷协定》第16次常委会会议在泰国曼谷召开，会议通过了关于中国加入《曼谷协定》的决定，2001年5月23日，中国正式成为《曼谷协定》成员。曼谷协定是在联合国亚太经社会主持下，在发展中成员国之间按照授权条款达成的一项优惠贸易安排。现有成员国有中国、印度、韩国、孟加拉、斯里兰卡和老挝。《曼谷协定》是中国加入的第一个制度性区域安排，在中国关税史上具有重要地位。一方面，在《曼谷协定》框架下，中国第一次根据协定给予其他国家低于"优惠税率"（从2002年1月1日起改称为"最惠国税率"）的关税优惠税率，另一方面，中国也是第一次通过关税谈判从其他国家获得特别关税优惠。尽管中国已于2001年5月23日正式成为《曼谷协定》成员国，但由于原产地认证机构的确定和加入WTO关税调整等原因，真正执行《曼谷协定》优惠关税税单的是2002年1月1日。

根据在《曼谷协定》中的承诺①，中国从2002年起对原产于孟加拉、韩国和斯里兰卡的739种商品实行"曼谷协定税率"，对原产于孟加拉的18种商品实行"曼谷协定特惠税率"。2002年"曼谷协定税率"的平均税率为12.6%，优惠幅度为19.6%；其中对孟加拉关心的309种产品平均税率为14.2%，优惠幅度为27.7%；对韩国关心的388种产品平均税率为11%，优惠幅度为9.8%；对斯里兰卡关心的51种产品平均税率为18.2%，优惠幅

① 《曼谷协定》的有关资料内容来源于辽宁财政厅网站。

度为16.4%。对孟加拉的"曼谷协定特惠税率"的平均税率为4.6%,优惠幅度为67.6%。2004年对原产于韩国、印度、斯里兰卡、孟加拉和老挝5国进口的902个税目下的商品实行《曼谷协定》优惠税率,平均税率为9.9%,相对于非《曼谷协定》国家,整体优惠幅度为18.9%。

2003年2月,中国代表团与印度代表团通过积极的双边磋商,在北京达成了《中国与印度关于"曼谷协定"的双边磋商纪要》,成功解决了中国与印度在《曼谷协定》中的相互适用问题,进一步增强《曼谷协定》的活力。近年来,巴基斯坦曾多次向中国表达商签自由贸易协定的意愿,中国给予了较为积极的回应,主动提出了商签优惠贸易安排的思路。中华人民共和国与巴基斯坦共和国于2003年11月3日签发《中国巴基斯坦优惠贸易安排》,并于2004年1月1日正式实施。《中巴优惠贸易安排》解决了由于中国按照《曼谷协定》给予印度产品关税优惠待遇可能对巴对华出口造成冲击的问题。

3. 中国—东盟自由贸易区(CAFTA)的启动

在加入了《曼谷协定》之后,中国开始加快在更大范围上推进FTA战略,并首先将目光聚焦到了东盟。2000年11月25日,在新加坡召开的第四次中国—东盟领导人会议上,东盟一些国家对中国即将加入WTO感到担忧,认为中国入世后,经济与贸易将取得更快的发展,这将促使外国投资从东南亚转向中国,从而对东南亚产生不利影响。为了解除东盟的担忧,朱镕基总理提议:"加强贸易、投资联系,建立自由贸易关系",这一建议得到了多数东南亚国家的积极响应,并于2001年3月成立了中国与东盟联合专家小组,对自由贸易区的可行性、经济效益等问题进行了研究。专家小组的报告认为,中国与东盟在贸易结构上存在着显著的互补性,中国从东盟进口的主要是木材、矿物、油料等初级产品,而向东盟出口的大部分是制成品及家电等。另外,双方贸易额占各自对外贸易总额的比重都较小，表明双方之间的贸易潜力很大。如果成立自由贸易区，则会产生较大的贸易创造效应，使双方都能受益。专家小组用"全球贸易分析项目"模型测算后，得出如下结果：中国—东盟自由贸易区的建立将使东盟对中国的出口增长48%，使中国对东盟的出口增长55%。同时，它将使东盟整体的国内生产总值(GDP)增长0.9个百分点，而使中国的GDP增长0.3个百分点[①]。在2001年9月召开的东盟—中国经济部长会议上，专家小组的报告顺利通过，原来对此存有疑虑的几个东盟国家，如印度尼西亚、菲律宾等也改变了态度，建立自由贸易区的倡议被提交领导人会议。2001年11月6日，在文莱召开的第五次"10+1"领导人会议上，双方领导人根据专家组的建议，就正式启动FTA程序达成共识，一致同意在10年内建成"中国—东盟自由贸易区"，以开展更密切的合作。在这次会议上，东盟对与中国建立自由贸易区表现出极大的热情，并认为中国—东盟自由贸易区将促进双方共同繁荣和发展，是一项及时的战略性选择。

2002年11月4日，在柬埔寨金边召开的第六次中国—东盟领导人会议上，双方签署了《中国与东盟全面经济合作框架协议》(以下简称《框架协议》)，决定2010年建成中国—东盟自由贸易区。这标志着中国与东盟的经贸合作进入了崭新的历史阶段，中国的FTA战略迈出了万里长征中的第一步。根据《框架协议》，中国—东盟自由贸易区将包括货物贸易、服务贸易、投资和经济合作等内容。其中货物贸易是核心内容，除涉及国家安全、人类健康、公共道德、文化艺术保护等WTO允许例外的产品以及少数敏感产品外，其他全部产品的关税和贸易限制措施都应逐步取消。为了让东盟一些成员国尽快从中受惠，《框架协议》还制定了

① 陆建人：《2002年东亚地区经济合作回顾》，《世界经济》2003年第3期。

“早期收获”方案。作为“早期收获”方案的一部分，中泰两国已于2003年6月18日正式签署《中泰蔬菜水果协议》，决定自2003年10月1日起，在中国—东盟自由贸易区框架下提前实现中泰之间水果和蔬菜产品的零关税。同时，中国在这次会议上还决定对东盟经济不发达的一些成员实行特惠关税待遇，并与柬埔寨、老挝、缅甸三国签署了中国向三国提供特别优惠关税待遇的换文。根据该换文的规定，自2004年1月1日起，柬埔寨、老挝和缅甸向中国出口的部分产品将享受零关税待遇。上述措施标志着中国—东盟自由贸易区建设迈出了实质性的一步。

2005年7月，按照中国与东盟签署的《中国—东盟全面经济合作框架协议货物贸易协议》，双方开始启动降税进程。中国将和文莱、印度尼西亚、马来西亚、缅甸、新加坡和泰国等东盟六国相互实施自由贸易协定税率，首批7000余种商品开始减低关税，中国—东盟自由贸易区进入了正式实施阶段。

4. 中日韩自由贸易区的研究

在第六次10+3首脑会议上，2002年11月14日，时任国务院总理朱镕基在金边出席东盟与中日韩(10+3)会议上，向日韩两国提议研究建立FTA问题，并表示愿意推进建立中日韩FTA的可行性研究。日韩首脑做了积极回应，同意由专家先进行可行性研究。

于是，一个由中国国务院发展研究中心(DRC)、日本综合开发研究机构(KIEP)和韩国对外经济政策研究院(NIRA)组成的三国研究机构成立，并于2003~2005年共同对中日韩FTA的可能性、对各国产业的影响、推进战略等进行了共同研究。根据共同研究的中间成果，三国的共同研究表明：东北亚区域经济合作具有重要的战略意义，尽管中日韩FTA近期内实现的可能性低，但并不能以此来否定在不远的将来中日韩三国签订自由贸易协定的可能性[①]。2003 年 7 月，访华的韩国总统卢武铉发表联合声明，以期中日韩有关建立 FTA 的研究取得成果。2003 年 10 月 7 日，在第七次“10 + 3”领导人会议上，国务院总理温家宝再次呼吁应研究建立东亚自由贸易区的可行性。在会议结束后，中日韩领导人签署了《中日韩三方推进合作联合宣言》。三国领导人还提议成立“三方委员会”，对三国合作进行协调规划。

但是，由于日本政府一直对建立中日韩自由贸易区持保留态度，中日韩自由贸易区目前仍然只是停留在学术研究阶段。2003 年 7 月 1 日，日本内阁发表 2003 年度《通产白皮书》，强调在 WTO 的框架下，推动双边自由贸易协定的重要性。根据这份《通产白皮书》，日本将先行与泰国、菲律宾和马来西亚等国分别协议 FTA，而对日本、中国和韩国间的 FTA 则将从中长期角度来“研究”[②]。而在 2005 年海南博鳌论坛上，日本首相辅佐官川口顺子在演讲中除了表达日本对建立亚洲经济一体化，尤其是东北亚自由贸易区的向往以外，还认为“那是一个可以展望的未来。”“如果和中国签署自由贸易协定的话，这也是完全可能的，但是现在来看，日本在集中精力和其他很多国家都讨论自由贸易的可能性。”[③]显然，日本政府更愿意把建立中日韩自由贸易区设想作为一个中长期的课题看待，中日韩自由贸易区还有很长的一段路要走。

5. 内地与香港、澳门的更紧密经贸关系安排的推进

2002 年初，内地与香港特别行政区政府开始就“更紧密经贸关系的安排”进行磋商。双方遵循“一国两制”的方针和 WTO 关

① 郑仁较主编：《中日韩 FTA 的可能性和三国的对外贸易政策》，韩国对外经济政策研究院 2003 年。

② 谌彦辉：《中日韩贸易区，一山难容三虎?》，凤凰周刊总第 117 期。

③ 王延春：《东北亚自由贸易区协定：一块摆在橱窗里的蛋糕》，经济观察报 2005 年 4 月 30 日。

于自由贸易协定的规则,就"安排"项下货物贸易、服务贸易和贸易投资便利化等内容进行了充分的讨论和协商,并于2003年6月签署《内地与香港关于建立更紧密经贸关系的安排》(以下简称《安排》)。《安排》的主要内容包括货物贸易和服务贸易自由化以及贸易投资便利化。由于香港是自由港,在货物进口和服务业投资方面基本没有限制和障碍,《安排》主要体现了内地对香港的进一步开放和中央政府对香港特区的支持,给予香港实质性帮助,让港人从中得到实实在在的好处。为促进澳门经济发展,同时适当保持港澳之间的平衡,内地与澳门也同时开展了磋商并达成了一致意见,于同年10月签署了《内地与澳门关于建立更紧密经贸关系的安排》,并向中国台湾提出了签署类似安排的建议。两个CEPA具有浓厚的自由贸易协定色彩,都于2004年1月1日起生效。

6. 开展全方位的区域经济合作

积极参与区域经济一体化已经成为中国发展对外经济关系的长期战略,2004年新颁布实行的《中华人民共和国对外贸易法》第五条专门增加了相关内容:"中国根据平等互利的原则,促进和发展同其他国家和地区的贸易关系,缔结或参加关税同盟协定、自由贸易区协定等区域经济贸易协定,参加区域经济组织。"根据上述战略,中国正在以亚太地区为中心,分别与南部非洲关税同盟、海湾合作委员会、智利、澳大利亚、新西兰等就建立自贸区进行谈判,中国参与的制度性区域合作将在更大的范围内展开。

三、我国重视以FTA为中心的制度性区域合作的原因

我国的区域经济合作从不参与到单纯重视开放的地区主义,进而转向以FTA为中心的制度性区域合作有着深刻的原因。除

了前面提到的世界区域经济一体化迅速发展的共同原因之外,还有我国自身一些方面的原因,具体而言,主要有以下因素:

(一)中国经济与对外贸易的迅速增长

正像"一枝独秀"所形容的那样,我国是目前世界上经济发展和贸易增长最快的国家。改革开放开始的 1979 年,中国的 GDP 只有 1400 亿美元,而 2004 年则达到 16000 亿美元,25 年间年平均增长率达到 9% 以上,人均 GDP 也由 1979 年的 181 美元上升到 2004 年的 1200 美元,增长了近 6 倍。今后二三十年内仍可望继续保持持续、稳定、快速的经济增长。根据目前的发展趋势,中国的 GDP 有望在 2020 年前后超过日本,成为仅次于美国的第二大经济强国。从对外贸易方面看,近年来,我国对外贸易总额每年以两位数的速度迅速增加,每年纯增额高达 1000 亿美元以上,2004 年则是突破 1 万亿美元大关,成为世界上名副其实的贸易大国。根据世界各国经济发展的经验,凡是经济发展特别是贸易增长迅速的国家,大都对自由贸易持积极态度,而热心于自由贸易的国家,一般都会对双边或区域内的自由贸易持积极态度。因此,经济与对外贸易的迅速增长为中国提供了迈向自由贸易的条件,同时也对自由贸易提出越来越高的新要求,而 FTA 战略自然也就成为这种要求的一部分。

(二)消除"中国威胁论"的影响

从历史经验上看,大国的崛起将给世界利益格局带来重大调整和重新"洗牌",而德国、日本等后起资本主义国家的崛起甚至给邻国带来了灾难。面对中国的迅速崛起,人们关注的是,正在崛起的中国将如何深刻影响未来国际政治经济新秩序,特别是对周边国家带来什么样的影响。

基于传统的思维定式,近年来,国际上掀起一股鼓吹"中国威胁论”的热潮，并且大有愈演愈烈之势。持有该论调者认为，中国的不断强大将挑战现有的国际秩序，改变国际格局，并有望成为美国未来最大的竞争对手。一些不明真相的发展中国家也认为中国的发展，将使他们失去部分贸易与投资的机会，从而也为“中国威胁论”推波助澜。“中国威胁论”的蔓延恶化了中国需要的和平发展环境，给中国自身的经济发展及其国际关系带来了广泛的负面影响。对此，胡锦涛总书记于2003年12月26日在纪念毛泽东诞生110周年座谈会上明确提出了和平崛起的发展道路。对于什么是和平崛起，中央党校的郑必坚副校长对此进行了阐述，那就是中国崛起的道路是在同经济全球化相联系而不是相脱离的进程中独立自主地建设中国特色的社会主义①。

怎样才能做到同经济全球化相联系而不是相脱离，消除其他国家对“中国威胁论”的担心呢？让其他国家能够最大程度地分享中国经济增长带来的机会，形成一种共同发展、共同繁荣的共同体不失为一种有效的手段。而建立FTA能够从制度上保证上述共同体的实现。想当年，德法两国通过建立煤钢共同体的目的之一就是希望能够形成一种和平发展的机制，实践证明，欧盟的建立，消除了周边国家对德国的担心，为欧洲的和平作出了极大的贡献。

（三）“大周边外交”的需要

在建设社会主义现代化的过程中，我国需要一个和平稳定的发展环境。由于历史、文化、宗教等原因，目前，中国所处的亚洲仍然是世界上一个尚且不够稳定、纷争比较多的地区。为了适应国际格局的变化，改革开放以来，中国逐渐形成了以对美外交关系为重点的“大国外交”战略。“大国外交”战略的实施取得了良

① 郑兰松：《区域组织化与中国》，《世界经济研究》2004年第9期。

好的效果，为中国发展经济争取到稳定的国际环境[①]。

随着美国相对经济地位的下降及俄罗斯、日本作为政治军事大国的崛起，亚洲的安全保障平衡正在发生倾斜，我国作为一个正在崛起的经济大国也逐步赋予了承担亚洲和平稳定的责任。但是，由于历史的原因，周边国家对中国的崛起存在着极大的戒心，不稳定的周边环境大大制约了中国在实施大国外交时的回旋余地。因此，在实施"大国外交"的同时，近年来，我国不断加大实施"大周边外交"的力度。而加强与周边国家的经济贸易合作，特别是与周边国家建立制度性的区域合作机制就是实施"大周边外交"的一项重要的内容。

（四）我国经济发展对海外资源与能源的依赖程度日益上升

中国是一个人口多资源少的国家，人均能源可采储量远低于世界平均水平。人均石油可采储量只有 2.6 吨，人均天然气可采储量 1074 立方米，分别为世界人均水平的 11.1% 和 4.3%；人均森林面积仅为 0.12 公顷，人均蓄积量8.9立方米，分别为世界人均水平的 20% 和 12.5%；人均耕地面积、人均水资源约为世界平均值的 30%；我国已探明的 45 种主要矿产资源中，可以满足经济社会发展需要的仅有 21 种；所需要的 40 多种大宗矿产中都处于紧缺状态。而与此形成明显对照的是中国石油消耗量已居世界第二位，占世界消耗量的 7%，钢材占 1/4，水泥约占一半，煤炭约占 1/3，发电量占 13%。

我国重要资源依赖进口情况日趋严重。2003 年铁矿砂、氧化铝进口依赖度高达 36% ~48%。从消费总量看，到 2010 年，我国的铁矿石、铜和铝对外依存度将分别达到 57%、70% 和 80%。照这种开发和经济发展强度，到 2010 年，我国 45 种主要矿产资源只

① 隆国强：《中国的区域经济合作政策》，国务院发展研究中心网站 2005 年7 月。

有11种能依靠国内保障供应；到2020年，这一数字将减少到9种；到2030年，则可能只有2～3种。而铁矿石、氧化铝等关系国家经济安全的重要矿产资源更将长期短缺。

比主要资源短缺更为严重的是中国的能源，特别是石油资源严重不足已经成为中国经济发展的严重制约因素和不稳定要因。目前中国原油和成品油的进口达到1亿多吨，约占国内消费总量的40%。据商务部政策研究室的资料，到2010年，中国石油对外依赖程度将上升到57%，而按照国家发改委能源研究所的研究，如果能源消耗与经济增长速度同步，到2020年中国一次能源需求总量将达到约60亿吨标准煤，将近是目前的4～5倍。

为了解决日益紧张的资源与能源对中国经济发展的制约，中国政府提出建设节约型社会的发展新理念，这无疑有利于缓解经济发展与资源、能源的矛盾，从节流上缓解资源、能源的压力。但由于我国是一个资源、能源短缺的大国，不断扩大资源、能源的进口渠道，从开源上来寻求持续、稳定的供给环境将是中国资源、能源的战略今后面临的一项重要课题。与资源输出国建立稳定的自由贸易安排，将有利于增强海外资源供应的稳定性。

（五）开拓国际市场的需要

正如前面所指出的那样，伴随着中国对外贸易的迅速增长，中国与其他国家，尤其是与欧美的贸易摩擦不断扩大。为了克服出口商品过于集中在一些国家和地区所带来的副作用，我国政府一直在努力推行出口市场多元化战略，但效果并不十分理想。东亚地区是经济最具活力的地区，区域贸易发展活跃，如果能够与周边国家建立FTA，将有利于我国降低出口市场过于集中的风险。

随着我国出口竞争力大幅提高，我国的商品亟需不断扩大国际市场。除了将商品直接卖给外国以外，通过投资来拉动中国商品出口不失为一条有效的途径。根据国际上的经验，当人均 GDP 达到 1500 美元的时候，海外投资开始上升。目前我国正处于这个时期，通过海外投资可以解决一部分商品进入国外市场的问题。目前，TCL、希望集团、海尔等一大批企业已经开始跨出国门，走向世界。但是，由于我国企业海外投资经历比较短，加上我国和许多国家没有签订自由贸易与投资协定，使得中国企业海外投资面临着一系列不利的因素。如果能够与一些中国企业的投资市场签订自由贸易协定，将有利于我国企业进行海外投资。东南亚是我国企业最好的投资地区，与东南亚地区建立自由贸易安排，将有利于我国企业获得更加有利的投资环境，从而有利于中国商品进一步扩大国外市场。

四、我国 FTA 战略存在的问题

自从提出与东盟建立中国—东盟自由贸易区以来，我国开始加快与其他国家缔结双边 FTA 的进程。但是，由于我国起步比较晚，目前还只是处于有意缔结和为缔结而进行谈判、商议，不断将研究深入的阶段。从实际成绩来看，除了与香港、澳门两地区缔结了优惠贸易安排以外，我国还没有和任何一个国家正式缔结 FTA。我国参与区域经济一体化的进程是在加入世贸组织的谈判进程当中特别是在加入 WTO 以后开始的，我国参加一个松散的非制度化区域合作组织 APEC 不过才十多年的时间。从我国参加所谓的体制性的、紧密型的合作来看，如果把区域贸易自由化的谈判协议作为开端的话，也不过 2～3 年的时间。所以我国 FTA 方面还是一个学生，与欧盟、北美洲就不必说，就是与东亚的其他国家，如日本、东南亚的 FTA 战略相比，仍然存在着相当大的差距和问题。

（一）缺乏 FTA 的整体发展战略

美国、欧洲、日本的自由贸易协定目标很明确，即 FTA 不是目的，而是实现他们国家目标的一个工具而已。从美国来看，截至 2004 年年底，美国已经签署的自由贸易协定有 10 个，涉及国家 15 个。美国希望通过与这些国家缔结 FTA 来促进本国经济发展、激发更为广泛的多边谈判的工具、强化在世界贸易体系及规则制定中的领导权。日本选择新加坡作为第一个谈判对象的主要原因在于可以回避对方农产品可能对本国农业带来的压力，同时牵制中国在东南亚地区的影响；选择墨西哥的目的是为了避免日本企业的产品进入墨西哥市场时与欧美企业相比的不利条件，并利用墨西哥作为 NAFTA 成员同时又与 EU 签署了 FTA 协定的有利条件，为日本在墨西哥投资企业的产品无障碍进入欧美市场创造条件；东盟与中、日、韩以及美国等分别建立 FTA，除了有利于东盟产品进入这些世界主要市场以扩大对外贸易之外，更重要的是希望在大国之间玩平衡，以便更好地发挥主动权，从中获取最大的利益 ①。

与此形成对照的是，我国的 FTA 更多的是出于一种外交战略的需要，每一个协定的谈判都没有必然的联系，缺乏一个清晰、立足于长远发展需要的 FTA 整体发展战略和目标。

（二）实际的经济效果非常有限

按照前面提到的 FTA 理论，要使自由贸易协定的经济效益达到最大化，就要尽量扩大贸易的创造效果，减少贸易转移效应。如果与经济效率高的成员建立 FTA，则通过区域内贸易投资活动的扩大，有利于扩大区域内的贸易创造效果，从而使成员国能够

---

① 赵晋平：《FTA：我国参与区域经济合作的新途径》，http://www.cafta.org.cn。

从自由贸易区中获得利益;但如果与效率比较低的国家建立 FTA,则容易产生贸易转移,使得区域内低效率商品或投资替代区域外高效率商品或投资,从而给结盟国家带来损失。因此,发展中国家都希望与发达国家建立 FTA,通过与发达国家建立 FTA,可以更好地吸收发达国家的产业转移和投资,从而有助于区域整体的资源优化配置和产业结构升级。当然,与发达国家建立 FTA 会使得国内的一部分幼稚产业受到发达国家产业的冲击,国内会面临着一系列调整成本,但总体上是利大于弊。墨西哥在加入北美自由贸易区并与欧盟签署 FTA 协定以来在贸易、投资和经济发展中的诸多良好表现就是一个典型的例子。

我国经济虽然在近年取得了快速的发展,但从整体上看仍然是一个发展中国家,经济发展水平尚且落后,具有一定竞争力的产业基本上局限于劳动密集型产业。当前的主要任务是尽快实现资本效率与生产技术水平的提高。与发达国家之间的自由贸易关系有利于吸收合作伙伴的资本和技术要素,达到优势互补和双方要素生产效率提升的效果。

虽然中国香港的经济发展水平比较高,但由于香港的制造业几乎都转移到了内地,再加上香港是一个自由港,其绝大部分商品的关税已经为零,因此,内地与香港、澳门的更紧密经贸关系安排对内地的经济发展促进作用非常有限,其更大的作用是希望借助于 CEPA 来促进香港与澳门经济的发展。中国—东盟自由贸易区虽然对我国具有重要的战略意义,也会带来一定的经济效果,但由于东盟的经济发展水平比较低,与我国的产业结构相似性比较大,我国从中获取的经济利益在近期内也将十分有限,只能是一种次优的选择(参见表 8 - 1)[①]。当然,随着东盟经济的发展,我国可以从中获取越来越多的利益。

---

① 薛敬孝、张伯伟:《东亚经贸合作安排的比较研究》,《世界经济》2004 年12 期。

从表8－1可以看出，在多种区域经济一体化方案中，中日韩＋东盟FTA给中国带来的经济利益最大，是最佳方案；次佳方案为中、日、韩FTA；排在第三位的是中国＋日本FTA方案；中国＋东盟FTA是收益为第四的方案，其他几个方案对我国来说效益都不好。其中中国＋韩国FTA尽管能为中国带来1.76%的GDP增长率和8.09亿美元的贸易盈余，但福利却要损失15.76亿美元。在3个中国未参加的FTA中，其中两个中国净福利损失都超过200亿美元，且都带来贸易逆差。

表8－1　东亚各种FTA对中国的经济影响　　单位：%

FTA	GDP变动	出口变动	进口变动	贸易平衡亿美元	贸易条件变动	福利效果（亿美元）
中日韩＋东盟	4.27	102.76	106.44	186.35	1.62	452.02
中＋日＋韩	3.83	89.46	91.73	185.91	0.26	349.36
中国＋日本	3.34	77.14	78.48	173.67	0	293.64
中国＋东盟	2.4	48.08	51.99	42.1	－2.87	14
中国＋韩国	1.76	34.11	27.89	8.09	－3.57	－15.76
日本＋东盟	1.49	19.45	25.08	－70.15	－8.79	－186.5
韩国＋东盟	1.61	24.29	28.87	－34.67	－7.37	－208.5
日本＋韩国	1.47	21.17	25.72	－42.44	－7.41	－222.6

资料来源：薛敬孝、张伯伟：《东亚经贸合作安排的比较研究》，《世界经济》2004年第12期。

（三）与东盟自由贸易区谈判的时间过长

在自由贸易区的实践中，各国基本上是按照“由易到难”的原则，先从一些比较容易达成协议的国家起步，从中获取一定的经验以后再逐步推广到其他国家。换句话说，一些成熟的FTA基本上是从双边开始，再逐步扩展到多边。如北美自由贸易区先由美国与加拿大起步，而后加入墨西哥，再接下来向南美扩展；日本在与东盟全体国家达成了建设有关 FTA 的意向后，加紧了与新加坡、泰国、菲律宾之间的双边 FTA 交涉，在近 2～3 年的时间里，与新加坡的自由贸易协定已经着手实施，与泰国、菲律宾的双边 FTA 谈判已经基本结束。

我国与东盟整体的 FTA 谈判，在缺乏实践经验的同时，还要面对 10 个不同的对象，如果要取得预期的成果，可能需要作出比较大的让步。不仅如此，与东盟自由贸易区谈判需要 10 年左右的时间，得到的效果可能是与各个国家谈判的“公约数（交集）”效果。如果能够在一个总的 FTA 战略的前提下，与各国进行 FTA 谈判，将可能是各个双边 FTA 获益的“叠加（并集）”[①]，并且可以尽快获得 FTA 的利益，并从中积累经验。

就像表 8－1 所描述的那样，如果东亚各国之间相互缔结 FTA 并且把中国排除在外的话，中国将会在贸易平衡、福利效果、贸易条件、GDP 增长等方面受到一定的损失。

目前，我国已经意识到上述问题的存在，正在进行积极的调整。如在对外贸易法中加入 FTA 战略的内容，积极开展与新西兰、智利等国家双边 FTA 的谈判，努力寻求与日本、韩国等国家建立自由贸易区等。

五、我国的 FTA 战略与阶段性目标

从以上分析中可以看出，参与区域合作不仅是世界经济发展的一大潮流，而且可以扩展国家利益的实现范围和方式。中国作为最大的发展中国家，和平与发展将是今后一段时间的主流。为了实现我国经济持续增长的长期性目标，除了积极参与 WTO 主导下的经济全球化，从多边贸易自由化中获益之外，还应当适应世界经济一体化的发展，积极参与和发展双边及多边的 FTA，在

① 赵晋平：《FTA：我国参与区域经济合作的新途径》，http://www.cafta.org.cn。

不同范围、不同领域和不同层次上参与国际经济技术合作,在区域一体化中发挥积极作用并从中获益。因此,实施国家 FTA 战略是我国经济长期发展的现实需要和必然要求。

(一)我国的 FTA 战略

党的十六大报告指出,中国应适应经济全球化和加入 WTO 的新形势,在更大范围、更广领域和更高层次上参与国际经济技术合作和竞争,充分利用国际国内两个市场,优化资源配置,以开放促改革促发展。因此,我国 FTA 战略的最终目的是通过开放与合作来促进中国经济的发展。FTA 只是实施中华民族崛起的一种手段,而不是目的。在强调经济目标的同时,FTA 还可以作为中国发展与周边国家政治关系和安全保障的一个重要工具和砝码。

根据这一基本思路,我国的 FTA 战略可以表述为:从追求中国的国益最大化出发,通过签署 FTA 来实现与其他国家货物、服务贸易的自由化,逐步建立商品与要素自由流动、内外经济相互融合的开放型市场体系,创造透明、自由和便利的投资机制,最大限度地挖掘和利用国内国外的生产要素,降低全球贸易保护主义和外部区域化造成的损失,在实现区域范围内的经济融合和要素跨境自由流动基础上,为达到经济全球化下的开放型经济体制积累经验和创造条件。

(二)FTA 战略的目标

根据上述 FTA 战略,我国 FTA 的战略目标应该是充分利用 FTA 来实现国益的最大化。由于一个国家的国益涉及方方面面,因而有必要将其分解。根据我国的经济发展现状、资源状况及将来的发展目标,我国的 FTA 战略应该着力于以下几个方面的视点:

首先,FTA 战略必须服从对外贸易多元化战略的需要。从目前来看,我国的主要贸易伙伴是美国、欧洲、日本、中国香港、中国台湾、东盟、韩国等国家和地区,这些国家和地区应该是我国今后签订 FTA 的主要对象。目前,我国 FTA 主要集中在东亚地区,今后,从对外贸易多元化战略出发,我国应该和欧洲、中东、非洲等国家缔结 FTA,避免我国和这些区域的外贸有边缘化危险。在具体国家上,可以从中挑选某些对我外贸地位重要或者具有一定国际经济地位的关税主体,如西欧的德国、中东的以色列、非洲的南非等进行 FTA 提议和商谈。

其次, FTA 战略应该服从我国充分利用国内国外两个资源的战略。就像前面所提到的那样,中国是一个资源短缺的国家,尤其是石油、铁矿石等战略资源。为了保证中国今后高速发展所需要的能源及矿产资源,我国有必要选择一些拥有丰富的石油、特殊金属矿资源的国家进行 FTA,如澳大利亚、巴西、中东的一些国家。

再次, FTA 战略应该服从引进来、走出去战略。20 世纪的最后 20 年我国对外开发的一项重大措施是大量引进外资,进入 21 世纪以后,随着我国企业国际化水平的提高,一大批企业将走出国门,开展跨国投资,并通过投资的连带贸易降低贸易成本。因此,在承受能力得到充分论证的基础上,有必要与一些将来有投资希望的国家和地区进行 FTA 谈判。

最后, FTA 战略应该服从国家的统一战略。我们应该在“一个中国”原则下,尽快与中国台湾关税区缔结 FTA,与中国香港、澳门向共同市场乃至完全经济一体化进行过渡,最终为“大中华经济共同体”的实现创造条件。

(三)实施 FTA 战略的步骤

受经济发展水平的限制,我国目前总体上还不具备实现自由贸易的条件。特别是汽车、石化、机械电子等支柱工业和IT等高新技术产业,目前的国际竞争力水平仍然比较低,要达到具有国际竞争力的水平还需要相当长的时间;农产品的贸易自由化也面临着粮食安全保障、农民收入的严重考验;我国的FTA还刚刚起步,对FTA存在的风险及FTA谈判策略的认识还比较肤浅。因此,我国FTA的进程目前不可能像欧盟那样一下子过渡到完全经济一体化阶段,而必然是由易到难,在不断积累经验中前进。

在具体步骤上,首先应促使中国—东盟自由贸易区和内地与香港、澳门的更紧密经贸关系安排的顺利实施,以巩固我国在发展FTA实践中的最初成果。在内地与香港、澳门的更紧密经贸关系安排推进过程中,从统一祖国大业的长远观点出发,积极争取中国台湾早日加入到上述《安排》中来,并努力向"大中华自由贸易区"过渡。

其次,为了使中国—东盟之间的FTA能够早出成果并富有成效,除了实施"早期收获计划"之外,还应该尽快启动与相关国家,如新加坡、泰国等东盟主要成员进行双边FTA磋商,这样既有可能在中国—东盟自由贸易区之前获得实质性的成果,同时还可以对中国—东盟自由贸易区的谈判形成牵制和互动效果。

再次,在此基础上,从建立更广泛的FTA入手,合理确定FTA目标签约国的战略次序。从国家利益、东亚的战略、区域合作的基础等要素综合来考虑,中国—东盟自由贸易协定谈判完成之后,中国的未来区域合作的重点应该是中日韩三国之间的区域合作。这将是最困难和最复杂的门槛,也将是影响东亚经济一体化进程的关键,但一旦取得突破性的进展,不仅对提升我国的产业结构具有极大的促进作用,而且对完成东亚地区经济持续稳定的发展乃至东北亚的安全保障都具有极大的贡献。从目前三国关系的现状来看,要想跨越这一门槛,难度相当大。目前日韩两国已经在加紧磋商,日韩先行建立 FTA 的可能性比较大,为了避免我国在东亚地区合作中陷于被动,我们可以在实现三个"10 + 1"模式条件下,探讨"10 + 3"模式以及与日、韩两国之间开展区域经济合作。

在东亚地区实行渐进、叠加的模式的同时,启动与其他地区主要伙伴国的 FTA 的谈判程序,在更大范围的 FTA 进行国际合作研究和多边磋商,以区域合作为突破口,全面参与国际经济协调。在将来有签订自由贸易协定的希望的国家中,智利、巴西、澳大利亚、新西兰、俄罗斯、南非、中东、上海合作组织其他 4 国、蒙古、印度、巴基斯坦等国家应是重点考虑的对象。

(四)我国参与 FTA 的策略和措施

根据上述 FTA 的战略,我国参与 FTA 的总体布局应该是"依托周边,拓展亚洲,迈向全球"。但是,FTA 战略的实施必须以策略和措施来保证。为此,在实施 FTA 战略的过程中,我们应该抓紧做好以下几件事情。

1. 制定推进我国 FTA 的总体战略规划

根据前面提到的国际贸易理论,FTA 会带来贸易创造和贸易转移效应,只有当贸易创造大于贸易转移时,参与 FTA 才能受益。从目前已经实施 FTA 的各国实践来看,各国在参与区域经济合作及 FTA 都会获得一些利益,同时也要支付不等的成本,有时甚至是高昂的代价。因此,为了确保 FTA 战略的实施,许多国家都有参与 FTA 等区域贸易协定的通盘考虑。美国、欧盟、日本、澳大利亚、新加坡、加拿大等国都有专门机构负责规划并对潜在对象国进行研究和评估。我国由于刚刚重视 FTA,这方面还存在着一定的差距。从目前我国签订双边 FTA 决策的过程来看,往往是政治决策在前,可行性论证在后,科学依据不足。因此,我国应该在借鉴其他国家 FTA 的经验与教训的基础上,对中国今后可能的合作方式、FTA对中国经济的影响进行详细而科学的评估,在此基础上制订FTA的总体战略规划,为将来我国与其他国家开展区域贸易协议提供参考。

2. 确定FTA目标签约国先后顺序

在FTA总体规划中,确定FTA目标签约国先后顺序是一项重要的内容。作为确定FTA目标签约国先后顺序原则,应按照由近及远、先易后难、循序渐进的方针,有步骤、有层次、由低到高逐步推进FTA。为此,应该在制订FTA规划的基础上对与有可能签约的国家进行评估。根据其他国家的经验,一般说来,以下几种状况有利于我国与其尽签订施自由贸易协定:一是邻国之间,由于地理位置邻近,双方的贸易量一般都比较大,通过签订FTA可以大幅度增加双方的贸易量,同时减少运输成本;二是与友好国家或有战略利益的国家签署区域贸易协议,这类国家谈判起来比较容易,能够早期予以实施,为今后的FTA战略推进积累经验;三是目标签约国签约前的贸易保护程度越高,与其签约对我国越有利,与这类国家签订FTA带来的贸易创造效果往往大于贸易转移效果;四是与目标签约国的双方贸易紧密程度越高越有利,签约后所能产生的贸易转移效果就越小;五是签约国家数量越多越有利,除了可以获得进入较大市场的各种优惠措施,达到经济规模以外,还可以将贸易转移效果降低到最小的程度。

为了防范区域经济一体化所带来的风险,我国目前参与双边FTA的形式应以签署自由贸易协定为主,谈判签约对象应重点选择相互经贸关系密切、贸易保护程度较高、市场规模大、竞争力较强的国家或地区,以最大限度获得双边FTA的利益。按照上述思路,在经过充分经济、政治效果论证的基础上,可以从中筛选出中国FTA目标签约国先后顺序。

3. 加强对FTA的宏观调控

与WTO相比,FTA对政府的宏观调控要求更高。一方面

FTA 所涉及的贸易自由化进程一般要快于 WTO，一旦参加，中国的关税减让和非关税壁垒拆除行动就必须同时执行不同的时间表，这无疑会增加宏观经济管理工作的难度。另一方面，WTO 有一整套规范各国市场行为的国际贸易规则，WTO 之间出现的贸易纠纷可以通过 WTO 的争端解决机制来解决，而 FTA 必须依赖双方政府部门的协调与谈判。因此，在推进 FTA 战略的实施过程中，政府有关部门应加强组织与协调工作，使各方面有序有效地发挥作用，以达到整体效应。

第九章

从比较优势看东亚经济发展模式的变迁

20 世纪 60 年代至 90 年代初，东亚地区持续出现高速经济增长，“东亚奇迹”、“雁行模式”等成为人们争相关注的焦点。20 世纪 90 年代以来，尤其是 1997 年东亚经济危机以后，人们对东亚发展前途及发展模式疑虑渐增。在此，本章将从比较优势的角度探讨东亚经济发展模式的变迁，为东亚经济持续增长提供依据，并为东亚区域经济合作提供借鉴。

一、雁行形态理论

雁行形态理论起源于日本经济学家赤松要的“雁行产业发展形态论”。他在对日本明治初年以后棉纺产业发展进行实证研究的基础上得出结论，即日本某一产业的发展通常依次经过进口、生产、出口等各时期，由于这几个时期在图形上呈倒“V”型，酷似依次展飞的大雁，故此得名。

（一）雁行形态的阶段划分

日本学者山泽逸平将赤松要提出的三个时期划分为五个阶段：第一，进口阶段。对某一进口商品的需求逐渐增加，国内市场为其垄断，对该商品的模仿生产开始。第二，进口替代阶段。国内产品通过降低成本、提高质量，逐渐代替进口产品；第三，出口增长阶段。国内对该商品的需求增长缓慢，其生产的扩大由出口来维持；第四，成熟阶段。在国外商品的竞争下，出口增长减速，导致企业投资停滞，革新活动也停顿下来；第五，逆进口阶段。后发国家廉价商品进口，逐渐占领本国市场。

日本学者松石达彦提出四个阶段的观点：一是消费品进口阶段；二是消费品进口替代阶段；三是消费品出口、资本品进口阶段；四是消费品出口减少、资本品开始出口阶段。

比较上述两种划分方法，可以看出五阶段说描述的是在单一商品上所发生的五个阶段的变化轨迹，而四阶段说除了阶段数的划分不同外，主要是在第三阶段增加了资本品的内容。这部分内容的引入在雁行形态理论中增加了一国产业结构升级且由后发国向先进国转化的含义。

（二）雁行形态的原型与引申型

据日本经济学家小岛清的研究，赤松要将“雁行模式”分为原型和两个引申型。原型表现的是在后发国发展过程中，工业品呈现出进口、国内生产最终到出口三个环节继起的形态；引申型之一反映由国内消费品的进口、生产和出口到资本品的进口、生产和出口，或从低附加值制品进口、生产和出口到高附加值制品进口、生产和出口的过程；引申型之二反映某一产品的进口、生产到出口的变化在国与国之间传导的过程。小岛清依次将上述原型、引申型之一和引申型之二称为“生产的效率化”、“生产的多样化、高度化”和“生产的国际传导”。①

事实上，原型与引申型共同构成了雁行形态理论，是不可分割的理论体系。但是，我们对“雁行模式”的认识往往局限于引申型之二，即“生产的国际传导”，有悖于赤松要原意；赤松要强调首

① 车维汉：《“雁行形态”理论及实证研究综述》，《经济学动态》2004年第11期，第103页。

先要在参与国际分工的一国国内实现工业化和产业结构的升级，其次才是在区域内构筑互补的、完整的工业化体系，后者是以前者作为基础与前提的。

(三)雁行形态理论中的直接投资因素

对雁行形态理论发展做出贡献的是日本经济学家小岛清，他将直接投资因素引入雁行形态，创立了所谓“直接投资主导型发展论”。该理论认为日本是东亚国家(地区)的“雁头”，日本的直接投资带动了东亚区域经济的发展。小岛清认为对外直接投资分为“顺贸易型”和“逆贸易型”两种。前者是指投资国将失去比较优势的产业转移到被投资国，诱发被投资国对投资国的投资品需求，形成投资和贸易互动的良性循环，从而使两国福利都得到增进。后者是指投资国将具有比较优势的产业转移到被投资国，而对被投资国来说在该产业上是处于相对劣势的，这将导致两国贸易的缩小和福利的损失。随着被投资国在某一产业上比较优势的丧失，投资国会将投资转向更低梯次的国家。在此过程中，区域内各国产业结构间的差距将会出现缩小的趋势。

小岛清认为，东亚地区始于二十世纪七十年代的对外直接投资属于“顺贸易型”。其基本含义是日本通过直接投资将成熟或具有潜在劣势的产业转移到具有比较优势的新兴工业国家与地区，例如亚洲“四小龙”，待到这些产业在新兴工业国和地区逐渐丧失比较优势，日本及新兴工业国和地区再将这些产业转移至具备比较优势的发展中国家，例如东盟和中国，而日本又通过投资在新兴工业国家和地区建立相对高级的产业。这样最终形成了以垂直型国际分工为特征、以比较优势为产业转移标准和依据的具有梯次差异性的雁行分工模式。

（四）雁行形态理论的内涵

1. 雁行形态理论主张的是动态比较优势和静态比较优势两原则的结合

动态比较优势原则注重长期利益，强调从生产要素开发的角度进行国际比较，它谋求一国产业结构的高级化和生产力的跨越式发展，认为后发国为摆脱自身的不利地位，应暂时放弃静态比较利益，实施非均衡发展。静态比较优势原则注重短期利益，强调通过"出口导向"而尽快地增加财富。从雁行形态理论中的进口——进口替代——出口的具体内容看，它既突出了动态比较优势，又兼顾了静态比较利益。

2. 雁行形态理论主张在投资国与被投资国之间实施动态的产业转移。

所谓动态产业转移，是指投资国将本国按生产成本的排序已处于比较劣势的边际产业依次向被投资国进行转移。通过产业转移，一方面使低梯次的后发国（地区）获得了经济发展所急需的资金和技术，另一方面也为投资国（地区）的产业结构调整让渡了空间。

3. 雁行形态理论主张的国际分工主要是垂直分工

雁行形态理论主张的产业梯度传递，其前提条件是投资国的生产技术先应用于被投资国，如果两国生产技术相同，对外投资和贸易就可能变成替代关系。若干不同技术水平的国家，依次建立起投资国与被投资国的关系，就会形成技术程度递减的产业梯次传递链条。如果以"雁阵"比喻这种传递，那么最上层的国家可称为"雁头"，居中的国家可称为"雁身"，居后的国家可称为"雁尾"。东亚地区形成的日本——亚洲"四小龙"——东盟与中国的技术水平由高到低的多层次分工梯次结构，便是这种典型垂直分工的具体表现。

二、东亚“雁行模式”的形成

（一）东亚“雁行模式”的确立

从二战后东亚地区经济发展的事实来看，率先实现工业化的日本依次把成熟或者具有潜在比较劣势的产业转移到“亚洲四小龙”，后者又将其成熟产业依次转移到东盟诸国（泰国、马来西亚、菲律宾、印度尼西亚）。20 世纪 80 年代初，中国东部沿海地区也开始参与东亚国际分工体系，勾勒出一幅以日本为雁头，以“亚洲四小龙”为雁身，以东盟诸国和中国为雁尾的东亚经济雁行图景，在它们之间形成了技术密集与高附加值产业——资本技术密集产业——劳动密集产业的阶梯式垂直分工体系。

（二）东亚“雁行模式”之验证

不难看出，“雁行模式”的确立与东亚国家（地区）比较优势的差异密切相关，各经济体所具有的比较优势是决定其在“雁行模式”中所处地位的决定因素。下面利用显性比较优势指数（RCA）对 20 世纪 80 年代东亚国家（地区）的比较优势进行分析，以对东亚“雁行模式”的确立进行验证。

显性比较优势指数 RCA 表达了一国总出口中某类商品出口所占的比例相对于世界贸易总额中该商品贸易所占比例的大小。该指数可以表达为：

$$RCA_{xik} = (X_{ik}/X_i)/(W_k/W)$$

（其中 RCAxik 代表 i 国在 k 类商品上的显性比较优势指数，X_{ik} 为 i 国 k 类商品的出口额，X_i 表示 i 国所有商品出口总额，W_k 表示 k 类商品的世界出口总额，W 表示所有商品世界出口总额）

如果某国某类商品的显性比较优势指数大于 1，表明该国在该类商品的出口上相对集中，由此可以推断该国在这类产品上具有比较优势。

表9－1中的农业包括谷物、饮料、食品、烟草和动植物油等；原油及矿业包括石油、天然气、煤炭和金属矿物等；化学工业包括所有化学制品；机械电子工业包括机械、电子、光学产品及汽车船舶等；纺织服装业包括服装、棉麻、布料等；钢铁业包括钢铁材料；其他行业包括未分类的产品及部分中间贸易品。

表9－1表达了东亚主要经济体的比较优势所在及其在20世纪80年代的变化规律。作为世界上仅次于美国的经济大国，日本在机械电子与钢铁行业上具有很强的竞争力。由于日本劳动力成本高，自然资源稀缺，日本在劳动密集型产品及自然资源密集型产品方面的比较劣势比较明显。

韩国在机械电子行业、纺织行业和钢铁业上具有明显的比较优势。与日本之外的其他国家与地区相比，韩国在化学工业上也具有一定的比较优势。RCA的变化反映了韩国的工业化进程，其在机械电子业的比较优势不断加强，而农业和纺织业在出口中的重要性越来越低。

与韩国类似，中国台湾具有比较优势的行业为机械电子业、纺织业和钢铁业。20世纪80年代，其在这些行业上的比较优势稍逊于韩国，机械电子业与钢铁业的RCA不断上升，而纺织服装业的RCA不断下降。

香港特区在纺织业上具有一定的比较优势。20世纪80年代，香港特区在纺织业、机械电子业、钢铁业上的比较优势出现大幅下降的现象，这一现象与香港特区制造业开始不断向中国内地转移有关。

新加坡的比较优势主要体现在矿业和其他行业上，值得指出的一点是新加坡机械电子行业的比较优势迅速增强，1990年其机械电子行业的RCA已达到1.0，处于比较优势地位。

整体上看，印尼、马来西亚、菲律宾、泰国的比较优势主要体现在农业与纺织品服装行业。在矿业上具有比较优势的是印尼与马来西亚；在钢铁行业具有比较优势的是菲律宾。上述四国在机械电子行业的比较劣势不断减弱，其中马来西亚在1990年机械电子行业的RCA突破了1.0，与新加坡同时获得了比较优势。

中国内地比较优势最明显的行业为纺织服装业，其RCA始终维持在4.0~5.0的高水平。钢铁行业逐步由比较劣势走向比较优势，1990年的RCA已突破1.0。农业、矿业、化学工业的比较优势整体呈下降趋势，而机械电子制造业比较优势日益上升。由于大多数科技含量较高的产品分类归于机械电子制造业产品，该行业RCA的变化反映了中国贸易结构正在不断优化。但与其他东亚国家（地区）相比，中国内地的机械电子行业的国际上竞争力仍然较弱。其RCA不仅远远低于日本、韩国、中国台湾与新加坡，同时低于马来西亚、菲律宾和泰国。

表9-1　20世纪80年代东亚国家（地区）行业显性比较优势指数

行业	年份	日本	韩国	中国台湾	中国香港	新加坡	印尼	马来西亚	菲律宾	泰国	中国内地
农业	1980	0.12	0.69	0.80	0.09	0.25	0.64	1.38	3.23	4.25	1.60
	1985	0.07	0.38	0.52	0.10	0.22	0.91	1.58	2.43	4.22	1.36
	1990	0.07	0.39	0.47	0.11	0.24	1.29	1.34	2.15	3.33	1.33
原油及矿业	1980	0.06	0.14	0.11	0.04	1.25	3.23	2.06	0.93	0.52	1.20
	1985	0.05	0.09	0.16	0.04	1.44	3.44	2.29	0.51	0.52	1.62
	1990	0.08	0.21	0.17	0.03	1.30	3.55	2.30	0.63	0.46	0.99
化学工业	1980	0.87	0.74	0.43	0.09	0.24	0.06	0.10	0.26	0.12	1.05
	1985	0.66	0.48	0.39	0.08	0.49	0.17	0.17	0.50	0.19	0.76
	1990	0.73	0.53	0.56	0.14	0.52	0.32	0.22	0.43	0.19	0.82

续表

行业	年份	日本	韩国	中国台湾	中国香港	新加坡	印尼	马来西亚	菲律宾	泰国	中国内地
机械电子	1980	2.38	0.84	1.02	0.52	0.66	0.02	0.48	0.09	0.24	0.19
	1985	2.25	1.28	0.95	0.42	0.69	0.02	0.63	0.23	0.30	0.10
	1990	2.03	1.15	1.15	0.26	1.00	0.04	1.05	0.35	0.65	0.26
纺织服装	1980	0.95	7.28	6.01	5.70	0.34	0.34	0.64	1.58	2.04	5.00
	1985	0.66	5.51	5.36	4.17	0.31	0.99	0.70	1.48	3.12	4.01
	1990	0.40	4.81	3.46	2.04	0.26	2.80	1.02	1.77	3.45	4.29
钢铁	1980	3.46	3.00	1.27	0.59	0.55	0.21	1.90	0.62	2.43	0.88
	1985	2.36	2.54	1.59	0.55	0.40	0.38	1.08	1.30	0.98	0.60
	1990	1.59	2.08	1.69	0.27	0.46	0.56	0.68	1.11	0.54	1.03
其他	1980	0.68	0.83	1.30	2.72	2.06	0.03	0.21	1.27	0.60	0.53
	1985	0.68	0.57	1.29	3.08	1.95	0.27	0.20	1.95	0.61	0.92
	1990	0.61	0.56	0.95	3.17	1.61	0.66	0.40	1.78	0.77	1.24

资料来源：于津平：《中国与东亚主要国家和地区间的比较优势与贸易互补性》，《世界经济》，2003 年第 5 期，第 35 页，经重新整理而得。

从表 9－1 可以看出，20 世纪 80 年代，日本作为“雁行模式”的领头雁在机械电子及钢铁行业具有明显的比较优势，这些行业属于比较典型的资本技术密集型行业，但日本在以机械电子、钢铁为代表的资本技术密集行业的优势趋于弱化，说明其相关产业正在逐渐向外转移；作为雁身的亚洲“四小龙”在纺织服装、钢铁等行业具有比较优势，这说明亚洲“四小龙”出口重点正处于由劳动密集行业向资本密集行业转变的过程之中，这种转变从其在机械电子行业所显现出来的不断增强的比较优势便可见一斑；东盟国家（新加坡除外）与中国内地的比较优势主要体现在农业、原油及矿业和纺织服装业，这说明处于雁尾的经济体仍然停留在利用土地资源、矿产资源以及劳动资源鼓励出口的发展阶段。上述经济体比较优势之间的差异性决定了“雁行模式”所内生的阶梯式垂直分工结构。

三、“雁行模式”的变迁

二战以后，以日本为核心的东亚“雁行模式”的确立无疑带动和促进了东亚地区在战后的经济起飞和高速增长。在“雁行模式”所自发形成的分工结构中，日本已成为成熟发达国家，亚洲“四小龙”已向中等发达经济体迈进，东盟诸国步入了准新兴工业国之列，中国内地正加速完成工业化进程。然而，20 世纪 90 年代以来，东亚传统的以垂直型国际分工为特征的“雁行模式”渐趋衰弱，特别是 1997 年东亚经济危机爆发后，“雁行模式”的弊端与缺陷不断显露，目前东亚地区正处于对原有发展模式进行修正乃至革新的“后雁行模式”时期。

（一）变迁的动因

导致东亚经济发展模式变迁的因素很多，诸如日本自 20 世纪 90 年代以来出现长达十余年的经济低迷，对外贸易与直接投资不断萎缩，加之其在信息产业革命中没有建立竞争优势，产业与技术创新能力不足，因此作为雁头的领飞与带动能力日趋衰弱；处于雁身位置的亚洲“四小龙”正不断进行经济赶超，其产业结构日益呈现知识与技术密集态势，同时高层次服务业不断完善，与日本的产业结构差距不断缩小；东盟诸国（新加坡除外）则由劳动密集为主，向劳动密集、资本密集及技术密集并存的结构升级，不甘处于相对落后的地位；中国国内市场容量巨大，各地区经济发展水平存在差距，产业结构齐全且呈多层次性，其产业既是东亚分工体系的一部分，又具有自身独立性与综合性，某种程度上像一只独立于雁阵的大雁；作为东亚经济体重要外部市场的美国，历经 20 世纪 90 年代的新经济浪潮后，于 21 世纪初出现经济衰退，对东亚国家作为重要出口对象的电子产品的需求大幅萎缩，从而造成东亚国家（地区）外部市场环境的恶化。

上述因素都从某个方面揭示了“雁行模式”变迁的原因，要更清楚地认识这一问题，需从“雁行模式”赖以运行的内在机制入手。“雁行模式”的存在应该满足三个条件：一是地域接近。也就是说作为投资对象的不同国家或地区间在地理位置上相互毗邻，这样方便在生产时输送产品，在进行产业转移时转移生产资料；二是经济发展水平依次降低。对此可以理解为整体技术能力依次降低，也可以引申为基础设施能力、土地价格和工资水平依次降低。只有这样，产业转移才具有动力，因而这种转移在国家和地区间才具有持续性与稳定性。三是政策环境基本相同。产业转移的顺利实现还依赖于处于转移路径上的国家和地区在政策环境上没有明显差异，政治稳定程度和投资鼓励政策基本相同。上述三个方面的条件可确保实现基于比较优势的对外投资与产业转移的利益。20 世纪 70 年代，东亚“雁行模式”完全符合上述条件。

按照上述分析，“雁行模式”建立在东亚各经济体具有相对差异的比较优势基础之上，各国间产业结构越是存在差距，雁行梯次的链条就越具有稳定性，而一旦各国产业升级速度不同导致比较优势差异缩小，“雁行模式”的产业链条便存在断裂的风险。长期来看，相对落后的经济体面临两种选择，一种选择是确保“雁行模式”产业链条稳定，吸收来自先进国家的资金与技术；另一种选择是获取动态比较优势进行产业结构升级，因此，建立在比较优势差异性基础之上的“雁行模式”难以在长期予以保持。

首先，随着日本的投资，亚洲“四小龙”和东盟国家相关产业的技术水平大幅度提高，而日本在20世纪90年代技术进步与产业升级速度的减缓使得被投资国在本国甚至国际市场上与日本形成了一定程度的竞争。这种竞争造成日本的投资利润难以保证，投资动力逐步减弱。其次，由于东亚“雁行模式”本身强调以日本为领头雁进行垂直分工，东亚其他国家（地区）并不愿意长期局限于这样的安排，所以跳跃式地追求高新技术产业发展以突破“雁行模式”的产业发展秩序，使得日本的很多产业已经或正在失去比较优势。再次，东亚国家与地区的发展日益出现产业结构趋同，这不符合“雁行模式”所要求的投资对象经济发展水平依次降低的条件。2001年5月日本经济产业省在该年度的《通商白皮书》中第一次明确声称，以日本为领头雁的东亚“雁行模式”发展时代业已结束。

（二）对“雁行模式”变迁的验证

我们以2000年东亚国家（地区）的RCA为例，通过考察其比较优势的变动，对“雁行模式”的变迁进行验证。文中采用的是国际贸易标准分类（SITC）的扩展分类方法，将SITC原有的10大类商品重新区分组合成为14个部门。这种分类方法比SITC更加细化，特别是将SITC的机械与运输设备一类细分为非电子类机械、消费类电子产品、电子元件和运输设备4大类，这种分类方法有助于我们将机械与运输设备一类产品根据要素密集度进行细分，以更好地考察各个国家（地区）的要素禀赋比较优势；此外，这种方法将服装从杂项制品中分离出来专门作为一类，有利于更好地研究相对落后国家劳动密集型产品的出口情况。

从表9－2中可以看出，历经20世纪90年代，东亚有关经济体的比较优势结构出现了明显变化。在相对落后的经济体追求动态比较优势，不断实施经济赶超的努力之下，东亚经济体比较优势之间的差异性明显缩小，产业结构趋同的势态日益明显。

表9-2 2000年东亚有关经济体行业显性比较优势指数

	日本	韩国	新加坡	马来西亚	泰国	印尼	菲律宾	中国
新鲜食物和农产品	…	0.24	0.25	0.39	1.85	1.53	0.61	0.93
加工食物和农产品	…	0.19	0.41	1.22	2.52	1.15	0.68	0.68
木材、木制品和纸	0.17	0.34	0.16	1.38	0.76	3.36	0.38	0.54
纱、纤维和纺织品	0.58	2.85	0.25	0.50	1.12	2.18	0.30	2.50
化学品	0.86	0.93	0.68	0.41	0.71	0.56	0.10	0.52
皮革及皮革制品	…	1.22	…	…	2.11	2.62	0.19	4.92
基础制成品	0.88	0.98	0.30	0.40	0.67	0.60	0.24	1.09
非电子类机械	1.69	0.59	0.58	0.29	0.57	0.18	0.14	0.46
消费类电子产品	1.29	1.81	2.61	3.14	1.71	0.97	2.03	1.40
电子元件	1.73	1.78	3.00	2.36	1.53	0.39	4.83	0.93
运输设备	1.77	1.12	0.13	0.07	0.32	0.08	0.16	0.29
服装	…	0.90	0.41	0.71	1.72	2.37	2.05	4.49
杂项制品	1.29	0.50	0.94	0.57	0.84	0.43	0.41	1.81
矿产品	…	0.48	0.86	0.84	0.42	2.46	0.18	0.33

注:…表示RCA不详或接近于0。

资料来源:郑昭阳、陈漓高:《东亚国家外贸关系竞争与合作的比较分析》,《世界经济研究》,2003年第2期,第78页。

日本的比较优势主要体现在非电子类机械、消费类电子产品、电子元件、运输设备与服装之外的杂项制品,其中非电子类机械、运输设备是典型的资本技术密集型产业;韩国除了保持纺织品行业比较优势外,其在消费类电子产品、电子元件、运输设备行业的优势不断增强,在以运输设备为代表的资本技术密集行业直追日本。新加坡的情况与韩国近似，其在消费类电子产品、电子元件行业的比较优势异常突出，这说明其技术水平进步较快，与领先国家的技术差距不断缩小；东盟国家总体上在农产品、木材加工与造纸、纺织品、服装等劳动密集型行业保持比较优势之外，在消费类电子产品、电子元器件行业的比较优势也十分明显，这说明东盟国家正加速进行产业结构升级，其比较优势产业正逐渐体现为资本密集型行业；中国在皮革与皮革制品、服装、纺织品等行业具有显著的比较优势，这说明中国最具比较优势的行业仍具有明显的劳动密集特征。但是，中国消费类电子行业具有优势，电子元件行业呈现微弱的比较劣势，其部分地区、部分行业已呈现出资本技术密集特征。

（三）结论

日本于20世纪90年代初陷入经济衰退，至今仍未摆脱经济困境。其在信息革命浪潮中技术进步速度趋缓，造成创新能力衰弱，没有在信息技术革命中取得像20世纪80年代汽车、家电产业那样的产业竞争力。亚洲“四小龙”在信息产业革命浪潮中，结合自身优势大胆向资本技术密集型行业迈进，与日本的产业结构差距不断缩小，比较优势日益趋同。东盟国家与中国的比较优势产业虽仍具有劳动密集特征，但它们正加速进行经济赶超，向资本技术密集方向迈进。总体上，东亚“雁行模式”内生的垂直型国际分工结构所依赖的产业结构差异性被严重削弱，原有的“雁行模式”必将被打破，进入“后雁行模式”是毋庸置疑的。

四、“后雁行模式”形态

针对“后雁行模式”存在形态，学术界持有多种看法，并存在较大争议，归纳起来可以分为两类：一类强调东亚经济技术条件已发生重大变化，雁行形态将被其他模式所取代；另一类认为雁行形态的运行条件依然存在,从长期看该形态本身将会发生某些变化。我们倾向于第二种观点,并从产业间与产业内比较优势的角度对"后雁行模式"存在形态进行分析,认为"后雁行模式"将主要表现为网络型复合分工结构和中国内部的"雁行模式"。

(一)产业间与产业内比较优势

产业间比较优势是由一国资源禀赋结构所决定的在各个产业间所体现的成本优势。如果以较粗的线条根据生产要素密集度进行分类,产业间比较优势大致体现为土地密集型、能源密集型、资本技术密集型、知识密集型与劳动密集型等产业的比较优势。产业内比较优势是指由规模经济因素所决定的在一个产业内所体现的专业化优势。它的含义包括两个方面:一是在几个国家均具备比较优势的行业,可以通过协议分工分别进行不同种类产品的专业化生产,以避免区域内同类产品的过度竞争;二是在不具备比较优势的行业,一国可以通过寻求该行业中具备优势的部分产品或生产环节实施专业化生产,实现规模收益递增。第二层含义还可以进行引申,一定区域内处于不同水平与层次的各国可以通过国际分工与合作,根据各自优势共同组成某高级产业的生产链条,以最大限度降低生产成本,增强产业竞争力,获取区域生产的动态收益。

(二)网络型复合分工结构

从产业间与产业内比较优势的含义出发,东亚"后雁行模式"首先表现为网络型复合分工结构。从纵向分析,表9-3中日本的比较优势集中体现在机械、电子与运输设备行业,韩国、新加坡的比较优势主要体现在电子行业,东盟国家的比较优势体现在农产品、纺织品、皮革制品、电子、服装行业,中国的比较优势体现在纺织品、皮革制品、电子、服装行业。以上国家(地区)优势行业的分布是由他们的产业间比较优势所决定的，其产业结构差异性依然存在，东亚经济体通过直接投资进行产业转移从而实施互补性经济合作仍具有一定的空间，垂直型国际分工结构仍会存在。

表 9－3　东亚有关经济体优势行业分布

	日本	韩国	新加坡	马来西亚	泰国	印尼	菲律宾	中国
新鲜食物和农产品					√	√		
加工食物和农产品				√	√	√		
木材、木制品和纸				√		√		
纱、纤维和纺织品		√			√	√		√
化学品								
皮革及皮革制品		√			√	√		√
基础制成品								√
非电子类机械	√							
消费类电子产品	√	√	√	√	√		√	√
电子元件	√	√	√	√	√		√	
运输设备	√	√						
服装					√	√	√	√
杂项制品	√							√
矿产品						√		

资料来源：根据表 9－2 进行整理，其中带"√"的为具有比较优势的行业。

从横向分析，东亚国家（地区）普遍在消费类电子产品和电子元件行业具有比较优势，这势必造成东亚国家（地区）产业结构趋同，从而在上述两个行业存在过度生产和竞争。由于区域内市场容量有限，对外部市场依赖性便会进一步增强。因此，从产业内比较优势角度出发，东亚经济体应该通过协议性分工，在消费类电子产品与电子元件行业通过水平型分工各自选择不同产品实施专业化生产，以实现规模经济，避免产品种类与品质趋同，依靠品种多样化、品质差异化赢得市场。

另外，只有日本在非电子类机械行业具有比较优势，在运输设备行业中具备优势的仅有日本与韩国。针对诸如机械和运输设备等资本技术密集型行业，也可以从产业内比较优势角度实施水平型分工，即日本和亚洲“四小龙”依靠自身技术优势进行产品的研究与开发，负责技术密集型产品或生产环节的生产；该产业中的资本密集型产品或生产环节可转移至东盟国家；部分资本密集型和劳动密集型产品或生产环节可以由中国完成。此种方式将产业或产品所需的中间产品或生产环节按照各国不同的优势进行分工合作，以降低产品成本，增强竞争力，同时相对落后的经济体通过参与高技术产品生产可获得技术外溢效应。

与传统“雁行模式”不同，网络型复合分工结构强调整个区域而不是一国或地区的资源优化配置，主张通过行业间与行业内的国际分工，建立起同时包括垂直型与水平型分工在内的复合分工体系，产生包括分工静态收益与动态效应在内的网络效应，以促进整个地区的可持续发展。

（三）中国内部的“雁行模式”

事实上，“雁行模式”中隐含着这样一个问题：是谁在提倡“雁行模式”，又是谁在实践“雁行模式”？我们在上面的分析中主要将行为主体归纳为日本，而没有做明确的区分。实际上，是日本政府在20世纪70年代大力提倡并推动“雁行模式”，而“雁行模式”的最终实践者是日本企业。应该说，政府和企业在对外直接投资的目的上应该是基本一致的，但政府目的有时会超出经济的范围，而企业却是单纯以营利为目的。简单地说，日本推行的“雁行模式”是以日本始终作为领头雁为前提的。日本通过这种模式，不仅可以在产业发展水平上一直处于首位，而且利用建立起来的产业关联体系可以巩固自己在东亚的核心地位。而且，面对以区域经济集团化为当前特征的世界经济一体化形势，日本迫切需要一个以自己为核心的区域经济集团，而“雁行模式”恰好是一个可以形成以日本为主导的区域经济集团的较为理想的模式。这也是绝大多数学者在研究日本提倡“雁行模式”的原因方面所达成的共识。根据这种理解，日本推行“雁行模式”已不仅仅出于经济目的，而是有了较强的政治意味。

如上所述，政府的活动可能更倾向于在多个国家之间进行周旋，实现的是包括自身政治经济等多方面在内的较为抽象的整体利益；企业活动则不必在多个国家间变换，它要实现的是非常具体的个体利益。而且非常重要的是，在两者的行为差异中，实践者的行为对投资结果起到了更加重要的作用。因此我们有理由相信，为了充分发掘生产要素的价值，产业转移与投资行为不仅可以发生在不同发展水平的国家之间，而且可以发生在一个国家不同发展水平的地区之间。也就是说，如果将“雁行模式”在原型和两个引申型基础上进一步加以拓展的话，“雁行模式”不仅可以构建于国家之间，而且可以在一个国家的内部实现，这时“雁行模式”的经济含义更趋丰富，它强调在利益动机下，产业在不同国家或同一国家的不同地区之间转移而形成的经济形态。

通过观察不难发现，目前中国东部、中部、西部地区经济的相对水平与早期日本推行“雁行模式”时东亚不同国家（地区）的经济状况十分类似，中国内部的经济状况基本符合“雁行模式”存在的条件，“雁行模式”可在中国内部重新构造。

首先，东部、中部、西部三个地区同处中国内部，地域相连，交通便利，基本不存在任何特别的进出障碍；其次，三个地区在经济发展水平上依次降低，同时基础设施水平、土地价格以及工资水平等依次下降，存在较为明显的比较优势差异；再次，三个地区在政治和政策环境方面基本相同。总的来讲，他们都具有稳定的政治环境且彼此间不存在投资限制。还有一个原因不容忽视：中国是一个资源丰富、市场广大且经济快速发展的国家，这样的国家又具备“雁行模式”存在的条件，在东亚甚至世界范围内都很难找到。因此，“雁行模式”很有可能会在中国重构，这是“后雁行模式”时代非常重要的特征之一。

这里有必要明确，为什么“雁行模式”在中国内部的重构会发生在现在而不是以前。这与“雁行模式”在东亚国家(地区)之间走向衰弱一样，是经济发展引发比较优势变化的结果。中国经济的快速发展及其不平衡性，造成了其东部、中部和西部地区比较优势的明显差异。也是由于经济的快速发展，使中国三个地区间的政策环境变得更加透明和完善。而且，作为发展水平最高的东部地区，可能与20世纪70年代的亚洲“四小龙”一样成为“雁行模式”中优先接受投资的对象，并成为投资进一步转移的起点。因此，“雁行模式”在东亚国家(地区)之间的衰退与其在中国内部的重构皆是出于近些年东亚国家经济发展所引发的比较优势的变化。

五、东亚区域经济的互补性

通过对表9－1中的RCA及其变化的考察，可以发现比较优势在东亚国家(地区)贸易中的重要作用。日本在机械电子业的比较优势取决于其在资本以及技术上的优势；中国在纺织业上的比较优势是因为中国具有丰富廉价的劳动力资源；泰国在农业上的比较优势取决于其具有相对丰裕的土地和廉价的劳动力；印尼和马来西亚在矿业上的比较优势则依赖于其丰富的天然气、石油和矿产等自然资源。而东亚国家(地区)行业比较优势的变化是经济发展与开放政策带来的技术进步、要素禀赋结构变化和产业结构升级的结果，正是这一结果造成了东亚经济发展模式的变迁。下面,我们通过考察东亚其他国家(地区)与中国基于比较优势的贸易互补性的强弱探索发展模式变迁条件下东亚区域经济合作的适当途径。

(一)贸易互补性的测量

我们采用贸易互补性指数 Cij 来测量东亚国家(地区)与中国出口与进口的贸易互补性。

$$Cij = \sum [(RCAxik \times RCAmjk) \times (Wk/W)]$$

其中 RCAxik 表示用出口来衡量的国家 i 在产品 k 上的比较优势,RCAxik = (Xik/Xi)/(Wk/W)。RCAmjk 表示用进口来衡量的国家 j 在产品 k 上的比较劣势。RCAmjk = (Mjk/Mj)/(Wk/W),其中 Mjk 为 j 国 k 类产品的进口额,Mj 为该国所有产品的进口总额。RCAmjk 越大表示国家 j 在产品 k 上的进口比例越大,说明该国在此产品生产上处于比较劣势。如果国家 i 在产品 k 上比较优势明显(RCAxik 大),而国家 j 在产品 k 上比较劣势明显(RCAmjk 大),则在产品 k 的贸易上 i 国的出口与 j 国的进口呈互补性,其互补性的大小可用 RCAxik、RCAmjk 来衡量。在多种产品(行业)存在的情况下,两国贸易的综合互补指数可用各产品(行业)所呈现的互补性指数的加权平均来测量,加权系数为世界贸易中各类产品的贸易比重(wk/w)。

根据这一定义可以推测:当某国的主要出口产品类别与另一国的主要进口产品类别相吻合时,两国间的贸易互补指数就大。当某国的主要出口产品类别与另一国的主要进口产品类别不能对应时,两国间的互补性指数就小;如果两国间的贸易以产业间贸易为主,该互补性指数就大。如果两国间的贸易以产业内贸易为主,互补性系数就小。表 9 – 4 与表 9 – 5 分别列举了东亚国家(地区)与中国出口与进口的贸易互补性系数。在表 9 – 4 中,贸易互补性系数大于 1 说明该国(地区)进口与中国的出口有较强联系，其进口增加可有效带动中国出口；在表 9－5 中，如果贸易互补性系数大于 1 则说明该国（地区）出口与中国的进口有较强联系，中国进口增加可有效扩大该国（地区）的出口。

表 9－4　东亚国家（地区）与中国出口的贸易互补性

	日本	韩国	中国台湾	中国香港	新加坡	印尼	马来西亚	菲律宾	泰国
1980	1.23	1.06	0.94	1.41	1.09	0.98	0.89	0.95	0.96
1985	1.37	0.99	0.65	1.20	1.08	0.85	0.79	1.16	0.96
1990	1.16	0.92	0.71	1.40	0.94	0.90	0.81	1.05	0.84
1995	1.14	0.99	0.90	1.22	0.89	1.02	0.88	0.98	0.91
1996	1.13	0.96	0.84	1.18	0.88	1.00	0.87	0.94	0.88
1997	1.08	0.93	0.87	1.17	0.88	0.98	0.87	0.91	0.89

资料来源：于津平：《中国与东亚主要国家和地区间的比较优势与贸易互补性》，《世界经济》，2003 年第 5 期，第 38 页。

表 9－5　东亚国家（地区）与中国进口的贸易互补性

	日本	韩国	中国台湾	中国香港	新加坡	印尼	马来西亚	菲律宾	泰国
1980	1.31	1.27	1.02	0.68	0.68	0.77	1.04	0.98	1.32
1985	1.52	1.44	1.22	0.94	0.80	0.51	0.79	0.89	0.81
1990	1.00	1.12	1.09	1.07	0.97	0.94	0.92	1.04	1.05
1995	1.10	1.26	1.21	0.53	0.82	1.14	1.07	0.83	1.09
1996	1.08	1.21	1.20	0.51	0.80	1.15	1.05	0.82	1.02
1997	1.02	1.15	1.17	0.52	0.80	1.12	1.04	0.78	1.02

资料来源：同表 9－4。

（二）贸易互补性分析

表 9－4 表达了中国出口贸易与东亚主要国家和地区进口间

的贸易互补性指数。通过比较可发现,中国内地与香港特区及日本之间存在较强的互补性,而与其他国家和地区之间的互补性指数均小于1。表9－5表达了中国进口与东亚各国和地区之间的贸易互补性。中国台湾的出口与中国大陆进口最具互补性,其次为韩国、印尼、日本和泰国。新加坡、菲律宾和泰国的出口与中国的进口互补性相对较小。

事实上,基于比较优势的贸易互补性依赖于两国的产业结构、消费需求和资源禀赋结构。贸易互补性指数反映了贸易双方出口供给与进口需求之间的产品吻合程度。中国与日本之间贸易互补性较强主要是由于两国在比较优势上存在着明显差异,两国之间的贸易以产业间贸易为主;中国的出口与印尼等东盟国家进口之间的互补性较弱,主要是由于中国的产业结构与这些国家相似,它们在出口产品结构方面比较相似,存在竞争关系;中国的进口与日韩以及印尼等东盟国家的互补性较强说明中国一方面需要从日本和亚洲"四小龙"引进资本技术密集型产品,另一方面需要从东盟国家进口资源密集型产品。这一点说明中国经济快速增长以及进口增加可以带动整个东亚国家(地区)的出口增长。

(三)东亚区域经济合作之探索

首先,加强中日经济合作是推动东亚区域经济合作的关键。无论是中国的出口与日本的进口之间,还是中国的进口与日本的出口之间,均存在着较强的互补关系。中日两国处于不同的发展阶段,两国在产业结构、要素禀赋结构上的差异很大,基于产业间比较优势的经济合作具有很大的空间。两国经济合作的发展,可以增加有效需求,提高两国资源的利用效率,使各自的比较优势得以更为充分的发挥。同时,中国部分地区产业结构与资源禀赋结构的改善为两国进行水平型国际分工创造了条件。中国进口与日本出口之间的互补性指数的动态变化表明,中国经济增长减速会造成对日本进口需求的大幅减少;中国出口供给与日本进口需求之间的互补性较强说明日本经济的复苏对中国扩大出口也极为有利。因此,双方应加强经济合作,促使两国经济共同增长,以解决区域经济增长的动力来源问题,这是实现东亚区域经济合作突破的关键所在。

其次,中国与东盟国家可充分开展产业内部分工。中国与印尼等东盟国家之间在制造业的比较优势较为接近,经济发展水平差距相对较小,并且在劳动密集型产品生产上存在相当的竞争关系。中国进口与东盟出口之间存在着较强的互补关系,而中国出口与东盟进口之间的互补性却较弱,与东盟国家开展自由贸易后将导致中国与其之间的贸易逆差进一步加剧,但由于东盟国家的经济规模相对较小,因此,与东盟的经济合作不会对中国造成较大冲击。另外,两者应充分挖掘产业内贸易的合作空间,为避免在相同产业领域的过度生产与竞争,两者可通过协议性国际分工的方式选择不同产品进行专业化生产,进行产业内部分工与合作。

再次,构筑复合型网络分工结构。在以中日垂直型国际分工与合作为中心、中国与东盟国家水平型国际分工与合作为突破点的东亚区域经济一体化进程中,东亚国家(地区)应努力共同构建复合型网络分工体系。该体系构建表现为日本、亚洲"四小龙"与东盟、中国之间的垂直分工结构;日本与亚洲"四小龙"、东盟与中国的水平分工结构;基于某种先进产业和产品的由日本和"四小龙"负责研究开发和技术密集环节生产、由东盟与中国负责资本与劳动密集环节生产的复合分工结构等。由上述不同的分工与合作方式最终可以构成复合型网络分工结构,这种分工结构注重区域整体利益,以促进区域可持续发展与产业竞争力增强作为主要目标。

第十章 东亚区域经济一体化的特点与课题

到20世纪末，与世界各国都在大力推进区域经济一体化战略形成鲜明对比的是，东亚各国的经贸政策基本都立足于多边贸易体制，对国与国之间组成的FTA基本上持有否定态度。2000年，中国率先宣布与东盟开始进行自由贸易协定的谈判；紧接着，韩国、中国香港、日本也开始着手与有关国家和地区进行FTA的研究及谈判，并于2002年诞生了东亚地区第一个自由贸易协定——《日本和新加坡新时代经济伙伴关系协定》。以此为起点，迄今为止没有参加任何FTA的东亚国家和地区开始调整本国（地区）的对外经贸政策，实行同时重视多边贸易体制与FTA的两条腿走路的对外经贸战略，东亚地区的区域经济一体化进程正在追赶世界的潮流，呈现一派繁荣的景象。那么，对于世界区域经济一体化及东亚地区的发展来说，东亚区域经济一体化有什么意义呢？其面临的课题有哪些呢？作为本书的总结，本章将对此进行进一步的探讨。

一、东亚区域经济一体化的动机

长期以来对区域经济一体化并不重视的东亚各国（地区）为什么会转变自己的对外经贸战略呢？是什么原因促使东亚各国（地区）在21世纪初开始重视经济一体化的建设呢？归纳起来，可以概括为以下一些方面的原因：

（一）欧美两大世界经济核心地区一体化进程的压力

仔细分析目前在 WTO 中备案的 FTA 的推移状况可以发现，世界上不断增加的 FTA 基本上在与 EU 的联动中，从欧洲开始并扩展到南美洲与北美洲，进而向世界扩展。欧洲从 6 个国家组成的欧洲经济共同体起步，经过 5 次扩张，发展成为一个涵盖 25 个国家、拥有世界最成熟机制的欧洲统一大市场。对于欧洲一体化进程的不断提升，北美洲各国迅速做出了反应，《北美自由贸易协定》的实施及美洲自由贸易区（FTAA）的谈判除了自身经济发展的需要之外，与欧盟形成对峙之势也是其最大的目的之一。欧美两大世界经济核心地区的一体化进程的不断提速及其所产生的贸易转移效应，对一体化进程明显滞后的东亚各经济体产生了巨大压力，迫使东亚主要经济体不得不考虑通过强化区内合作来弥补由于区外的区域一体化进展对其造成的损失，可谓"堤外损失堤内补"，"失之欧美、得之东亚"。①

（二）东亚国家希望提高自身在国际谈判中的地位，突出亚洲的力量和声音

20 世纪 80 年代以来，东亚经济快速发展，成为世界上经济发展最快的地区，创造了举世瞩目的"亚洲经济奇迹"。随着经济的发展，东亚国家之间的经济联系也越来越紧密，互相依存度日益提高，要求协调一致的声音也越来越高。但是，世界的政治、经济、文化、价值观仍然是在美国和欧洲主导之下，亚洲的价值观并没有能够得到世界的认同，亚洲国家的经济贸易利益在全球贸易规则制定中并不能得到很好的反映。在这种背景之下，东亚国家

① 江瑞平：《构建中的东亚共同体：经济基础与政治障碍》，《世界经济与政治》，2004 年第 9 期。

都希望经济实力增强之后，提高自身在国际谈判中的地位，突出亚洲的力量和声音。

但是，随着国际组织的日益强大，国际组织作为国际法的另一主体参与国际事务政策制定的力量越来越大，国家在国际舞台上的发言力在逐步降低。东亚各国目前都面临着能源紧缺、贸易条件恶化、亚洲价值观受到轻视等一系列共同的问题，解决这些问题已非个别国家力所能及，需要各国采取共同而又协调的行动。为了实现各国在经济发展中的双赢，东亚国家逐步意识到，为了实现区域经济一体化，主权的部分出让是不可避免的；只有在未来国际贸易规则的制定中协调立场，用一个声音说话，亚洲国家的共同经济利益才能得到保证。基于上述原因，一些东亚国家开始酝酿成立东亚国家之间的经济合作组织，代表东亚去争取本身的经济利益。

（三）金融危机给东亚提供的教训

1997 年泰国突然爆发一场货币危机并扩展成金融和经济危机，而且危机很快波及东亚的其他国家和地区，连一向被称为发展奇迹的亚洲四小龙也逃脱不了这场厄运，形成了一场席卷亚洲的金融危机。受金融危机的打击，东亚的许多国家和地区股票价格暴跌，汇率大幅度下挫。韩国、菲律宾、马来西亚的货币和资产价值跌落了 30% ~40%，而受害最深的印度尼西亚的货币则跌到危机以前的 1/5 左右。金融危机带来的破坏作用使得东亚地区的银行和企业陷入空前的财务困境，一直处于高速成长的东亚经济几乎陷入了停顿状态。泰国、印尼和韩国不得不请求国际货币基金组织（IMF）援助。根据国际结算银行（BIS）2000 年的年度报告，受到金融危机影响最深的韩国、菲律宾、马来西亚、印度尼西亚、泰国 5 国 1998 年 1 年流出的资金达到 830 亿美元，相当于这些国家短期贷款的 50% ~70%；上述 5 国 90 年代每年向外国的短期借款大约在280亿美元左右，而这些资金在短时间内集中地从这些国家撤资，逼迫长期以来依靠从国外借入美元转换成当地货币进行放贷的亚洲金融机关资金链出现断裂，随即经济上陷入流动性不足的危机。

为什么东亚会爆发金融危机并且迅速传染给周围的国家和地区？大量的研究将原因归纳为国内与国外两个方面。IMF、世界银行、美国认为东亚金融危机的主要原因在于东亚国家经济制度上不健全且缺乏效率。为此，IMF开出的处方签是要求这些国家进一步开放市场及加快经济体制改革；作为条件，IMF要求接受援助的国家通过增加税收、减少支出来实现财政平衡，提高提高利息来紧缩的货币政策。而与此相反的是，联合国贸发组织（UNCTAD）则认为东亚金融危机的根本原因并不是东亚资本主义本身存在的问题，而是全球经济一体化带来的大量投机资金的跨国移动造成东亚各国出现奖金过剩的流动性，因而IMF的传统紧缩政策只会进一步加剧东亚的金融危机。为了防止这些投机资金的过量涌入，马来西亚于1998年9月对资本流动进行了管制，日本也主张对投机行为加以限制。1998年以后，IMF、APEC、G7首脑会议开始讨论对投机资金的限制问题，但由于遭到美国的强烈反对，对投机性资金进行限制仅仅是要求投资银行对投资资金的去向应该进行公开。在这种背景下，无论是东亚国家还是其他发展中国家，今后要防止金融危机及维持货币的稳定只能是依靠自身来进行防卫。

金融危机的教训迫使东亚成员认识到：单靠东亚各个经济体自身的力量，很难防范和抵御日趋加大的国际经济金融风险；没有各经济体之间的积极配合与协调互助，还可能导致金融危机的进一步扩散和恶化，事实上，危机爆发后东亚主要经济体之间形成的货币贬值的“恶性攀比”，本身就是恶化金融危机的重要原因；依赖国际货币基金组织（IMF）等国际经济组织，既不能避免危机发生,也难以协助爆发危机的经济体尽快摆脱困境。正是在全球化不断提速导致国际经济金融风险空前加大的背景下,东亚各方从上述惨痛教训中得到启示:只有通过有效的区内合作,才能增强抵御国际经济金融风险的整体能力。

(四)全球经济一体化的缺陷需要区域经济一体化来弥补

正像前面所指出的那样,世界区域经济一体化进程加快的重要理由之一是WTO框架下的多边贸易体制下达成统一的协议变得越来越难。而与WTO框架下的多边贸易体制相比,两国及多国家间进行区域贸易协定却能够在比较短的时间内取得多方面的成果,东亚区域经济一体化进程的加快也无不与此有密切的关系。

尽管东亚经济在战后取得了迅速的发展,但总体经济发展水平仍然比较低,抵抗经济全球化带来的风险的能力仍然比较弱,亚洲金融危机就是一个很好的例证。面对急速的经济全球化,东亚各国都有很强的危机感。但是,为了推进贸易自由化,作为一种折中的选择,相邻国家之间的区域经济一体化既可以弥补全球经济一体化的缺陷,又可以享受到贸易自由化的好处。

二、东亚区域经济一体化的发展历史及演变过程

(一)从雁型结构到东亚经济圈

东亚经济圈的建立最早可以追溯到日本著名的经济学家赤松要于20世纪30年代创立的“雁行形态论”或称“产业的雁行形态发展论”。正如前面所指出的那样,此理论最早是用来描述发展中国家某种特定产业产生、发展和趋向衰退的生命周期或过程。随着研究的展开,赤松要发现:进口——生产——出口这一变化是从棉纺品开始,然后转向纺织机械、机械器具,即由消费资

料转向生产资料，或由轻工业产品转向重工业产品。以上生产结构与贸易结构之间的变化关系，赤松要称之为“雁行形态”。20世纪60～70年代，日本开始在实践中推行这种经济模式，其目的是建立以日本为核心的区域经济一体化集团。1987年年底，当时的日本首相竹下登出访东亚和东南亚各国，提出东亚经济圈的“基本理念”，他说“要在应付欧洲共同体加强联合、美加签署自由贸易区协定这样的地区主义的同时，在东亚地区建立开放市场，实现世界的‘三极体制’，发挥日本的‘世界大国地位’作用”。1988年，日本通产省、外务省、经济计划厅及日本总理大臣咨询机构“经济审议会”等政府机关根据日本首相竹下登的提议，又提出了一个“东亚经济圈”的具体构想。该构想的基本思想是要在应付欧共体加强一体化、美加签署自由贸易协定的同时，在东亚建立以日本为核心的开放市场，以促进国际贸易的发展；该构想包括的对象，除日本自身外，还有“四小龙”和东盟国家，共10个国家和地区。日本的主要战略是：取代美国成为“四小龙”和东盟国家日益增加的出口的“吸收体”，并向这些国家和地区扩大投资、转移技术，在东亚形成并巩固以日本为首的“雁型”的发展模式。

为了建立以日本为中心的东亚经济圈，日本决定采取贸易、投资和货币“三位一体”的战术来发挥其在亚洲的领头雁的作用。其具体措施主要包括以下几点：一是进一步降低从“四小龙”和东盟国家进口工业制成品的关税，扩大对这些国家和地区的进口；二是扩大直接投资的范围，完善直接投资的环境，加大对这些国家和地区的直接投资，特别是要扶植这些国家和地区的半成品产业；三是进一步开放日本的金融市场，核心是提高用日元结算贸易的比例，实现日元的国际化。

“东亚经济圈”构想表明，日本企图把东亚地区纳入其经济体系，确保本国经济长期、稳定增长；并以此为基础，与西欧、北美的区域一体化倾向相抗衡，发挥世界经济一级的作用。但是，由于随后日本泡沫经济的破灭，日本经济一蹶不振，日本不得不放弃引领亚洲经济发展的“重任”，转而奔命于满目沧桑的国内经济。

（二）从 APEC 到 10+3

受 EU、NAFTA 的影响，东亚区域力图实现 EU、NAFTA 的亚洲版的构想可以追溯到 APEC。基于 20 世纪 80 年代以来亚太地区经济持续增长以及相互依赖关系的进一步加强，地区经济合作的呼声越来越高。基于这样一种需要，1989 年亚太经济合作组织（APEC）正式登场，作为亚太地区第一个官方经济合作组织，它突破了自 20 世纪 60 年代以来所有其他亚太地区经济合作组织的非官方的局限性，实现了亚太地区经济合作真正跨越性的发展。从这个意义上来看，可以认为 APEC 是东亚区域经济一体化万里长征中迈出的第一步。但是，澳大利亚总理霍克当初提出的 APEC 构想中是希望建立以亚洲、大洋洲为中心的区域合作组织，其中当然并没有包括美国，但是由于美国的强烈反对，APEC 最后变质为包括美国及太平洋沿岸国家和地区的合作组织。受美国等国家的影响，APEC 的整体构想及目标也由过去的区域经济合作演变为推进贸易、投资、服务的自由化。

面对着 APEC 的变味，马来西亚总理马哈蒂尔首先表现出极大的不满，并于 1990 年 12 月提出建立“东亚经济集团”（East Asia Economic Group，EAEG）构想，倡导东盟、中、日、韩等国家形成可以同欧美抗衡的亚洲经济合作体。因该构想将美国和澳、新排除在外，被美国认为是一个排他性的组织，受到了美国的强烈反对。对于美国来说，亚洲太平洋地区是美国扇型战略的核心，美日同盟是这个核心的主轴，北面的韩国与南面的 ASEAN、澳大利亚构成这个扇形的支干，这些国家共同构成了美国在亚洲战略的重心。换句话说，亚洲太平洋地区是美国全球化战略的重要一环，是关系到美国国家利益的关键。为了强化美国与亚洲太平洋国家和地区的关系,美国反过来提出了包括美国在内的新 APEC 构想,以取代马哈蒂尔提出的 EAEG。在美国的新战略中,原来仅仅定位于区域经济合作的 APEC,变成了美国安全保障政策的一个重要组成部分,这一点一直贯穿于美国后来对 APEC 的态度以及最新的东亚政策①。作为美国在亚洲的同盟国,日本也因受到美国的压力而始终对东亚经济集团持消极态度。为了淡化集团的色彩,EAEG 后来又更名为东亚经济协调会(East Asian Economic Caucus, EAEC),以体现自愿合作、平等开放、非歧视和非排他性质。尽管马哈蒂尔愿意让日本发挥主导作用,但由于顾及到美国的反对态度以及日美的特殊关系,日本最终未明确表示支持,致使这一决议胎死腹中。尽管如此,作为东亚区域经济一体化的第一步,EAEG、EAEC 的构想一直成为东亚区域经济合作历程中不得不提到的一段插曲。

EAEG、EAEC 的构想流产以后,东亚国家和地区也曾一度将东亚区域经济一体化的希望寄托在 APEC 身上。1993 年 11 月的第一次国家领导人峰会,即西雅图会议提出了"构建亚洲太平洋共同体"的设想。1994 年的《茂物宣言》提出了一个地区贸易投资自由化的长远计划,宣布"不迟于 2020 年在亚太地区实现自由、开放贸易和投资这一目标"。为了实现《茂物宣言》所提出的目标,1995 年大阪会议又发表了《大阪行动议程》。依据宣言和议程,1996 年批准了包括各国和地区具体自由化计划在内的《APEC 马尼拉行动计划》,上述计划曾让亚洲各成员激动不已,并对 APEC 引领亚洲区域经济一体化寄予厚望。更有甚者,甚至认为 APEC 的成功运作已使之成为开放的地区主义的典范,证明了开放的地区主义不仅是国际分工和贸易理论以及区域经济一体化理论的发展与深化,其逐步贯彻和完善也将在实践上为区域经

① 西口清胜:《现代东亚经济的展开》(日文版),青木书店 2004 年版。

济一体化向全球经济一体化的过渡提供新的思路[①]。但随后APEC进展让大部分成员国，特别是东亚成员感到失望。而1997年东亚金融危机中APEC的无所作为，以及1998年吉隆坡会议没有能够通过部门早期自由化计划使得东亚成员感到十分失望，同时也标志着APEC的贸易自由化进程受到严重的挫折而陷入困境。而进入21世纪以后，APEC的主要任务除了既定的贸易自由化、便利化和经济技术合作外，又加进了稳定金融秩序和打击国际恐怖主义等新的议题，从而使得APEC已经基本上失去了作为区域经济一体化组织的功能，而留下来的几乎是一个论坛而已。

对APEC的失望，使得亚洲各国将区域经济一体化目光进一步转向了亚洲内部。1997年12月，ASEAN在马来西亚首都吉隆坡召开纪念ASEAN成立30周年的大会邀请了中国、日本、韩国参加，ASEAN9国（当时柬埔寨尚未正式加入）与中日韩3国利用这个场合实质上实现了EAEC。在纪念ASEAN成立30周年这样特殊状况下，加上当时各成员国都正面临着东亚金融危机压力的背景，东亚历史上首次召开的12国领导人非正式会议演变成开展区域经济合作的中心会议，迈开了东亚区域合作制度化建设的第一步，并自此形成了ASEAN10+中日韩3（简称10+3）的机制。1998年12月在河内召开的第二次10+3领导人非正式会晤上，决定今后将定期召开10+3领导人会议。而1999年在马尼拉召开的第三次10+3领导人非正式会议上，首次发表了《东亚合作联合声明》，确定了东亚合作的方向，并将经济、货币和金融、社会和人力资源开发、科技、文化和信息技术等领域确定为合作的重点。而在2000年的新加坡举行的10+3领导人会议上，首次去掉了“非正式”一词，并且成员接受了中方提出的“将10+3定位为东亚国家合作的主渠道，逐步建立起金融、贸易和投资合作的框

---

① 宋玉华：《开放的地区主义与亚太经济合作组织》，商务印书馆2001年版。

架,最终实现地区经济的更大融合”的提议,表明 10+3 机制走向了正式化。

(三)从 ASEAN 到 AFTA

在以欧洲为中心的世界区域经济合作的浪潮中,亚洲最早搭上区域经济一体化班车的要数东南亚国家联盟(Association of Southeast Asian Nations, ASEAN),简称东盟①,其前身是马来亚(现马来西亚)、菲律宾和泰国于 1961 年 7 月 31 日在曼谷成立的东南亚联盟。1967 年 8 月 7~8 日,印尼、泰国、新加坡、菲律宾四国外长和马来西亚副总理在曼谷举行会议,发表了《曼谷宣言》,正式宣告东南亚国家联盟成立。同月 28~29 日,马、泰、菲三国在吉隆坡举行部长级会议,决定由东南亚国家联盟取代东南亚联盟。《曼谷宣言》称其目标和宗旨是:本着平等和合作的精神,通过共同努力来加速这个区域的经济增长、社会进步和文化发展,以加强建立一个繁荣、和平的东南亚国家共同体的基础。

但在东盟成立以后的 9 年间,它在区域经济合作上毫无进展。1976 年 2 月在印度尼西亚巴厘岛举行东盟第一次首脑会议,签署发表了《东南亚友好合作条约》、《东南亚国家联盟协调一致宣言》和《巴厘宣言》,重申对区域团结和合作承担的义务,把优惠贸易安排作为一种长期的目标。这次会议可以看做东盟作为区域经济合作组织的出发点。次年,东盟外长特别会议签署了《东盟特惠贸易安排协定》(PTA),并于 1978 年 1 月 1 日开始生效。

但是,尽管《东盟特惠贸易安排协定》已经生效,但东盟各成员国之间无论是在贸易上,还是在工业的合作都没有什么大的进展,东盟的区域经济合作几乎处于名存实亡的状态。1987 年,东

---

① 有关东盟的演变历史大量参考了东盟官方网站 www. aseansec. org 的资料。

盟在马尼拉举行第三次东盟各国首脑会议,当时正是东盟国家遭遇战后最大经济危机的时期,为了摆脱危机,各国都把希望寄托在区域内经济合作上。马尼拉首脑会议签署的《马尼拉宣言》重点也放在区域经济合作上,并在关税的降低、提高合资企业外资的比重(从最高49%提高到60%)等方面达成了一致的意见。将区域经济合作中允许外资企业投资的比重允许超过半数可以认为是东盟的对外经济贸易政策的一个转折点。在这以前,东盟各国都是希望通过限制外资企业的发展及进口替代工业化战略来实现国家和民族的自立。允许外资企业投资的比重可以超过半数则意味着东盟开始转向通过引进外资来实现出口导向型工业化战略。以第三次东盟各国首脑会议为契机,东盟签订了一系列有关区域经济合作的协议,并最终于1992年达成了在15年内建成"东盟自由贸易区"(ASEAN Free Trade Area,简称AFTA)的构想。

AFTA最早是由泰国于1990年东盟第22次经济部长会议上提出来的,1992年1月,东盟6国在新加坡举行的第四次首脑会议上,正式决定设立东盟自由贸易区。会上各国首脑签署了《新加坡宣言》和《东盟加强经济合作框架协定》。会议宣布自1993年1月1日起,在15年内(2008年之前)建成东盟自由贸易区,关税最终降至0~5%。在AFTA中,核心的部分是1993年1月1日生效的"共同有效普惠关税"(Common Effective Preferential Tariff,简称CEPT)计划,这被认为是东盟实现自由贸易区的最重要措施。该关税措施的内容由"东盟自由贸易区共同有效普惠关税方案协议"(Agreement on the Common Effective Preferential Tariff Scheme for AFTA)确定,约定各会员国选定共同产品类别,具体排定减税的程序及时间表,并自1993年1月1日起(允许成员国有3年的缓冲时间)计划在15年内,逐步将关税全面降低至0~5%,以达成设立自由贸易区的目标。按照这个计划,东盟会员国将在区域内彼此间实施 CEPT，但对非东盟成员国家的贸易关税则仍由各国自行决定。根据 CEPT 计划①，自 1993 年 1 月 1 日开始，各成员国选定共同产品类别，排定减税的程序及时间表，按照两种方式实施减税计划——快速减税计划和正常减税计划。按照快速减税计划，产品关税税率高于 20% 的，应在 10 年内降至 0～5%，2003 年 1 月 1 日前完成；税率低于 20%（含 20%）的，应在 7 年内降至 0～5%，2000 年 1 月 1 日前完成。纳入快速减税计划的有 15 项产品，包括植物油、药品、肥料、皮革、纸浆、珠宝、水泥、化学药品、纺织品、铜电线、电子产品、木（藤）制家具品、陶瓷及玻璃制品等产品。而正常减税计划则规定：产品关税税率高于 20% 的，分为两个阶段实施：首先在前 5 至 8 年内（2001 年 1 月 1 日前）降至 20%，再依照协商确定的时间表在 7 年内降至 0～5%（2008 年 1 月 1 日前）；税率低于 20%（含 20%）的，在 10 年内降至 0～5%（2003 年 1 月 1 日前）。CEPT 规定适用的范围是东盟产品，同时对东盟产品进行了界定，即其自制率至少为 40%，此自制率可以源自一个东盟会员国或两个以上会员国的累计。减税计划必须经由东盟自由贸易区理事会核准，符合东盟产品定义才能适用 CEPT 关税。CEPT 同时规定部分产品不适用于"有效普惠关税"制，如部分农产品、农产品原料、活动物、动物产品、部分植物产品、食品、饮料、香烟及有关国家安全、公众道德规范、人类、动植物生命的物品和有艺术、历史、考古价值的物品等。

1992 年 AFTA 达成协议以后，ASEAN 的区域经济一体化就进入了一个扩大和深化的时期。扩大意味着 ASEAN 最终覆盖整个东南亚地区，而 ASEAN 在 1992 年只有 6 个加盟国，1995 年 7 月，东盟正式接纳越南为其成员国，1996 年 7 月，老挝和缅甸正式

---

① CEPT 方案的内容引自王玉主：《东盟自由贸易区（AFTA）的基本框架及进程— AFTA 的提出与确立》，中国社会科学院亚太所网站。

成为其成员国,1999年,东盟在河内举行特别会议,正式接纳柬埔寨加入东盟。至此,东南亚的10个国家全部都加入了东盟。深化主要是指1995年12月在曼谷召开东盟第五次首脑会议上达成了一系列新的协议,其主要内容包括以下几个方面:一是将AFTA实现的时间从原来的15年减少到10年(从原来的2008年提前到2003年),二是将暂时除外的未加工农产品纳入AFTA,三是力争在2003年服务贸易的6个主要部门(金融、海运、通讯、旅游、建设、专门服务)实现贸易自由化。东盟第五次首脑会议以后,AFTA相继推出了提前实施AFTA的产品清单和加速实现投资自由化等计划,并于2002年1月1日建成东盟自由贸易区。

(四)ASEAN的FTA战略——从AFTA到10+1和10+3

在议论东亚区域经济一体化的进化过程中,不能不提到由ASEAN主持并每年邀请中国、日本、韩国参加的东亚国家首脑会议10+1和10+3。东盟10国与中国、日本、韩国三国领导人分别举行的会议称为10+1会议,东盟10国与中国、日本、韩国三国领导人共同举行的会议称为10+3会议。以1997年亚洲金融危机为契机,ASEAN10国与中、日、韩3国都要定期开展10+1和10+3会议,从中可以看出ASEAN各国对10+1和10+3的极大关注。那么是什么原因促使ASEAN各国在加速实现AFTA以外,还要与中、日、韩3国建立定期磋商机制呢?除了前面提到的对APEC失望之外,最重要的是ASEAN本身的区域经济一体化战略起到了至关重要的作用。

首先是ASEAN已经意识到AFTA的局限性。如果说从APEC过渡到10+3是为了排除亚洲成员外的国家的话,那么从AFTA到10+1和10+3则是为了弥补AFTA的缺陷。由于

ASEAN 的成员国经济实力都比较弱[①],域内国内生产总值只有日本的六分之一、中国的二分之一,且产业结构层次比较低,基本是低层次的水平分工为主,因而 ASEAN 区域内贸易的比重比较低,基本是停留在总贸易量的 25% 左右。比起产业合作来,相互之间竞争的成分更大。为了克服上述的弱点,ASEAN 认为有必要将 AFTA 逐步扩展到东亚区域经济合作,实现东南亚和东北亚区域合作的统一。其目的是为了充分享受东北亚 3 国(中国、日本、韩国)经济发展的成果,吸引上述国家企业对 ASEAN 的投资,通过扩大区域内的贸易来促进 ASEAN 的经济发展。从本质上看,10 +1 和 10 +3 是 ASEAN 区域经济一体化的战略目标,即依托比自己实力大得多的东北亚 3 国来面对经济全球化的挑战。

其次,10 +1 是 ASEAN 对中国采取的另一项区域合作战略。通过 20 多年的改革开放,中国经济迅速崛起,在亚洲的经济实力迅速上升。不仅如此,通过大量吸引外资和大力发展出口,中国成为世界上引进 FDI 最多的国家之一,并以此成为了世界上的贸易大国、世界加工厂[②]。面对中国急速的经济崛起,使得 ASEAN 一时还来不及研究如何处理与中国的关系。按照传统的思维,ASEAN 首先感到的是来自中国的威胁。由于中国在经济发展阶段与产业结构上与 ASEAN 比较相似,特别是相当一部分劳动密集型产品在出口上存在着很大的竞争关系,ASEAN 担心中国出口的大量增加会取代 ASEAN 商品向美国、欧洲、日本等发达国家市场的出口。不仅如此,ASEAN 还同时担心大量 FDI 流入中国会使得流入 ASEAN 的 FDI 减少。但是,随着时间的推移,ASEAN 意外地发现,尽管中国的崛起会对 ASEAN 形成一定的压力,但更多的

---

① 新加坡和文莱虽然经济比较发达,但由于国土面积狭小、人口规模有限,整体经济实力仍然在世界上处于比较低的地位。

② 关于目前中国到底是世界工厂还是世界加工厂,国内外存在着不同的意见,多数学者认为应该是世界加工厂。著者在此借用这种观点。

是提供了新的机会；尤其是中国日益扩大的经济实力正在形成一个巨大的市场，为ASEAN产品的出口及投资提供了越来越多的机会。这也是促成ASEAN接受中国的建议，同意与中国建立中国—东盟自由贸易区（10+1）的主要原因。

当然，同时实施10+1和10+3也隐含了ASEAN在东亚区域经济一体化中希望充当主导和调停角色的意图。在东亚区域经济一体化的过程中，中国与日本两国的合作起着至关重要的作用。但是由于历史、领土等一系列现实问题的存在，两国要实现历史性的和解与合作还具有相当长的一段路程要走。而小泉政权上台实施的一系列轻视亚洲、淡化日本侵略亚洲历史的政策，又正在一步一步地恶化了中日两国合作的基础，并由此拖延了东亚区域经济一体化的进程。在两个亚洲大国目前还不具备充当东亚经济一体化主导角色的现实条件下，暂时由ASEAN充当主导和调停角色不失为一种次优的选择。加上ASEAN是日本20世纪70～80年代海外投资的首选地区之一，ASEAN与日本在贸易、投资、经济援助上形成了传统上的密切关系，从而使得ASEAN在一定程度上具备了作为中国、日本调停角色的条件。基于上述考虑，ASEAN在与中国达成了建立中国—东盟自由贸易区之后，随即在第6次10+3领导人会议上，与日本达成了“日本－ASEAN全面经济合作的构想”。对于ASEAN来说，在实现东亚区域合作中，最理想、最现实的区域一体化战略就是完善并最终实现10+3。

10+3框架的出现，结束了东亚地区没有区域合作组织的历史，尽管其在时间上比世界其他地区晚了许多。虽然仅仅诞生几年的时间，但经过各成员国的共同努力，已经取得了初步的成就。特别是1999年《东亚合作联合声明》的发表，标志着东亚国家采取全方面合作行动的开始。该声明确定了在经济、社会、政治和其他领域的合作重点，其中在经济方面，主要是加速贸易、投资和技术转让，鼓励技术和电子商务方面的技术合作，推动工农业合作，加强中小企业合作，启动东亚经济论坛，推动东亚经济增长区，如湄公河盆地的发展，考虑建立“东亚经济委员会”等；在货币与金融合作方面，主要是加强包括宏观经济风险管理、公司管理、资本流动的地区监控、强化银行和金融体系等方面的政策对话、协调与合作，通过“10＋3”的框架，加强地区的自救与自助机制。①2000 年 5 月，地区金融合作出现了新的突破，10＋3 财长会议达成了《清迈协议》，决定设立货币互换和回购双边条约网。

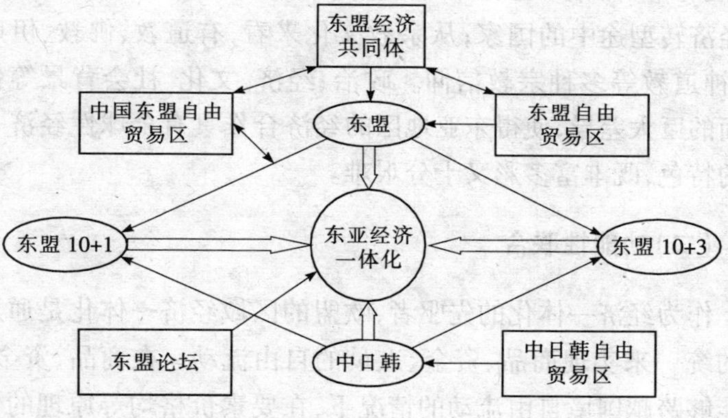

图 10－1　东亚地区经济合作与一体化的渠道框架

三、东亚区域经济一体化的特点

从上面东亚区域经济一体化的发展历史及演变过程可以看出，东亚的区域经济一体化与其他区域，尤其是与欧盟、北美自由贸易区相比，具有自己的一些独特特征。归纳起来，有以下主要的特点。

① 徐长文：《中国领跑东亚区域经济合作》，中国海关出版社 2003 年版。

(一)参与国的广泛性和差异性

与欧洲、北美有着相同的宗教信仰、民主体制和意识形态不同,东亚地区各国和地区在政治、经济、宗教及文化等方面存在巨大差别。从经济上看,东亚区域内经济发展相差甚远,如东亚的经济大国日本是世界第二大经济强国,其人均国民生产总值超过3 万美元,而缅甸、柬埔寨则是世界上最贫穷的国家,其人均国民生产总值还不到 300 美元,两者之间相差 100 倍;从经济制度上看,既有市场国家,也有计划经济国家,还有处在从计划经济向市场经济转型途中的国家;从宗教文化来看,有道教、佛教、伊斯兰教、神道教等多种宗教信仰。政治、经济、文化、社会背景等各个方面的巨大差异,使得东亚地区的经济合作具有全球性经济一体化的特色,既丰富多彩又十分艰难。

(二)功能性联合

作为经济一体化的先驱者,欧盟的区域经济一体化是通过政策的统一来实现商品、资金、人员的自由流动。在商品、资金、人员能够跨越国境自由流动的情况下,在要素价格均等原理的作用下,欧洲的各种生产要素逐步走向均衡,从而形成一个统一的大市场。与欧盟这种政策面上的一体化不同的是,东亚地区的区域经济一体化合作参与国的差异性决定了这种合作不可能照搬欧共体的模式,不可能依赖政府间合作机构制定大量共同政策来进行,而只能采取功能性联合的方式,即政府间合作机构的作用主要在于协调各国的经济、贸易政策,为区内商品和劳务的自由流通、直接投资、技术转让、金融等经济活动创造有利的环境和条件,促进这一地区各国间的经济、文化、科技交流与合作。换言之,东亚经济一体化主要依赖的是民间资本,尤其是跨国公司的跨国投资来实现资本的自由流动和区域内的产业分工合作,而不是制度性的合作。

即使是这种功能性的一体化形式，东亚的区域经济一体化与欧盟的市场统合也有很大的区别。尽管东亚地区跨国公司蓬勃发展，区内贸易不断扩展，直接投资和技术转让的规模越来越大，国际金融活动日趋活跃，这一切都说明了东亚区域经济一体化的功能性联合网络已经初步形成。但由于东亚地区经济发展水平差异非常大，工资水平、非贸易商品价格都存在着巨大的差异，离要素价格均等化的区域经济一体化还有相当长的距离，短时间内很难实行。相反，东亚地区的区域经济一体化正是利用了区域内部巨大的发展差异，并在此基础上形成一个跨地区的国际生产、流通网络来构筑区域内的经济一体化。从这个层次上来看，东亚区域经济一体化是采用了与欧洲经济共同体完全不同的方式来展开的。

（三）开放性的区域经济合作

众所周知，在以往很长时间里，东亚主要经济体所选择的大多是出口导向型的经济发展战略，结果是国内经济运行与国际经济循环越来越广泛和深入地融合在一起，其主要表现为对外贸易与引进外资的迅速增长，带动外贸依存度与外资依存度的迅速提高。目前东亚主要经济体进出口占其 GDP 的比重，都已达到极高水平。相对开放的国际贸易体系是东亚国家和地区经济发展必不可少的外部条件，东亚的经济发展大都是建立在依赖美国、欧洲等西方发达国家的市场上。因此，在推进东亚区域经济合作中，大多数国家都极力主张建立一个面向世界的开放区域经济集团，并以此为平台来加强与欧美等发达国家的合作，更好地整合东亚各国的经济实力，谋求东亚地区的共同发展。近年来，东亚国家在加强内部合作的同时，不断拓宽与区域外国家的区域合作。东亚区域经济合作呈现出“南扩”至澳大利亚、新西兰，“西扩”至印度、巴基斯坦，“北扩”至蒙古、俄罗斯，并积极加强与欧盟、北美自由贸易区的对话与合作①。正是在这样的背景之下，东亚区域经济合作与一体化在产生越来越大的贸易创造效应的同时，贸易转移效应相对较弱，不会构成对区域外国家的严重歧视。因此，东亚的企业经济一体化与对内加强合作、对外设置贸易壁垒等带有贸易保护主义色彩的其他排他性的区域经济集团不同，它不仅有利于本区域的经济发展，而且能成为一支抗衡贸易保护主义势力的重要力量，防止欧美形成集团性保护主义。

（四）形成广泛的多领域的区域经济合作体系

正如前面所指出的那样，东亚地区地域辽阔，政治经济结构复杂，经济发展水平差距比较大。巨大的差异决定了东亚区域经济一体化不可能像欧盟与北美自由贸易区那样，从贸易与投资起步，并逐步过渡到区域市场的统一，而是采取多层次、多交叉的合作形式。在次区域性层次上，地理位置相近，业已存在较多经济联系和共同利益的一些国家和地区可开展实质性合作，如东盟自由贸易区、中国—东盟自由贸易区、中国巴基斯坦优惠贸易安排、曼谷协定等，这种次区域性多边经济合作形式多样，灵活性强，并已取得了一定进展，推动着东亚经济一体化的进程。在合作内容上，不仅仅只局限于贸易与投资领域，而且涉及金融、技术、信息、环境保护等诸多领域。

四、东亚经济一体化的经济基础

尽管东亚共同体的目标模式尚不十分清晰，但有一点却是可

① 王志文：《从东亚区域经济合作看海南经济发展战略》，海南省统计局2004年7月。

以确定的，即它必然首先是一个经济共同体，因此必须有其坚实的经济基础。从目前东亚区域内部的基本条件与区域外部的相关环境看，这一经济基础正在逐步形成并趋于强化。

（一）东亚地区的经济快速增长

战后，特别是20世纪70年代以后，东亚地区经济出现了持续的快速增长，经济实力不断增强，这已经成为东亚区域经济一体化的重要基础。

战前，除了日本和泰国，东亚的其他国家都沦为殖民地和半殖民地，经济十分落后，人民生活极度贫困。但是，经过20世纪50年代的恢复整顿，日本在20世纪60年代初期率先起飞，并通过“雁型传播”带领着东亚向前发展。在日本产业转移的推动下，亚洲“四小龙”于20世纪70年代初期开始崛起，东盟于20世纪70年代末80年代初开始起步，并实现了长年的持续稳定发展。进入到20世纪90年代以后，伴随着日本泡沫经济的破灭，日本和亚洲“四小龙”的经济增长开始放慢，取而代之的是中国经济迅速崛起。进入20世纪90年代中期以后，中国经济已经成为东亚经济增长的“引擎”，成为东亚经济增长的主要动力。东亚国家和地区此起彼伏的高速增长，使得东亚地区的经济规模迅速扩大。

表10－1是20世纪70年代以来，东亚各国（地区）对东亚经济成长的贡献。从表中可以看出，20世纪90年代之前，日本一直是亚洲经济的领头羊，而进入到80年代中期，亚洲“四小龙”和ASEAN4（即亚洲“四小虎”——印度尼西亚、马来西亚、菲律宾、泰国）对东亚的经济成长作出了一定的贡献，而进入20世纪90年代中期以后，中国则发挥着主导作用。从东亚的经济增长率来看，20世纪70年代到80年代末一直维持在平均5%～6%的水平，远远高于当时世界经济增长2%～3%的平均水平。

表 10－1　东亚各国(地区)对东亚经济增长率的贡献

单位:%

(年)	1970	1971	1972	1973	1974	1975	1976	1977	1978	1979	1980
中国	5.13	1.80	0.88	1.69	0.45	1.77	－0.28	1.24	1.27	0.91	0:93
日本	6.39	2.86	5.39	5.26	－0.78	1.98	2.61	2.92	3.86	3.86	1.91
ASEAN4	0.61	0.45	0.46	0.72	0.58	0.46	0.78	0.78	0.72	0.61	0.76
NIEs	0.58	0.59	0.53	0.79	0.30	0.30	0.97	0.79	0.84	0.80	0.37
东亚	12.70	5.70	7.30	8.50	0.60	4.50	4.10	5.70	6.70	6.20	4.00

(年)	1981	1982	1983	1984	1985	1986	1987	1988	1989	1990	1991
中国	0.58	1.10	1.37	2.01	1.99	0.95	0.96	0.89	0.35	0.32	0.72
日本	1.92	2.11	1.54	2.52	3.04	2.14	3.36	4.97	3.83	3.76	2.40
ASEAN4	0.72	0.35	0.66	0.47	0.11	0.31	0.37	0.51	0.60	0.59	0.51
NIEs	0.61	0.37	0.84	0.99	0.41	1.09	1.78	1.31	1.09	0.78	1.02
东亚	3.80	3.90	4.40	6.00	5.50	4.50	6.50	7.70	5.90	5.50	4.70

(年)	1992	1993	1994	1995	1996	1997	1998	1999	2000	2001	2002
中国	1.13	0.98	1.03	0.98	1.09	1.16	1.22	1.03	1.18	1.31	1.50
日本	0.72	0.22	0.72	1.34	2.23	1.14	－0.72	0.07	1.82	0.25	0.18
ASEAN4	0.46	0.50	0.54	0.60	0.60	0.29	－0.49	0.20	0.35	0.14	0.31
NIEs	1.11	0.64	0.98	0.96	0.79	0.67	－0.96	1.19	1.33	－0.23	0.60
东亚	3.40	2.30	3.30	3.90	4.70	3.30	－1.00	2.50	4.70	1.50	2.60

资料来源:日本经济产业省:《2005 年通商白皮书》2005 年 7 月。

快速的经济增长使得东亚的绝大多数国家和地区经济发展上升到一个新的层次,产业结构水平得到了迅速的提高,基本上摆脱了长期以来以小农经济为主的经济结构特征,进入了一个全面工业化的时代。与农业社会靠天吃饭不同,工业社会的发展基本上是建立在分工合作的基础上。一个基本实现工业化的东亚为一体化打了良好的基础。反过来，东亚要想保持持续稳定的发展势头，就必须进一步细发专业化分工，以专业化分工来提高劳动生产率，并推动着本国、本地区的经济发展，进而增强亚洲在世界上的地位。

（二）区内贸易依存度不断提高

依据区域一体化的一般理论及各国的具体实践，要实现区域经济一体化，首先要求区内主要经济体具有较高程度的开放性，其国内经济运行已被广泛而深入地融入国际经济大循环之中；其次要求区内主要经济体在高度开放条件下形成的对外经济联系，有较大部分是在区内主要经济体相互之间展开的，以致形成区内经济运行与发展的足够内聚力①。

从东亚经济运行与发展的历史进程与现实状况看，东亚地区内的国家和地区基本上具备了开放性与内聚力条件，这是构建东亚共同体最重要的经济基础。

众所周知，在以往很长时间里，东亚主要经济体所选择的大多是出口导向型的经济发展战略，结果是国内经济运行与国际经济循环越来越广泛和深入地融合在一起，其主要表现首先是对外贸易与引进外资的迅速增长，从而带动外贸依存度与外资依存度的迅速提高。表 10－2 是 2002 年东亚主要经济体的外贸依存度数据，从中不难看出，目前东亚主要经济体进出口占其 GDP 的比重，都已达到极高水平。而且更加重要的是，东亚主要经济体对外贸和外资的高度依存，还主要表现为区内各经济体相互之间的高度依存。上世纪 20 世纪 70 年代以后，东亚各国（地区）基本是

---

① 江瑞平：《构建中的东亚共同体：经济基础与政治障碍》，《世界经济与政治》2004 年第 9 期。

采用了出口导向的对外贸易战略。在这种战略的推动下，东亚各国(地区)的对外贸易取得了快速的增长。1970～1988年，世界出口总额增加8.5倍左右，而亚洲“四小龙”和“四小虎”的出口额却分别增加37.1倍和15.7倍，中国的出口总额增加了21.4倍，日本的出口额扩大了12.7倍，东亚地区的外贸增长大大快于世界贸易的平均增长速度。1970～1988年，世界出口贸易额的年平均增长率为13.3%，东亚地区则高达17.5%，其中亚洲“四小龙”的出口年平均增长率高达22.4%，为世界平均增长率的1.7倍。80年代末以后，随着日本和亚洲“四小龙”经济增长速度的放缓，东亚地区的对外贸易增长速度出现了一定程度的下降，但仍然大大高于世界贸易的平均增长水平。

经济发展水平的迅速上升和对外贸易的迅速增长推动着东亚地区对外贸易依存度的不断上升。目前东亚主要经济体进出口占其GDP的比重都已达到极高水平，远远高于美国、欧盟等发达国家。而且更加重要的是，东亚主要经济体对外贸易的高度依存，还主要表现为区内各经济体相互之间的高度依存上(表10－2、表10－3、表10－4)。表10－3、表10－4显示的是1980、1990、2000、2002年度东亚国家(地区)贸易的主要流向，从表中我们可以看出：东亚国家和地区对包括美国在内的区域外国家的贸易依赖程度在不断下降，对内贸易依存程度在不断上升。1980年，包括中国香港、印度尼西亚、韩国、马来西亚、菲律宾、中国台湾、泰国，中国内地、日本在内的东亚国家和地区对内的出口依存度为32.0%，进口依存度为31.8%，而到2000年出口依存度上升为46.5%，进口依存度上升为54.9%，区域内贸易的比重接近甚至超过了50%，上述数据说明对于东亚国家(地区)来说，区域内的重要性在逐步提高，并占有主要的地位。在区内的贸易依存度不断提高的情况下，建立一个统一的东亚区域一体化的组织将有利于东亚地区的经济增长。

表 10－2　2002 年东亚主要国家和地区对外贸易依存度

单位:%

	中国	日本	韩国	中国香港	新加坡	泰国	马来西亚	印度尼西亚	菲律宾
外贸依存度	44.0	18.1	72.1	240.2	298.0	107.2	199.8	62.8	104.3
出口依存度	23.1	10.1	37.3	122.1	150.8	56.5	108.9	40.8	53.6
进口依存度	20.9	8.0	34.8	128.1	147.2	50.7	90.9	22.0	50.7

资料来源:日本统计局:《世界统计》2004 年版。

表 10－3　东亚贸易的地区分布 1980～2000 年　单位:%

	出口							进口						
	EA3	EA2	EA1	中国	美国	日本	ROW	EA3	EA2	EA1	中国	美国	日本	ROW
中国香港特别行政区														
1980	23.2	18.6	12.3	6.3	26.2	4.6	50.6	56.5	33.5	13.9	19.6	11.8	23.0	31.7
1990	44.2	38.5	13.7	24.8	24.1	5.7	31.7	74.0	57.9	21.1	36.8	8.1	16.1	18.0
2000	51.5	45.8	10.3	35.5	22.5	5.2	26.5	77.6	65.5	22.6	42.9	6.8	12.1	15.6
印度尼西亚														
1980	63.9	14.6	14.6	0.0	19.6	49.3	16.5	49.2	17.7	15.9	1.8	13.0	31.5	37.8
1990	66.6	24.0	20.8	3.2	13.1	42.5	20.3	47.9	23.1	20.1	3.0	11.4	24.8	40.7
2000	57.7	34.5	30.0	4.5	13.7	23.2	28.7	51.5	35.4	29.4	6.0	10.1	16.1	38.4
韩国														
1980	28.7	11.2	11.2	0.0	26.5	17.4	44.8	33.7	7.2	7.2	0.0	22.2	26.6	44.1
1990	33.5	14.9	14.9	0.0	28.6	18.6	37.8	34.2	9.3	9.3	0.0	22.8	25.0	43.0
2000	42.6	31.6	19.8	11.8	22.4	11.0	35.0	46.1	24.2	16.3	7.9	19.7	21.9	34.2
马来西亚														
1980	50.8	28.0	26.3	1.7	16.3	22.8	32.9	44.8	22.0	19.6	2.3	15.1	22.8	40.1
1990	56.4	41.0	38.9	2.1	16.9	15.3	26.7	54.9	30.8	28.8	1.9	17.0	24.2	28.1
2000	53.2	40.2	37.1	3.1	20.5	13.0	26.2	61.2	40.1	36.2	3.9	16.6	21.1	22.2

续表

	出口							进口						
	EA3	EA2	EA1	中国	美国	日本	ROW	EA3	EA2	EA1	中国	美国	日本	ROW
菲律宾														
1980	40.7	14.1	13.3	0.8	27.5	26.6	31.7	32.8	12.9	10.3	2.7	23.3	19.9	43.6
1990	37.1	17.3	16.5	0.8	37.5	19.8	25.1	43.4	24.9	23.5	1.4	19.5	18.4	37.1
2000	56.4	30.2	27.7	2.5	29.3	14.6	25.9	55.3	34.1	31.3	2.8	19.7	21.2	25.0
新加坡														
1980	44.5	36.4	34.8	1.6	12.5	8.1	43.0	50.2	32.3	29.7	2.6	14.1	18.0	35.6
1990	45.9	37.2	35.7	1.5	21.3	8.8	32.8	53.7	33.6	30.2	3.4	16.1	20.1	30.2
2000	51.4	48.9	45.0	3.9	17.3	7.5	26.3	61.8	44.5	39.3	5.2	15.1	17.3	23.2
中国台湾														
1980	28.1	17.1	17.1		36.1	11.0	35.8	37.2	9.3	9.3		22.5	28.0	40.3
1990	37.0	24.6	24.6		32.4	12.4	30.6	41.7	12.4	12.4		23.0	29.2	35.5
2000	48.9	37.7	37.7	2.8	23.5	11.1	27.7	54.0	26.5	22.1	4.4	17.9	27.5	28.0
泰国														
1980	39.1	24.0	22.1	1.9	12.7	15.1	48.3	38.4	17.3	12.7	4.5	14.5	21.2	47.1
1990	37.3	20.1	18.9	1.2	22.7	17.2	40.0	54.9	24.6	21.3	3.3	10.8	30.4	34.2
2000	48.1	32.4	28.1	4.3	22.5	15.7	29.4	62.2	36.2	33.1	3.1	11.7	25.9	26.2
中国														
1980			30.6		5.4	22.2	41.8			6.3		19.6	26.5	47.6
1990			50.6		8.5	14.7	26.2			37.3		12.2	14.2	36.2
2000			30.5		23.5	15.8	30.2			39.5		9.4	17.6	33.4
日本														
1980		21.8	17.8	3.9	24.5		53.8		20.7	17.7	3.1	17.4		61.9
1990		29.6	27.5	2.1	31.7		38.7		26.6	21.5	5.1	22.5		51.0
2000		39.8	33.4	6.5	30.1		30.1		39.9	25.4	14.5	19.1		41.0
美国														
1980	18.6	9.2	7.5	1.7		9.4	81.4	22.0	9.1	8.7	0.5		12.8	78.0

续表

	出口							进口						
	EA3	EA2	EA1	中国	美国	日本	ROW	EA3	EA2	EA1	中国	美国	日本	ROW
1990	23.6	11.4	10.2	1.2		12.4	76.2	32.3	14.3	11.2	3.2		18.0	67.7
2000	21.8	13.5	11.4	2.1		8.4	78.2	32.0	20.0	11.4	8.6		12.1	68.0
EA1														
1980			18.9	1.5	23.1	19.2	37.3			15.3	4.7	17.1	23.8	39.1
1990			22.2	6.4	24.9	14.4	32.0			19.6	9.4	16.1	23.0	31.9
2000			27.4	11.9	21.4	10.8	28.5			26.7	14.7	14.3	19.6	24.8
EA2														
1980		21.7			20.9	19.6	37.6		18.2			17.4	24.2	40.2
1990		32.0			22.5	14.4	31.1		30.1			15.6	21.9	32.4
2000		37.3			21.9	12.0	28.9		41.0			13.3	19.2	26.6
EA3														
1980	32.0				22.6		45.4	31.8				17.4		50.8
1990	39.6				26.2		34.2	42.9				18.1		39.0
2000	46.5				24.2		29.2	54.9				14.8		30.3

资料来源:转引自麦金农:《东亚经济周期与汇率安排》,中国金融出版社 2003 年版。

注:表中的 EA1 包括中国香港特别行政区、印度尼西亚、韩国、马来西亚、菲律宾、中国台湾、泰国,EA2 包括 EA1 + 中国,EA3 包括 EA2 + 日本,ROW 表示世界其他地区。

表 10－4　2002 年东亚主要经济体区内出口依存度

单位:100 万美元

	中国	日本	东亚“四小龙”	东盟四国	东亚合计	占总额(%)
中国	－	48 483	88 203	13 404	150 090	46.1
日本	39 958	－	93 090	38 926	171 974	41.3
韩国	23 754	15 143	21 395	11 649	71 941	44.6

续表

	中国	日本	东亚“四小龙”	东盟四国	东亚合计	占总额(%)
中国台湾	9 945	11 981	39 077	8 858	69 861	53.5
中国香港	40 897	5 703	7 503	6 586	60 689	48.1
新加坡	6 863	8 935	19 912	34 283	69 993	56.0
马来西亚	6 314	10 511	28 745	6 966	52 536	54.3
泰国	3 553	10 001	12 630	5 790	31 974	46.3
菲律宾	2 435	5 907	9 410	3 206	20 958	53.7
印度尼西亚	4 021	12 886	15 632	4 438	36 977	55.8
东亚合计	137 740	129 550	335 597	134 106	737 020	47.3

资料来源：日本贸易振兴会网站 www.jetro.go.jp。

(三)东亚地区国家间的相互投资增加迅速

除互相贸易增加外，在区域内相互投资方面，东亚国家和地区之间也呈现增长趋势。在20世纪90年代前半期，东亚10个经济体相互间的直接投资年均为271.37亿美元，占其引进外国直接投资总额的27.0%，而到20世纪90年代后半期相应数字又进一步增加为351.36亿美元和28.6%。其中日本对其他9个经济体的直接投资同期由104.5亿美元增长为135.83亿美元，增长了29.98%，进入东亚其他经济体的日资企业在1990年为2862家，到2000年已增至6919家；东亚“四小龙”对其他东亚经济体的直接投资更由142.33亿美元增长为177.12亿美元，增长了24.4%①。

(四)东亚地区的经济互补性日益增强

东亚市场不像西欧和北美，也不像非洲和拉美那样都是清一

① 转引自江瑞平：《构建中的东亚共同体：经济基础与政治障碍》，《世界经济与政治》2004年第9期。

色的“单层结构”，东亚市场是多层结构市场；既有发达国家，又有发展中国家；既有资本主义国家，又有社会主义国家；既有高、精、尖的先进技术和现代化产业，又有落后的传统技术和产业；既有知识密集型和资本密集型产品，又有劳动密集型和资源密集型产品。其中竞争性和互补性都很大。东亚地区的这种多层次结构和互补性强的特点，决定了它们之间的追赶和传递关系。高层次和高技术往下传递，传递给次高层，次高层又传递给低层，实现它们的结构调整。反之，低层向高层追赶，形成“四小龙”追赶日本，东盟追赶“四小龙”，一层追一层，互相推动的局面。产品和技术互相转移，资本和劳动力互相结合，整个地区显得很活跃，很有生气。中日韩三国经贸往来及其他领域的合作在各自经济发展中均占有重要地位，三国经济互补性很强。日本拥有丰富的资金和技术，但资源贫乏、劳动力价格高；韩国在某些技术领域占有优势，但近年来面临与日本同样的资源和劳动力短缺问题；中国资源和劳动力丰富，但在资金技术方面对外依赖较大。这些特点决定了三国在未来经济发展中可拓展的空间很大。但是在世界经济区域一体化趋势不断扩大的影响下，仅依靠三国的经济力量难以适应今后世界经济发展的要求。

日本与东盟保持着密切的经济关系。东盟是日本对外资本输出的重要市场。20 世纪 80 年代以后，日本取代美国成为东南亚地区最大的投资者；东盟还是日本的第三大贸易伙伴，日本则是东盟最大的贸易伙伴，东盟所消费的重工业和轻工业产品及电子产品主要从日本购买，日本所需要的工业原料和能源及 1/5 的石油也来自东盟。东南亚还是日本政府开发援助的重点地区，日本提供的援助有六成集中在东盟国家。

韩国与东盟经贸关系近年来也有较大发展。贸易额约占韩国对外贸易总额的 10% 左右。韩国对亚洲的投资比重较大，占其对外投资的 40%，其中东盟国家的投资集中在越南、印尼、泰国，占韩国对亚洲投资的14%。

中国与东盟各国间存在着竞争又互补的关系:竞争性体现在近年来中国迅速发展起来的沿海地区的经济与东盟较先进国家存在结构相似,产品出口市场大致相同的问题;互补性表现在中国在资金和技术方面具有一定优势,有可能将东亚的产业转移链伸至东盟新成员国,形成优势互补,各取所长。近年来双方贸易、投资、经济合作等发展迅速,有可能在协议分工体制下建立良好的合作关系。

(五)东亚经济发展呈现联动效应

随着东亚区域内经济一体化程度的加深,通过贸易和投资的拉动,东亚各国和地区的经济发展呈现着一种联动效应。这种经济发展效果的联动既是东亚区域经济逐步走向一体化的结果,同时也反映了东亚各个经济体之间的相互依存在不断加强,经济合作在向着纵深方向发展。为了从实证的角度说明东亚经济发展之间的联动效应,日本综合研究所主任研究员竹内顺子通过对东亚一些国家和地区进行了相关分析,其结果如表10－5、表10－6所示①。

表10－5　亚洲太平洋部分国家和地区(不包括中国内地)实质GDP的相关性

1971～2002年

	印度尼西亚	日本	韩国	马来西亚	菲律宾	泰国	中国台湾	美国
印度尼西亚	1.00							
日本	0.50	1.00						
韩国	0.52	0.38	1.00					
马来西亚	0.77	0.41	0.52	1.00				

① 渡边利夫:《东亚经济合作的时代》,东洋经济新报社2004年版。

续表

1971～2002 年

	印度尼西亚	日本	韩国	马来西亚	菲律宾	泰国	中国台湾	美国
菲律宾	0.35	0.22	0.21	0.39	1.00			
泰国	0.74	0.49	0.70	0.67	0.30	1.00		
中国台湾	0.38	0.69	0.41	0.40	0.22	0.40	1.00	
美国	0.04	0.39	0.24	0.16	-0.04	0.06	0.66	1.00

（1971～1985 年）

	印度尼西亚	日本	韩国	马来西亚	菲律宾	泰国	中国台湾	美国
印度尼西亚	1.00							
日本	0.39	1.00						
韩国	-0.08	0.16	1.00					
马来西亚	0.66	0.29	0.28	1.00				
菲律宾	0.48	0.19	0.12	0.56	1.00			
泰国	0.38	0.37	0.62	0.45	0.43	1.00		
中国台湾	0.52	0.78	0.36	0.55	0.30	0.64	1.00	
美国	0.34	0.65	0.50	0.35	-0.15	0.48	0.84	1.00

（1986～2002 年）

印度尼西亚	1.00							
日本	0.51	1.00						
韩国	0.76	0.58	1.00					
马来西亚	0.82	0.50	0.63	1.00				
菲律宾	0.45	0.46	0.43	0.31	1.00			
泰国	0.84	0.68	0.77	0.75	0.40	1.00		
中国台湾	0.28	0.51	0.47	0.31	0.10	0.39	1.00	
美国	-0.24	0.00	-0.06	-0.04	0.41	-0.19	0.38	1.00

资料来源：渡边利夫：《东亚经济合作的时代》，东洋经济新报社 2004 年版。

从表 10－5 中不包括中国内地的经济增长率相关关系可以

看出,1971～1985年,东亚的有关国家和地区与美国的相关性比较高,其中,中国台湾与美国的相关性达到0.84,日本与美国的相关性为0.65,韩国与泰国分别达到0.50和0.48,显示出较强的相关性。

但是,到了1986～2002年之间,除了菲律宾与美国的相关系数为0.41,中国台湾与美国的相关系数为0.38之外,其他国家与美国的相关系数为0甚至为负数。而与此形成鲜明对照的是东盟国家之间的相关系数都比较高,泰国与印度尼西亚为0.84,马来西亚与印度尼西亚为0.82,韩国与泰国为0.77,韩国与印度尼西亚为0.76,马来西亚与泰国为0.75。上述数据表明,随着东亚国家(地区)分工与产业内贸易的扩大,东亚国家和地区对美国出口依存程度在逐步下降,而内部相互依存关系在不断上升。

在包含中国大陆的表10－6中,各个国家与地区基本上沿袭了表10－5的特点,既除了中国台湾、中国大陆之外,其他国家的经济增率与美国的经济增长率相关性不大,而东亚内部的国家与地区相关性在不断加强。中国大陆除了与中国台湾、美国具有一定程度的相关性之外,与亚洲的其他国家和地区相关性比较浅。这是由于中国与东南亚国家的经济合作目前还只是刚刚开始,其效果并没有很好地表现出来。这也从另一个方面说明了,中国与东南亚其他国家的区域经济一体化进程还有相当长的一段路程要走。

表10－6　亚洲太平洋部分国家和地区(包括中国大陆)实质GDP的相关性

1971～2002年

	中国	印度尼西亚	日本	韩国	马来西亚	菲律宾	泰国	中国台湾	美国
中国	1.00								
印度尼西亚	0.04	1.00							
日本	-0.03	0.47	1.00						

续表

1971 ~2002 年									
	中国	印度尼西亚	日本	韩国	马来西亚	菲律宾	泰国	中国台湾	美国
韩国	0.14	0.51	0.40	1.00					
马来西亚	0.01	0.79	0.39	0.49	1.00				
菲律宾	-0.56	0.25	-0.01	0.09	0.32	1.00			
泰国	0.09	0.78	0.56	0.68	0.70	0.23	1.00		
中国台湾	0.27	0.31	0.45	0.40	0.34	-0.05	0.35	1.00	
美国	0.35	-0.11	0.03	0.16	-0.03	-0.28	-0.10	0.45	1.00

资料来源：渡边利夫：《东亚经济合作的时代》，东洋经济新报社 2004 年版。

五、东亚经济一体化目前的课题及主要障碍

与欧洲区域经济一体化不同的是，东亚的区域经济一体化主要是一种功能上的统合，依赖的是跨国公司在东亚国家和地区之间进行产业分工，在此基础上形成一种紧密的产业关联效果。这种功能性的分工与合作尽管使得东亚区域经济一体化具有很好的经济基础，但由于缺乏一种制度性的安排，也不存在像 EU 那样超国家组织机构，还没有形成一种怎样扩大成员国的机制，因而东亚的区域经济一体化的进程和经济合作形式不可能走与 EU 同样的道路。那么，东亚区域经济一体化今后将面临着怎样的课题，存在着怎样的障碍，作为本书的总结，我们在此做一些初步的整理。

（一）ASEAN 缺乏区域经济一体化的共同理念与运行机制

自成立之初，ASEAN 将加入东南亚友好和平条约作为加入东盟的条件。该条约的基本理念是尊重各个国家的主权与领土完整、不干涉内政、平等互利，和平共处，保持东南亚区域的和平与

稳定。根据这个理念,在柬埔寨战争结束之后,1995 年越南、1997 年老挝和缅甸、1999 年柬埔寨相继加入了 ASEAN。尽管新成员在实现区域市场一体化方面还不够条件,但出于急于扩大成员国的愿望,ASEAN 还是在明知存在着许多难以调和因素的情况下,匆匆忙忙地达成了 ASEAN10。

从新加入 4 国的加入过程来看,ASEAN 成员与 EU 成员扩大的进程完全不同。正像前面所论述的那样,EU 在 5 次扩大过程中,都是通过一定的标准来吸纳新成员的。这些标准包括民主主义、法律体系的完备、健全的市场经济体制等一系列条件,只有在成员国达到这些条件的基础上,EU 才吸收新成员加入到欧盟中来。而与此形成鲜明对照的是,ASEAN 只有一些政治原则上的条款,而且遵循内政不干涉原则,要求成员国在达成协议的时候应该尽量做到协商一致的原则。上述 ASEAN 运营的原则与标准一方面有利于 ASEAN 在短时期内扩大成员国的数量,同时也使得 ASEAN 不得不容忍各个成员国在市场改革进程中实施保护主义,从而影响区域市场一体化的进程。

ASEAN 是东亚区域惟一具有一定区域合作理念的经济一体化组织,并且担当着平衡美国、中国、日本等经济大国关系的中间人角色,如果 ASEAN 区域经济一体化的进程不能够顺利地步入体制化建设阶段的话,东亚区域经济一体化的进程将受到很大的影响。ASEAN 今后如何发挥作为东亚区域经济一体化的核心作用,将 ASEAN 的决定通过有效的机制传递到东亚的其他国家和地区中去就成了左右东亚区域经济一体化进程的关键①。

(二)经济发展水平参差不齐

以往人们在分析东亚区域经济合作的前景时,总是以区域内

① 渡边利夫:《东亚经济合作的时代》,东洋经济新报社 2004 年版。

各国经济发展水平存在巨大差异为理由而认为该地区的经济合作前景非常广阔，因为经济发展水平的巨大差距表明各国经济存在着较强的互补性。其实，在开展区域经济合作的过程中，发展水平的差距往往是阻碍各国建立制度化合作机制的一个障碍。欧共体（现在欧盟）之所以在创建过程中阻力比较小，就是因为各国的经济发展水平与经济实力比较接近，采取贸易投资自由化的政策对各国产业的冲击不是非常激烈。而发展水平差距过大的国家之间采取贸易投资自由化的政策往往会对有关国家的产业较大的冲击，因而各国必然对区域经济一体化抱有非常谨慎的态度。

由于东亚区域内各国的经济发展水平不一，存在高低四个层次：发达国家（日本），新兴工业化国家与地区（亚洲四小龙和泰国等）、正在起飞的发展中国家（中国与东盟一些国家）以及刚刚启动现代化进程的国家（老挝、柬埔寨等），其中最发达国家日本与刚刚启动现代化进程的国家越南的人均 GDP 彼此相差近 100 倍，这就使得在关税减让和消除非关税壁垒问题上，可调和的空间相对较少。同时也正是因为如此，在建立自由贸易区问题上，各国之间还存在着很大的利益冲突。

不仅如此，进入 20 世纪 90 年代以后，ASEAN10 及中国、日本、韩国之间的经济差距在进一步扩大，特别是后来加入 ASEAN 的老挝、柬埔寨、越南、缅甸 4 国，经济发展所需要的资金大都依赖于外国的援助，除了越南以外，其他 3 国的经济增长率都比较低，经济发展还没有进入良性发展的轨道，如果 ASEAN 原加盟国、日本、中国、韩国等经济基础比较好的国家不给予上述国家进行扶持的话，老挝、柬埔寨、越南、缅甸与其他国家的发展差距有进一步扩大的可能。在这种经济背景之下，ASEAN 的市场一体化和东亚的区域经济合作将难以为继。因此，有经济实力的国家通过一定的手段扶持区域内经济落后的国家，促使这些国家尽快走上市场经济发展的轨道将是今后左右东亚区域经济一体化的一项重要课题。

(三)复杂的历史、政治与安全保障问题

区域经济合作必须建立在区域内各国相互信任、相互理解的基础之上。由于历史原因,东亚地区各国之间尚未建立起相互信任机制,这些历史原因主要包括两个方面:一是日本对待历史问题的态度。在东亚国家中,中国、韩国都曾遭受过日本帝国主义的野蛮侵略和奴役,对于那段痛苦的历史,中国人民和韩国人民永远难以忘记。而日本对那段曾经给其他国家带来沉重灾难的历史却缺乏足够的反省和认识,经常发生右翼团体和个人美化侵略战争历史,为军国主义喝彩的言行。这些无视历史真相的行径必然要遭到其他国家的强烈反对,并严重影响曾遭受日本军国主义侵略和蹂躏的各国人民对日本的信任程度,从而直接制约着日本在该地区发挥区域经济合作关键大国的作用。二是历史上遗留下来的领土、领海的主权争端问题。由于各种历史原因,东亚地区许多国家之间仍然存在领土争端问题,其中包括日韩之间的"独岛"问题、中日之间的钓鱼岛问题、中韩之间的海洋权益分歧等。领土主权问题历来是国际关系中最敏感的问题,它不仅涉及国家和民族的尊严,而且还蕴涵着巨大的经济利益。因此,各国在处理领土主权问题时都不肯轻易让步。

另外,在政治与安全保障问题上,东亚各国并不是协调一致。在东亚各国中,日本和韩国与美国分别签有安全保障协定,美国在上述两个国家一直维持着大规模的军事力量。这就为美国插手东亚事务提供了可靠条件,也进一步加剧了东亚地区的政治与安全问题的复杂性。例如,《日美防务合作指针》就把中国台湾也列入了其防务合作范围。这种举动必然会遭到包括中国在内的东亚有关国家的坚决反对,严重损害该地区在政治、安全领域的

互信机制，并影响区域经济合作的稳定发展。

（四）中日合作出现了一定的危机

中国和日本，一个是亚洲经济增长最快的国家一个是亚洲经济实力最强的国家。如何处理好彼此的关系，将对东亚自由贸易区的成败起到关键的作用。换句话说，东亚地区要建立自由贸易区，中日合作是关键。但是，由于受长期意识形态对立和历史恩怨的影响，中国的再度崛起时常被日本视为一种威胁，甚至成为某些传统势力或利益团体用于阻挠东亚经济一体化的借口。不仅如此，日本对其侵略历史以及衍生问题存在着错误的认识，常常给中国人民造成感情对立和政治摩擦，影响政治互信的建立。一些日本政治家坚持错误的历史观，缺乏对中国的认同感，使日本与中国的合作出现了一定的危机。

除此之外，日本在亚洲外交陷于了一种矛盾之中：一方面想融入亚洲，另一方面却在感情上游离于亚洲之外。这种矛盾使日本同亚洲国家之间的关系经常出现波动，表现在同中国的关系上也是摇摆不定。这既限制了日本在区域经济合作中发挥更积极的领导作用，也不利于日本融入亚洲以及东亚共同体的建设。

（五）日本的贸易保护主义倾向

日本作为东亚自由贸易区的倡导者，到目前为止并没有真正为东亚经济一体化做出实质性的让步。2003 年 10 月，日本首相小泉纯一郎在印尼巴厘岛召开的第九次东盟峰会上，同东盟领导人签署了《ASEAN 与日本全面经济伙伴关系框架协议》（CEP），其目标是在 2012 年与东盟各国建立 FTA。ASEAN 与日本 CEP 的签署，并不是日本在开放本国农产品问题上实质性的让步，而是很大程度上是由于中国与东盟“早期收获”计划所带来的刺激，带有与中国竞争与对抗的意味。换言之，日本对外贸易政策的新动向,不是日本主动适应形势变化的结果,而是被动做出调整的产物。在CEP中日本并没有将农产品贸易自由化问题列入谈判内容,显然表明日本在严格遵循“趋利避害”的原则,既为优势产业在海外寻找市场,有为劣势产业提供国内保护。这与中国与东盟之间在农产品合作方面的务实态度形成了鲜明的对比。未来东亚自由贸易区能否顺利实现,将取决于日本是否能够在农产品和开放国内市场上做出最终让步。①

(六)美国的严重干扰

与区内中国和日本两大国未能发挥推动东亚共同体建设的应有作用形成鲜明对照的是,区外大国美国却在东亚地区的国际政治经济格局中发挥着举足轻重的作用,美国的东亚共同体建设,势必受到美国因素的严重干扰。事实上,正如前面所指出的那样,东亚有关国家已经提出过多种有利于东亚共同体建设的设想,如马来西亚总理马哈蒂尔提出的东亚经济圈构想、日本政府

表10－7　2002年对美出口占东亚主要经济体出口总额的比重

单位:亿美元

	东亚10个经济体	中国	日本	韩国	中国台湾	中国香港	新加坡	马来西亚	泰国	菲律宾	印尼
出口总额	15 566	3 257	4 166	1 615	1 306	1 261	1 251	967	689	391	663
对美出口	3 469	701	1 202	329	268	241	191	203	135	104	94
占总额(%)	22.3	21.5	28.9	20.4	20.5	19.1	15.3	21.0	19.6	26.6	14.5

资料来源:日本贸易振兴会网站。

① 袁晓南、刘丽艳:《东亚经济一体化及其福利分析》,《环球经贸》2004年11期。

提出的亚洲货币基金构想等，都因屈服于美国的强大压力而被迫流产。下表是东亚主要经济体的对美出口依存度数据，从中不难看出美国因素在东亚经济运行与发展中难以取代的重要地位。

由于上述问题的存在，严重制约了东亚区域经济一体化的进程。如何解决以上问题，是东亚地区经济一体化中面临的重要课题。

六、东亚区域经济合作的目标——东亚经济共同体

从东盟六国起步，东亚区域经济合作的范围在不断扩大，据不完全统计，目前东亚已经签署和正在商谈的自由贸易协定超过了40个。在中国与东盟达成在2010年建立中国—东盟自由贸易区之后，日本、韩国加紧了与东盟各国进行自由贸易区谈判的步伐，中国、日本、韩国三国之间也举行过多次谈判，由联合国联合开发公署组织的东北亚的六个国家也相继进行了区域经济合作的谈判。

尽管东亚目前次区域经济合作像雨后春笋一样蓬勃兴起，但东亚经济合作仍将有一段漫长的融合过程。由于东亚地区是世界上政治和经济情况差异最大的地区之一，各国之间的经济发展水平、社会制度、宗教信仰、意识形态、民族风俗以及生活习惯都存在着巨大的差异，这种差异决定了东亚区域经济一体化只能由小范围的次区域合作起步，如东盟、中国—东盟自由贸易区、日新自由贸易区等。但这些只不过是东亚区域经济一体化的过渡阶段，最终将以这些次区域经济合作为基础逐步过渡到东亚区域经济一体化，即东亚经济共同体。

根据世界银行在一份报告《东亚一体化》的研究，东亚地区如果能够在“10＋3”的框架下实现区域经济一体化，那么所有的成员将从中受益。按照这份研究报告的预测，东盟可以从“10＋3”中得到相当于GDP1.3%的好处，韩国可以得到1.1%的好处，日

本可以得到1.2%,中国可以得到0.2%的好处。如果某一个国家的缺位,贸易转移效果将使得区外的国家经济福利受到一定的损失。按照这份报告的测算,日本和东盟"10+1"建立自由贸易区将给中国、韩国GDP分别造成0.1%和0.2%损失;如果中国和东盟10+1建自由贸易区,对日本的损失是0,对韩国将造成相当于GDP的0.1%损失;如果是中、日、韩3国建立自由贸易区,给东盟造成相当于GDP的0.26%的损失。与这份研究报告不谋而合的是,日本贸易振兴会、韩国对外经济政策研究院的有关研究报告也得出了类似的结论。即建立东亚共同体(10+3)是东亚区域经济合作的最佳选择,任何一方游离于10+3之外,不仅会使得自由贸易区本身经济效益受到影响,区外成员的福利将受到一定程度的损失①。

在东亚经济共同体的形成过程中,中日韩三国之间的合作成为东亚区域经济一体化中的关键。2004年,中国、日本、韩国三国国内生产总值总和超过7万亿美元,约占东亚地区的90%。而日本经济产业部2004年发布的《通商白皮书》的资料,中国、日本、韩国三国之间的贸易密切程度既高于世界的平均水平,也超过亚洲上的其他国家,显示了极其密切的联系程度②。鉴于中国、日本、韩国在东亚地区的重要地位及3国紧密的经济关系这种现状,我们可以预见,中、日、韩三国今后经济合作的动向决定着今后东亚经济共同体的未来。

目前,中、日、韩三国的进一步经济合作面临着巨大的困难。一方面,三国之间进一步开放市场、朝着自由贸易区努力面临着巨大产业结构调整的压力。对于日本来说,最大的担心是农业和

① 有关日本、韩国对10+3经济效果的分析可参见郑仁较主编《中日韩FTA的可能性和三国的对外贸易政策》,玉村千治主编的《东亚FTA构想与日中间贸易投资》、浦田秀次郎主编的《日本的FTA战略》等。

② 日本经济产业省:《通商白皮书2004》。

劳动密集型产业受到冲击的问题；而对于中国和韩国来说，电子、机械、汽车等现代化产业难以与日本企业进行竞争是一个非常现实的问题。另一方面，由于日本在历史、领土等问题上的错误认识，导致近年来中、韩两国国民对日本的不信任程度在日益增加。对于中、日、韩三国来说，要解决上述两大问题并不是一件容易的事情。而对于东亚区域经济一体化来说，解决好上述两大问题是既是东亚区域经济一体化走向成功的关键，也是建立东亚共同体面临的最大课题。

主要参考文献

1. 傅梅冰著:《国际区域经济合作》,人民出版社 2002 年版。

2. 徐长文主编:《中国领跑东亚区域经济合作》,中国海关出版社 2003 年版。

3. 叶卫平著:《东亚经济圈与中国企业》,北京出版社 2001 年版。

4. 范跃进主编:《世界经济年度报告》,中国财政经济出版社 2005 年版。

5. 陈永富主编:《国际贸易理论》,科学出版社 2003 年版。

6. 王振锁、李钢哲主编:《东亚区域经济合作:中国与日本》,天津人民出版社 2002 年版。

7. 白英瑞、增奎等著:《欧盟:经济一体化理论与实践》,经济管理出版社 2002 年版。

8. 安忠荣著:《现代东亚经济论》,北京大学出版社 2004 年版。

9. 伍贻康、建平主编:《区域性国际经济一体化的比较》,科学经济出版社 1993 年版。

10. 喻常森著:《亚太地区合作的理论与实践》,中国社会科学出版社 2004 年版。

11. 赫国胜等编:《新编国际经济学》,清华大学出版社 2003 年版。

12. 陈宪、张鸿编著:《国际贸易——理论、政策、案例》,上海财经大学出版社 2004 年版。

13. 陈同仇、薛荣久主编:《国际贸易》,中国人民大学出版社2000年版。

14. 联合国人口基金:《世界人口白皮书》,联合国人口基金2000年版。

15. 萨尔瓦多:《国际经济学》(第五版),清华大学出版社1998年版。

16. 浦田秀次郎、日本经济研究中心编:《日本的FTA战略》,日本经济新闻社2002年版。

17. 宋玉华:《开放的地区主义与亚太经济合作组织》,商务印书馆2001年版。

18. 周八骏:《迈向新世纪的国际经济一体化》,上海人民出版社1999年版。

19. 麦金农:《东亚经济周期与汇率安排》,中国金融出版社2003年版。

20. 多米尼克:《国际经济学》,清华大学出版社1998年版。

21. 陈秀山、张可云:《区域经济理论》,商务印书馆2003年版。

22. 钱纳里:《工业化和经济增长的比较研究》,上海三联书店1989年版。

23. 彼得·罗布森:《国际一体化经济学》,上海译文出版社2001年版。

24. 威廉·配第:《政治算术》,商务印书馆2003年版。

25. 陈德照、和芬:《世界三大经济合作圈:漫谈世界经济区域集团化趋势》,世界知识出版社1996年版。

26. 对外贸易合作部、国际贸易经济合作研究院编:《2001年形势与热点——中国融入世界经济大潮》,中国对外经济贸易出版社2002年版。

27. 张祥:《新经济与国际贸易》,中国对外经济贸易出版社

2001 年版。

28. 安忠荣:《现代东亚经济论》,北京大学出版社 2004 年版。

29. 渡边利夫:《东亚经济合作的时代》(日文),东洋经济新报社 2004 年版。

30. 西口清胜:《现代东亚经济的展开》(日文),青木书店 2004 年版。

31. 郑仁较主编:《中日韩 FTA 的可能性和三国的对外贸易政策》(日文),韩国对外经济政策研究院 2003 年。

32. 玉村千治:《东亚 FTA 构想与日中间贸易投资》(日文),日本贸易振兴会亚洲经济研究所 2005 年版。

33. 浦田秀次郎编著:《自由贸易协定手册》(日文),日本贸易振兴会 2002 年版。

34. 浦田秀次郎、日本经济研究中心编:《日本的 FTA 战略》(日文),日本经济新闻社 2002 年版。

35. 浦田秀次郎编著:《自由贸易协定手册》(日文),日本贸易振兴会 2002 年。

36. 日本经济研究中心:《扩大的自由贸易协定与日本的选择》(日文),日本经济研究中心 2002 年 1 月。

37. 日本经济产业省:《2005 年通商白皮书》(日文),日本经济产业省 2005 年 7 月。

38. 车维汉:《"雁行形态"理论及实证研究综述》,《经济学动态》2004 年第 11 期。

39. 魏雁慎:《"雁行模式"式微多元分工格局出现》,《当代亚太》2002 年第 7 期。

40. 吴丹:《中国影响下的东亚新型产业循环机制与区域经济合作》,《亚太经济》2005 年第 5 期。

41. 杨宏恩:《"雁行模式"的理论创新——以日本在东亚投资的相对变化为视角》,《当代经济研究》,2005 年第 11 期。

42. 于津平:《中国与东亚主要国家和地区间的比较优势与贸易互补性》,《世界经济》2003 年第 5 期。

43. 张帆:《论"后雁行模式"时期的东亚区域经济一体化》,《国际贸易问题》2003 年第 8 期。

44. 郑昭阳、陈漓高:《东亚国家外贸关系竞争与合作的比较分析》,《世界经济研究》2003 年第 2 期。

45. 江瑞平:《构建中的东亚共同体:经济基础与政治障碍 》,《世界经济与政治》2004 年第 9 期。

46. 陈松川:《东亚地区经济一体化的目标与模式》,《亚太经济》2001 年第 4 期。

47. 赵仁康:《建立中国—东盟自由贸易区的制约因素及前景》,《世界经济与政治论坛》2002 年第 3 期。

48. 刘昌黎:《日本经济集团化战略的变化》,《国际经济评论》2001 年第 7 – 8 期。

49. 孟夏:《中国与 APEC 的进程》,《国际经济合作》2001 年第 9 期。

50. 张祖国《建立中国—东盟自由贸易区的意义与前景》,《世界经济与政治论坛》2001 年 1 期。

51. 宋德玲、李光辉:《加强东亚区域合作,促进中国经济发展》,《国际经济合作》2002 年第 5 期。

52. 菲德尔 · 拉莫斯:《中国—东盟自由贸易区:挑战、机遇与潜力》,《新华文摘》2004 年第 10 期。

53. 陈　虹:《东亚区域经济合作的现实与思考》,《国际经济评论》2003 年 9 ~ 10 期。

54. 欧阳欢子:《建立中国—东盟自由贸易区的思考来源》,《世界经济研究》2003 年第 8 期。

55. 陆建人:《2002 年东亚地区经济合作回顾》,《世界经济》2003 年第 3 期。

56. 谌彦辉:《中日韩贸易区,一山难容三虎?》,凤凰周刊第117期。

57. 李向阳:《新区域主义与大国战略》,《国际经济评论》2003年第7~8期。

58. 国务院发展研究中心课题组:《中国—东盟自由贸易区影响因素及难点分析》,《国际贸易》2003年第8期。

59. 朱颖:《论日本与新加坡自由贸易区》,《国际贸易问题》2004年第10期。

60. 孟庆民:《区域经济一体化的概念与机制》,《开发研究》2001年第10期。

61. 沈丹阳等:《区域经济一体化第三次浪潮与构筑"泛亚洲经济共同体"》,《国际经济合作》2004年第6期。

62. 向阳:《新区域主义与大国战略》,《国际经济评论》2003年第7-8期。

63. 华民、王疆华、周红燕:《内部化、区域经济一体化与经济全球化》,《世界经济与政治》2002年第12期。

64. 刘德标 :《近忧中国与欧盟经贸关系》,《中国经贸》2004年第7期。

65. 施敏颖:《我国对欧盟贸易状况的分析与对策》,《国际贸易问题 》2003年第12期。

66. 冯仲平:《中国与欧盟走得更近》,世界知识2003年 第23期。

67. 古国耀:《北美自由贸易区首期成效及前景浅析》,《暨南学报》2002年第2期。

68. 韦丽红、王汉君:《欧盟、北美自由贸易区发展及对中国—东盟自由贸易区的启示》,《东南亚纵横》2004年第1期。

69. 张祖国:《日本积极推进FTA战略的若干问题》,《日本学刊》2004年第3期。

70. 李琮:《论经济全球化》,《中国社会科学》1995 年第 1 期。

71. 王运祥:《“全球化无国界论”析》,《国际观察》1996 年第 5 期。

72. 岳长龄:《西方全球化理论面面观》,《战略与管理》1995 年第 5 期。

73. 刘力:《贸易依存度的国际比较》,《学习时报》2005 年 3 月 16 日。

74. 赵景峰、沙汉英:《论贸易全球化下国际交换关系的本质》,《当代亚太》2005 年第 4 期。

75. 张二震、马野青:《贸易投资一体化与国际贸易理论创新》,《福建论坛》2002 年第 3 期。

76. 王亚飞:《区域经济一体化——经济全球化的一种表现形式》,河北科技师范学院学报 2004 年 6 月。

77. 王志文:《从东亚区域经济合作看海南经济发展战略》,海南省统计局 2004 年 7 月。

78. 王玉主:《东盟自由贸易区(AFTA)的基本框架及进程—AFTA 的提出与确立》,中国社会科学院亚太所网站。

79. 刘肖:《东亚区域经济合作的新亮点——论中国的东亚 FTA 战略》,南京大学国际关系研究院网站 2004 年。

80. 隆国强:《中国的区域经济合作政策》,国务院发展研究中心网站 2005 年 7 月。

81. 中国驻法国经商参赞:《欧元区纺织行业工资越来越高》,商务部网站。

82. 众禾:《欧盟东扩对中国经济产生两大不利影响》,山东大学欧洲研究中心网站 2004 年 6 月 1 日。

83. 刘旭东:《“欧洲复兴”与“中国和平崛起”的历史性握手》,中国日报网站 2004 年 5 月 10 日。

84. 张剑荆:《中欧间全面的战略伙伴关系——世界稳定之

锚》,新华网 2004 年 5 月 14 日。

85. 安民:《在经济全球化中实现共同发展》,中华人民共和国外交部网站。

86. 孟昭明:《多边贸易体制下的区域经济安排——建立大中华自由贸易区的几点设想》,http://www.chinalawedu.com。

87. 世界贸易组织:《WTO 的未来》,http://www.wto.org/english/thewto_e/10anniv_e/future_wto_e.pdf。

88. 中国商务部研究院亚非研究部:《建立中日韩自由贸易区的可行性研究》,www.mofcom.gov.cn。

89. 袁晓南、刘丽艳:《东亚经济一体化及其福利分析》,《环球经贸》2004 年11 期。

90. 叶辅靖:《关于中国与东盟建立自由贸易区研究的综述》,http://www.amr.gov.cn。

91. 宾建成、陈柳钦:《世界双边自由贸易协定的发展趋势与我国的对策探讨》,《光明观察》。

92. 汤敏:《论亚太区域经济合作的新趋势及我国应采取的策略》,http://www.50forum.org。

93. 徐强:《世界 FTAs 发展态势与中国策略分析》,《国际经济合作》2004 年 12 期。

94. 杨育谋等:《反思中国出口模式"出口导向"战略忧思》,《大经贸》。

95. 赵晋平:《FTA:我国参与区域经济合作的新途径》,http://www.cafta.org.cn。

96. 杨丹辉:《全球化中改善对外经济关系的战略措施》;http://theory.people.com.cn。

97. 徐强:《世界 FTAs 发展态势与中国策略分析》,《国际经济合作》2004 年 12 期。

98. David Roland Holst and John Weiss (2004), "ASEAN and

China: Export Rivals or Partners in Regional Growth?" the World Economy, Vol. 27 No. 8 August.。

99. Jong-Wha Lee and Innwon Park (2005), "Free Trade Areas in East Asia: Discriminatory or Non-discriminatory?" the World Economy, Vol. 28 No. 1 January.。

100. Krugman, P. (1993) "Regionalism VS. Multilateralism: Analytical Notes" in Bhagwati, J., Krishna, and Panagariya, A. eds. Trading Blocs, The MIT press, 1999.

101. The World Bank, The East Asian Miracle: Economic Growth and Public, Oxford University Press, 1993.

102. Balassa. (1962) The Theory & Economic Integration, London: allen & unwin, 1962.

103. Summers. L. H (1991) "Regionalism and the World Trading System," in Bhagwati, J., Krishna and Panagariya.

后 记

本书是上海市重点学科——上海对外贸易学院国际贸易重点学科资助下完成的专著，因此，我首先要感谢上海教委、上海对外贸易学院给予我的大力支持，同时也要感谢我所在的国际经贸学院所提供的各种便利。

在写作及立意的过程中，得到了上海对外贸易学院副校长徐小微、国际经贸学院院长聂清的大力支持。国际经贸学院副院长沈玉良教授在时间安排及项目设计上提供了许多便利。正是他们无私的帮助与支持，才使得我能够在教学之余静下心来思考一些问题。在项目完成之际，借此机会深表我的谢意。

在写作的中途，我有幸被日本名古屋大学聘为客座研究员，专门从事东亚区域一体化的研究。在半年的访问学者过程中，日本名古屋大学留学生中心主任江奇光男教授，前世界银行主任研究员、名古屋大学国际开发研究院副院长大坪滋教授，名古屋大学国际开发研究院前院长长田博教授，名古屋大学博士叶作义等人在项目的构思及篇章结构上给予了诸多的指导与帮助，名古屋大学国际开发研究院图书馆在提供资料上给予了许多便利，在此深表谢意。

全书由我提供整个构思并完成了大部分章节的写作，我的同事及部分研究生参加了部分章节的构思与写作。其中，史龙祥博士撰写了第九章，李昕、朱丽娜撰写了第五章，王悦撰写了第三章的大部分内容，程莹莹撰写了第十章三、四、五节的大部分内容。在写作及研究过程中，大量参考了前人的学术著作与观点，参阅了大量的研究资料，因篇幅及时间关系，一部分引用的著作及论文可能在文中没有一一列出，在此向所有提供帮助和支持的作者表示感谢，但文中的所有观点由本人负责，与他们无关。